Walter Wolf · Für eine sozial verantwortbare Marktwirtschaft

TVZ

Walter Wolf

Für eine sozial verantwortbare Marktwirtschaft

Der Wirtschaftsethiker Arthur Rich

TVZ
Theologischer Verlag Zürich

Publiziert mit freundlicher Unterstützung der Evangelisch-reformierten Kirche Schaffhausen und der Emil-Brunner-Stiftung Zürich in Verbindung mit der Evangelisch-reformierten Landeskirche des Kantons Zürich

Die Deutsche Bibliothek – Bibliografische Einheitsaufnahme
Die Deutsche Bibliothek verzeichnet diese Publikation in der Deutschen Nationalbibliografie; detaillierte bibliografische Daten sind im Internet über
http://dnb.ddb.de abrufbar

Umschlagfoto
Arthur Rich, 1910–1992
Umschlaggestaltung
Simone Ackermann, Zürich
Satz
Claudia Wild, Stuttgart
Druck
AZ Druck und Datentechnik, Kempten

ISBN 978-3-290-17529-0

www.tvz-verlag.ch

Inhalt

Vorwort

Im Herbst 2008, als die Finanzkrise zur Wirtschaftskrise, vielleicht sogar zur Systemkrise ausuferte,[1] begann man sich auf den Wirtschaftsethiker Arthur Rich neu zu besinnen. Für den Berner Theologen Eduard Wildbolz bestand eine Ursache des Bankencrashs darin, dass führende Finanzkreise – Anlageberater, Hypothekenmakler und ihre Kunden – bei der Jagd nach raschem Geld Werte wie «Selbstverantwortlichkeit» und «Eigeninteresse» verabsolutiert hätten. Das widerspreche der Erkenntnis von Arthur Rich, wonach diese ich-bezogenen Werte durch alternative Wahrheiten wie Gemeinwohl, Solidarität und «gesellschaftliche Mitverantwortung» zu ergänzen seien. Das eine sei nicht vom anderen zu trennen, wenn die Wirtschaft allen Menschen dienen solle.[2]

Zur gleichen Zeit erinnerte der Zürcher Wirtschaftshistoriker Hansjörg Siegenthaler in einer Sendung des Schweizer Fernsehens an Arthur Richs Vision einer Mitarbeiterbeteiligung in den Betrieben. Zwar sei das entsprechende Modell vorerst gescheitert; doch ist Siegenthaler überzeugt, dass Richs Idee der Partizipation keineswegs vom Tisch sei.[3]

Entspricht es dem Zufall oder einer inneren Logik, dass in dem Moment, da das globale Finanz- und Wirtschaftssystem an seine Grenzen stiess, der Ruf nach einer Wertedebatte neu ertönte und dabei an den Sozialethiker Rich erinnert wurde? Was hat uns Arthur Rich heute zu sagen? Was hat er uns an bleibenden Werten überliefert? Solche und ähnliche Fragen versucht dieses Buch zu beantworten. Äusserer Anlass ist Richs 100. Geburtstag am 21. Januar 2010.

Zu unterscheiden sind drei Phasen im Leben von Arthur Rich: 1. Seine Berufslaufbahn führte ihn bis ins Alter von vierundvierzig Jahren über verschiedene Stationen: Mechaniker, Pfarrer, Seminardirektor mit weitreichender Lehrverpflichtung. 2. In den anschliessenden zwei Jahrzehnten

---

1 Vgl. Christoph Stückelberger, Gesucht: Protestantische Strategie der Veränderung, in: reformierte presse, Nr. 1/2, Zürich 2009, S. 8.

2 Eduard Wildbolz, «Globale Krise der Freiheit», in einer Zuschrift an die NZZ, Nr. 256, 1./2.11.2008, S. 19. Wildbolz beruft sich auf Richs Standardwerk: Wirtschaftsethik, Bd. 2: Marktwirtschaft, Planwirtschaft, Weltwirtschaft aus sozialethischer Sicht, 1. Aufl., Gütersloh 1990, S. 201 (fortan zit. als: Rich, Wirtschaftsethik, Bd. 2). – Zum Verhältnis Eigeninteresse/Allgemeinwohl vgl. S. 156 f. und S. 168.

3 Hansjörg Siegenthaler, in: SF 1, «Schwarzer Herbst», Sternstunde Philosophie, 2.11.2008 (Aufzeichnung durch den Verf.). Vgl. auch Kap. 10, S. 95 ff.

war es ihm vergönnt, sich auf einige Schwerpunkte zu konzentrieren und dabei seiner inneren Berufung zu folgen. Er unterrichtete als Theologieprofessor Ethik und Dogmatik und legte das Schwergewicht seiner Forschung auf das Fach Sozialethik. 3. Als Rentner schliesslich fasste er den Ertrag seines lebenslangen Wirkens in einer zweibändigen Wirtschaftsethik zusammen. Mit diesem Opus schloss er eine empfindliche Lücke, war doch seit sechzig Jahren im deutschen Sprachraum keine evangelische Wirtschaftethik mehr erschienen.[4]

Der Aufbau des vorliegenden Buches folgt dieser Dreigliederung: erste Lebenshälfte vor der Professur (1910–1954), Lebensmitte während der Professur (1954–1975), Lebensreife nach der Professur (1975–1992). Diese Einteilung soll der Übersichtlichkeit dienen und keineswegs eine Spaltung suggerieren, gibt es doch auch Kontinuitäten zwischen den drei Lebensphasen von Arthur Rich.

Ferner ist zu beachten, dass es sich bei dieser Arbeit nicht um eine umfassende Darstellung handeln kann. Etliche Bereiche von Richs Wirken bleiben ausgeklammert – zur Hauptsache die Dogmatik, aber auch Teile seiner Ethik. Und selbst sein Spezialgebiet Sozial- und Wirtschaftsethik wird nicht in extenso behandelt. Im Bereich des Biographischen wird die Bedeutung von Leonhard Ragaz, Blaise Pascal und Karl Marx für die Entfaltung von Richs Denken nur am Rand erwähnt.[5] Mir persönlich bedeutet das Werk von Arthur Rich viel. Doch halte ich mit Kommentaren eher zurück. Zudem liegt es nicht in meiner Kompetenz, mich mit diesem Klassiker der protestantischen Ethik kritisch auseinanderzusetzen.

Wie bin ich auf dieses Thema gestossen? In jungen Jahren bin ich Arthur Rich im Schaffhauser Lehrerseminar begegnet. Mit seinem weiten Horizont, seiner Gradlinigkeit und seiner Gründlichkeit hat er mir Eindruck gemacht. Das hat mich später bewogen, neben dem Geschichtsstudium auch seine sozialethischen Vorlesungen zu besuchen. Zudem habe ich die Mehrzahl seiner Bücher gelesen. Als kirchlicher Publizist habe ich ihn einige Male interviewt. Nachdem 1995 meine Biographie über den Schaffhauser Politiker Walther Bringolf[6] erschienen war, sagte Felix

4 Es handelte sich um: Georg Wünsch, Evangelische Wirtschaftsethik, Tübingen 1927.

5 Ausführlich zu diesem Thema: Harold Tonks, Faith, Hope and Decision-Making, Frankfurt a.M., 1984, S. 41–136 (fortan zit. als: Tonks, Faith, Hope, Decision-Making), sowie (sich auf Ragaz und Pascal beschränkend): Susanne Edel, Wirtschaftsethik im Dialog. Der Beitrag Arthur Richs zur Verständigung zwischen Theologie und Ökonomik, Stuttgart 1998, S. 161–169, 181–186 (fortan zit. als: Edel, Wirtschaftsethik im Dialog).

6 Walter Wolf, Walther Bringolf. Eine Biografie, Schaffhausen 1995 (fortan zit. als: Wolf, Bringolf).

Tschudi vom Basler Industriepfarramt zu mir: «Jetzt könntest Du eigentlich ein Buch über Arthur Rich schreiben.» Daran hatte ich in der Tat auch schon gedacht.

Heute möchte ich mich für gute Unterstützung bedanken. Ich tue dies zuerst gegenüber meiner Frau Ros Wolf-Signer. Sie hat verständnisvoll meine Texte gelesen und dabei den Bezug zu ihrem Fach «Ethik im Gesundheitswesen» hergestellt. Daraus ergaben sich spannende Diskussionen – für uns beide sehr bereichernd. Ein herzlicher Dank geht an Frau Elisabeth Rich-Schneider, die Gattin von Arthur Rich, und ihre Söhne und Töchter, Georg, Matthias, Ursula und Franziska. Sie haben mit Sympathie das Entstehen dieses Werks verfolgt und mir bereitwillig Auskunft gegeben. Zu Dank verpflichtet bin ich ebenfalls Frau Silvia Pfeiffer, Kirchenratspräsidentin der Evangelisch-reformierten Kirche Kanton Schaffhausen, sowie den Herren Georges Enderle, Ökonomieprofessor, Andreas Hess, theologischer Mitarbeiter beim HEKS, Hans-Balz Peter, ehemaliger Leiter des Kirchenbundsinstituts für Sozialethik, und Hansjörg Siegenthaler, emeritierter Professor für Wirtschaftsgeschichte. Sie haben als Fachpersonen den Text auf seine Richtigkeit hin geprüft und mir dabei wertvolle Anregungen vermittelt. Mein Dank geht ferner an die Betreuerinnen des Nachlasses Arthur Rich in der Handschriftenabteilung der Zentralbibliothek Zürich. Sie haben mir unermüdlich ein ausgedehntes Schriftmaterial bereitgestellt. Vor allem aber danke ich Frau Marianne Stauffacher und Herrn Niklaus Peter vom TVZ-Verlag für die gute Zusammenarbeit und das sorgfältige Lektorat. Froh bin ich, dass sie meine Idee, über Arthur Rich ein Buch zu schreiben, positiv aufgenommen haben. Ihr Rat, Schwerpunkte zu setzen und anderes wegzulassen, hat mich ermutigt, die Arbeit überhaupt an die Hand zu nehmen.

Erste Lebenshälfte: Arbeiter, Pfarrer, Lehrer (1910–1954)

1. Jugend- und Studienjahre

Wer sich mit Arthur Rich als dem Theologen und Ethiker[1] auseinandersetzt, muss auch seine Lebensgeschichte kennen. Er selbst hat deutlich gemacht, dass seine Sozialethik – die Wissenschaft vom gerechten Gestalten der Gesellschaft und vom guten Ordnen der Strukturen[2] – mit seiner Biographie eng verknüpft ist: «Die treibenden Motive, die mich zum Sozialethiker machten, liegen in meiner Lebensgeschichte begründet. Obwohl von bürgerlicher Herkunft, kam ich im Alter von 15 Jahren in eine Maschinenfabrik, zunächst als Hilfsarbeiter, dann als Lehrling und schliesslich für kurze Zeit als ausgebildeter Mechaniker. Dadurch wurde ich früh [...] mit den sozialen Problemen des Industriearbeiters konfrontiert. Das von meiner familiären Umwelt übernommene [christlich-konservative[3]] Menschen- und Gesellschaftsbild zerbrach in der Folge rasch und stürzte mich in eine schwere Krise, was eine völlige Neuorientierung nach sich ziehen sollte. Sie vollzog sich – nach einer marxistischen Phase – im Zeichen des Religiösen Sozialismus, der mir in Person und Bewegung von Leonhard Ragaz[4] eindrücklich entgegentrat. In dieser Doppelbegegnung mit der Industriearbeiterwelt und der Welt des Religiösen Sozialismus gingen mir die Augen für die sozialethische Verantwortung des Christen, des Menschen überhaupt, auf.»[5]

---

1 Ethik befasst sich mit der «Frage nach dem Guten und Gerechten» (Arthur Rich, Wirtschaftsethik. Grundlagen in theologischer Perspektive, Bd. 1, 2. Aufl., Gütersloh 1985, S. 18. (fortan zit. als: Rich, Wirtschaftsethik, Bd. 1). – Um mit Karl Barth zu sprechen: Ethik ist «der Versuch einer menschlichen Antwort auf die Frage nach der Würde, Richtigkeit und Güte des menschlichen Handelns», zit. nach: Christian Walther, Theologie und Gesellschaft. Ortsbestimmung der theologischen Sozialethik, Zürich 1967, S. 167 (fortan zit. als: Walther, Theologie und Gesellschaft).

2 Vgl. S. 59 und 77.

3 Wie Rich an anderer Stelle hervorhebt, vgl. Selbstdarstellung, [1966] (NL 1.1).

4 Über Ragaz hat Rich öfter publiziert. Mit dessen Theologie befasst er sich eingehend in: Christine Ragaz et al. (Hg.), Leonhard Ragaz in seinen Briefen (fortan zit. als: Ragaz-Briefe): Bd. 1, Theologische Einführung, Zürich 1966, S. IX–XLIV, sowie Bd. 2, Theologisch-sozialethische Einführung, Zürich 1982, S. 7–54.

5 Arthur Rich, Mein Verhältnis zur Sozialethik, [o. D.] (NL 12.22); Orthographie in den Zitaten aktualisiert.

Arthur Rich im Alter von 13 Jahren (rechts) mit seinem Vater Emil Rich (links) und seinem älteren Bruder Emil (Januar 1923)

1.1 Vom Mechanikerlehrling zum Theologiestudenten

Arthur Rich entstammt einem alten Bauern- und Handwerkergeschlecht der Gemeinde Neuhausen am Rheinfall.[6] Er wurde am 21. Januar 1910 geboren. Sein Vater Emil, ein fleissiger, pietistisch gesinnter Mann, führte im Dorf eine Bäckerei. Politisch stand er dem Freisinn nahe. Die Mutter Lina, geborene Wieland, war eine Bauerntochter aus dem benachbarten Zürcher Weinland. Sie besorgte den Laden und hatte ein offenes Herz für die Arbeiterkundschaft, die im Ersten Weltkrieg sehr unter der Teuerung litt. Zusammen mit seinem um zwei Jahre älteren Bruder Emil war Arthur Zeuge, wie im Laden leidenschaftlich über das Zeitgeschehen diskutiert wurde. Bereits mit zwölf Jahren führte er ein politisches Tagebuch. Ein

6 Arthur Rich an seine Verwandten, 13.6.1984, mit Stammtafel der Familie Rich, [o. D.] (Typoskr.; FamA Rich).

Tag nach seinem 13. Geburtstag starb überraschend seine Mutter, an der er zeitlebens hing. Sie hatte einer Lungenentzündung zu wenig Beachtung geschenkt.[7] Ihr Tod hinterliess bei ihrem Jüngsten eine tiefe Seelenwunde. Seither trat die sehr feine, zarte Seite, die Arthur Rich wohl ihr verdankte, weniger sichtbar nach aussen.[8]

«Der lange Arthur überragte seine Altersgenossen körperlich. Er überragte sie auch geistig.»[9] Vor allem interessierte er sich für technische Belange. Er wollte «Ingenieur oder etwas Ähnliches» werden. Doch der Vater befand, sein Sohn solle zuerst eine Mechanikerlehre absolvieren. So trat Arthur 1925 als Hilfskraft in die Schaffhauser Firma Alfred J. Amsler & Co. ein. «Aus dem Kantonsschüler [Gymnasiast] wurde über Nacht ein Nichts [...], das monatelang feine Apparate in Kisten einzupacken und daneben Maschinen und vor allem Fabrikklosetts zu reinigen hatte.»[10] Das Familienunternehmen für Präzisionsmechanik war laut Rich technologisch hochstehend, aber sozial rückständig.[11] Der Handlanger und dann Lehrling erfuhr beklemmend die Ohnmacht des Arbeiters. Das hatte eine Zäsur in seinem Weltbild zur Folge: «Konfrontiert mit der Industriearbeiterexistenz, waren sowohl die bürgerlichen wie pietistischen Schablonen rasch zerbrochen. Es kam zur Begegnung mit dem Marxismus und zu einer mich innerlich aufwühlenden Auseinandersetzung mit seiner Religionskritik.»[12] Das stand im Einklang damit, dass die Schaffhauser Arbeiterschaft damals ausgesprochen linksradikal war. Sie gehörte von 1921 bis 1930 der kommunistischen Internationale an; der demokratische Sozialismus hatte im Kanton kaum etwas zu bestellen.[13]

In dieser kritischen Phase verhalf der Jünglingsbund des Blauen Kreuzes Arthur Rich zu einer entscheidenden Weichenstellung. Die in der Gruppe dominant vertretene Arbeiterjugend diskutierte intensiv das Verhältnis von Christentum und Sozialismus. Dabei stiess sie – nicht zuletzt provoziert durch eine abschätzige Bemerkung des Neuhauser Pfarrers

---

7 Walter Wolf, Interview mit Elisabeth Rich, Zürich, 27.8.1998, S. 1 (Typoskr., autorisierter Text von insgesamt sieben Interviews in FamA Rich; fortan zit. als: Elisabeth Rich). – Arthur Rich, in: Hommage à Arthur Rich (1910–1992), Sonderheft ZeitSchrift/Reformatio, Bern 1993, S. 19f. (fortan zit. als: Rich, in: Hommage). Das Heft enthält auch Beiträge von Siegfried Karg, Werner Kramer, Ernst Meili, Hans-Balz Peter und Theophil Vogt.

8 Walter Wolf, Interview mit Matthias Rich, Bassersdorf, 14.7.2008, S. 2, 10 (Typoskr., autorisierter Text in FamA Rich; fortan zit. als: Matthias Rich).

9 Mitgeteilt von Paul Harnisch, Neuhausen, 24.4.1997, S. 1 (Typoskr., autorisierter Text beim Verf.). Harnisch, 1973–1984 Schaffhauser Regierungsrat, und Rich kannten sich vom Jünglingsbund des Blauen Kreuzes.

10 Arthur Rich, Kommilitonen!, [ca. 1935] (NL 1.1).

11 Elisabeth Rich, 12.8.1998, S. 6.

12 Rich, Selbstdarstellung, [1966] (NL 1.1).

13 Vgl. Wolf, Bringolf.

Ernst Christ[14] – auf Leonhard Ragaz, den Pionier der religiös-sozialen Bewegung. «Die Begegnung mit Ragaz stellt wohl das wichtigste [...] Ereignis in meiner geistigen Entwicklung dar. Diese eindrückliche Persönlichkeit eröffnete mir [...] ein neues Verständnis des christlichen Glaubens, das einerseits in klarem Gegensatz zur bürgerlichen Christlichkeit stand, andererseits aber auch der marxistischen Religionskritik standzuhalten wusste.»[15] Das Umdenken führte bei dem jungen Mann zu einer Änderung seiner Berufswünsche. Eine innere Verpflichtung, sich für gesellschaftlich benachteiligte Menschen einzusetzen, bewog ihn, Theologie zu studieren und Pfarrer zu werden. So entschloss er sich mit zwanzig Jahren, seinen Mechanikerberuf an den Nagel zu hängen. Nachdem er auf dem zweiten Bildungsweg die Matura nachgeholt hatte, immatrikulierte er sich im Wintersemester 1932/33 an der Theologischen Fakultät der Universität Zürich. Damit hatte er, zieht man seinen geistigen Hintergrund mit in Betracht, die Weichen sicher richtig gestellt.[16]

1.2 Im Schatten von Krieg und Tyrannei

Das Theologiestudium von Arthur Rich in Zürich stand «stark im Zeichen der Klärung all der Fragen [...], die sich aus meinem bisherigen Leben ergaben».[17] Die Ausbildung dauerte von 1932 bis 1937, unterbrochen von einem einjährigen Studienaufenthalt in Paris, wo es unter anderem zur Begegnung mit dem aus der Sowjetunion emigrierten Religionsphilosophen Nikolai Berdiajew[18] kam. Richs Testatbuch enthält Einträge der Professoren wie «tüchtige schriftliche Arbeit» oder «rege Beteiligung am Seminar».[19] Aus dem «Nichts» war ein Student geworden, der auf die

---

14 Elisabeth Rich, 27.8.1998, S. 6.

15 Rich, in: Hommage, S. 21. – Rich hat sich wiederholt mit der marxistischen Religionskritik auseinandergesetzt, z. B.: Die kryptoreligiösen Motive in den Frühschriften von Karl Marx, in: Theologische Zeitschrift, Basel 1951, S. 192–209; neu aufgelegt in: Aufrisse. Vorarbeiten zum sozialethischen Denken, Zürich 1970, S. 75–90 (fortan zit. als: Rich, Aufrisse); Das Menschenverständnis beim jungen Marx und das Problem des Revolutionären, in: Glaube in politischer Entscheidung. Beiträge zur Ethik des Politischen, Zürich 1962, S. 57–97; Der Sozialismus als Frage an den christlichen Glauben. Der christliche Glaube als Frage an den Sozialismus, in: Christliche Existenz in der industriellen Welt, 1. Aufl., Zürich 1957, S. 72–145; 2. Aufl., Zürich 1964, S. 105–213.

16 Arthur Rich, Curriculum vitae, [ca. 1952] (NL 1.1). – Walter Wolf, Interview mit Franziska Rich, Zürich, 27.6.2008, S. 4 (Typoskr., autorisierter Text in FamA Rich; fortan zit. als: Franziska Rich).

17 Arthur Rich [über sich], in: Hans Schaffner, Das Wichtigste in meinem Leben, Bern 1983, S. 186–193, hier: 189.

18 Vgl. S. 44 f.

19 Testatbuch der Universität ZH, 1932–1937; Studienbescheinigungen der Faculté libre de théologie protestante, Paris, 1935/36 (FamA Rich).

Arthur Rich als Student in Paris (1935)

Anerkennung seiner Lehrer stiess. Auch betätigte er sich aktiv in der religiös-sozialen Bewegung. In einem von ihr veranstalteten Vortrag vor Studierenden distanzierte er sich, wie er sich ausdrückte, von der Tyrannei des Totalitarismus, «die wir, sei sie bolschewistischer oder faschistischer Prägung, mit aller Leidenschaftlichkeit bekämpfen».[20] Den Worten folgten alsbald Taten: Rich trat der studentischen «Kampfgruppe gegen geistigen Terror» bei, die sich gegen das hektische Treiben der rechtsradikalen «Hochschulgruppe Nationale Front» energisch zur Wehr setzte.[21]

20 Arthur Rich, Brennpunkt des religiösen Sozialismus ist der Glaube an das kommende Reich Gottes auf Erden, 29.6.1933 (NL 9,13).

21 An Elisabeth Schneider (Richs spätere Gattin), 30.4. und 26.6.1934 (Typoskr., FamA Rich). – Hans Erb, Geschichte der Studentenschaft an der Universität Zürich, 1833–1936, Zürich 1937, S. 710–729. – Näheres zu Richs Auseinandersetzung mit dem Nationalsozialismus und dem Frontismus in: Siegfried Karg, Arthur Rich: Ein Leben für die Wirtschaftsethik, in: Hommage, S. 57–79, hier: 58 f.

1933/34 war Arthur Rich, der wegen seines geringen Brustumfangs vom Militärdienst dispensiert worden war,[22] nebenamtlich Schriftleiter der religiös-sozialen Jugendzeitschrift «Nie wieder Krieg». Auch später schrieb er Kommentare zum weltpolitischen Geschehen.[23] Dabei ist bei ihm ein Gesinnungswandel vom unbedingten Antimilitarismus zu einem pragmatischen Pazifismus zu beobachten, welcher die Verantwortung für die politischen Folgen mit in Betracht zieht.[24] Der Theologiestudent hatte nämlich erkannt, dass Hitler die pazifistische Stimmung in England und Frankreich in das Kalkül seiner Eroberungspläne mit einbezog. Pazifisten mussten so zu unfreiwilligen Handlangern der deutschen Kriegstreiberei werden. Deshalb begann Rich, die englische Aufrüstung als Gegenwehr zur deutschen Kriegsvorbereitung zu bejahen. Nach seiner eigenen Interpretation vollzog er den Schritt von der Gesinnungs- zur Verantwortungsethik,[25] ohne die eine gegen die andere auszuspielen. Verbunden war damit eine «Distanznahme gegenüber dem doktrinär-pazifistischen Flügel innerhalb der religiös-sozialen Bewegung».[26]

1.3 Zwischen religiös-sozialer und dialektischer Theologie

Trotz guten Leistungen hatte Arthur Rich als Theologiestudent das Gefühl, ein Aussenseiter zu sein. «In der Ideenwelt von Leonhard Ragaz und der von ihm ausgehenden religiös-sozialen Bewegung beheimatet, hielt ich Abstand zu den damals vorherrschenden, vorab durch Barth und Brunner bestimmten theologischen Strömungen.»[27] Tatsächlich war seit dem Aufkommen der dialektischen Theologie mit ihrer erstaunlichen Breitenwirkung die religiös-soziale Bewegung in den Hintergrund gedrängt worden.[28] Neu stand nun die Gottesfrage im Zentrum und nicht mehr die Gestaltung einer gerechteren Gesellschaft.[29] Zeichenhaft für diese Schwerpunktverlagerung war der «Aufstieg» der Dialektiker Karl Barth und Emil Brunner vom Gemeindepfarramt zum akademischen

[22] Mitgeteilt von Elisabeth Rich, 26.3.2009.
[23] Nie wieder Krieg, Zürich, 1933–1934, 1936–1937 (fortan zit. als: NWK).
[24] Sichtbar wird dieser Wandel etwa beim Vergleich der beiden Artikel «Völkerbundswoche in Casoja», in: NWK Nr. 11/1932, S. 48, und «Rückblick und Ausblick», in: NWK Nr. 4/1937, S. 23 f.
[25] Näheres über Richs Verständnis von Gesinnungs- und Verantwortungsethik in: Rich, Wirtschaftsethik, Bd. 1, S. 34–38.
[26] Rich, in: Hommage, S. 22 f.
[27] Arthur Rich, Erinnerungen an Christian Maurer, [Manuskript, 1992] (NL 10.10).
[28] Rich, Selbstdarstellung, [1966] (NL 1.1); in: Ragaz-Briefe, Bd. 2, S. 21.
[29] Frank Jehle, Emil Brunner. Theologe im 20. Jahrhundert, Zürich 2006, S. 107 (fortan zit. als: Jehle, Emil Brunner).

Lehramt – ein Ereignis, das zeitlich zusammenfiel mit dem Rücktritt des Religiös-Sozialen Leonhard Ragaz, der auf seinen theologischen Lehrstuhl an der Universität Zürich verzichtete und freier Schriftsteller wurde.

Der Religiöse Sozialismus hat eine eschatologische, eine sozialpolitische und eine pazifistische Komponente. Die eschatologische Hoffnung ist in der Botschaft vom kommenden Reich Gottes und seiner Gerechtigkeit für die Erde begründet. Zwar sei dieses Reich in seiner Vollendung Geschehen von Gott her, doch nehme seine Herbeiführung auch die Menschen in Anspruch, weil der lebendige Gott in Jesus Christus Mensch und damit diesseitig geworden sei. Dies sei für Christinnen und Christen eine Ermutigung, die Welt aktiv zu verändern und sie auf Gott hin in Bewegung zu setzen.[30] Auf eine einfache Formel gebracht: «Alles vom Reich Gottes erhoffen und alles für das Reich Gottes tun.»[31] Ein solcher «Rufer und Zeuge des Reiches Gottes» wollte der Theologe Rich sein.[32] – Sozialpolitisch weiss sich die religiös-soziale Bewegung dem demokratischen Sozialismus verbunden. Sie sieht in ihm eine profane Möglichkeit zu gerechteren sozialen Verhältnissen, ohne ihn als «Vorschein des kommenden Reiches Gottes» religiös zu überhöhen, wie das bei Ragaz mitunter geschah. Zu einer Parteimitgliedschaft hingegen konnten sich nur wenige religiös-soziale Theologen durchringen.[33] Auch Arthur Rich trat keiner Partei bei.[34] So beschied er 1967 nach dem Rücktritt des Zürchers Eduard Zellweger aus dem Ständerat die Anfrage der SP, ob er für den freien Sitz kandidieren wolle, abschlägig.[35] Rich wahrte «kritische Distanz zum Sozialismus bei gleichzeitiger Einsicht in die Konvergenz zwischen dessen humanen Grundanliegen und der christlichen Ethik».[36] – Drittes Kernstück des Religiösen Sozialismus sind die pazifistischen Ideen. Er beruft sich dabei auf die Friedensbotschaft des Evangeliums.[37]

30 Rich, in: Hommage, S. 32, 35, 40.

31 Siegfried Karg, in: Hommage, S. 64. Ähnlich Leonhard Ragaz: «Handle so, als ob alles von dir selber abhangen würde, und wisse doch zugleich, dass Gott alles tut.», zit. nach: Arthur Rich, Geht es ohne Moral?, in: Gladys Weigner/Bernhard Moosbrugger, Erst der Mensch, dann der Profit, Zürich 1976, S. 96.

32 An Elisabeth Schneider, 16.8.1935 (Typoskr., FamA Rich).

33 Rich, in: Hommage, S. 35 f., 39. – Peter Aerne, Religiöse Sozialisten, Jungreformierte und Feldprediger. Konfrontation im Schweizer Protestantismus 1920–1950, Zürich 2006, S. 69 (fortan zit. als: Aerne, Religiöse Sozialisten).

34 Mitgeteilt von Elisabeth Rich, 1.12.2006; gegen Franz Furger, Christliche Sozialethik in pluraler Gesellschaft, Münster 1997, S. 62.

35 Zürcher Ständeratswahl 1967 (NL 1.6). – Negativen Bescheid auf Anfragen der SP gaben, unter anderen, auch die Professoren Karl Schmid und Jean Rodolphe von Salis sowie Max Frisch.

36 An Günter Brakelmann, Bochum, März 1991 (NL 12.12). – Vgl. S. 68.

37 Aerne, Religiöse Sozialisten, S. 64. – Vgl. S. 20.

Arthur Rich hätte sich beim Studium und später in der Kirche wohl leichter Lorbeeren geholt, wenn er sich dem damaligen Mainstream der dialektischen Theologie angeschlossen hätte. Doch wählte er den steinigeren Weg, als er sich von der religiös-sozialen Bewegung packen liess, obwohl diese ihren Zenith bereits überschritten hatte. Wenn Richs geistigem Ringen gleichwohl nichts Antiquiertes anhaftet, so deswegen, weil er gegenüber anderen theologischen Richtungen offen blieb.[38] Auch ging er auf eine gewisse Distanz zum Religiösen Sozialismus: «Was mir mehr und mehr an ihm missfiel, war [...] das Sich-Verschliessen gegenüber den neuen theologischen Einsichten, insbesondere denjenigen der dialektischen Theologie. Das [...] hatte die kirchliche Isolierung im Gefolge. Ohne die Grundanliegen des Religiösen Sozialismus preiszugeben, suchte ich nach neuen Wegen. [...] Brunner zog mich an durch den unerbittlichen Realitätsbezug seiner theologischen Ethik. [... Bei] Barth sprach mich die christologische[39] Grundorientierung seiner Theologie mächtig an.»[40] Tatsächlich hat sich Rich als unabhängiger Geist keiner theologischen Strömung angeschlossen, wenngleich er sich zur religiös-sozialen Bewegung hingezogen fühlte, die er «auf veränderten theologischen Grundlagen» weiterzuentwickeln versuchte.[41]

---

38 Rich, Curriculum vitae, [ca. 1985] (NL 1.1).

39 «Christologisch» nach Richs Verständnis: «... wonach alles von dem in Jesus Christus offenbar gewordenen Gott her zu hören, zu sehen und zu verstehen ist», Wirtschaftsethik, Bd. 1, S. 151.

40 Arthur Rich hat sich aber auch gegen Emil Brunner und Karl Barth abgegrenzt, vgl. S. 78 f., und 81 f.

41 Gutachten Theol. Fakultät Universität ZH über PD Arthur Rich betr. Professur, 1954 (NL 2.8); Rich, Selbstdarstellung, [1966] (NL 1.1); Religiös-sozial, in: RGG, 3. Aufl., Bd. V,2, Tübingen 1961, Sp. 958.

2. Pfarramt und Lehramt

2.1 Wie die Familie Arthur Rich erlebte

Nach Abschluss des Theologiestudiums und anschliessendem Vikariat beim religiös-sozialen Pfarrer Hermann Bachmann in Zürich-Wiedikon wurde Arthur Rich am 29. Mai 1938 in Schaffhausen zum Pfarrer ordiniert.[1] Drei Monate später wählte ihn Hemmental, eine kleine Gemeinde nördlich von Schaffhausen, aus fünf Bewerbern zu ihrem Pfarrer.[2] Mit der Übersiedelung verbunden war am 8. Oktober 1938 die Heirat von Arthur Rich und Elisabeth Schneider. Das Paar hatte sich 1933 im Ragaz-Kreis kennengelernt.[3]

Elisabeth Richs Eltern, Otto und Mathilde Schneider-von Orelli, beide Naturwissenschaftler, waren aus der Kirche ausgetreten, hatten aber ihre fünf Kinder beim religiös-sozialen Pfarrer Paul Trautvetter in Zürich-Höngg konfirmieren lassen. Als dieser wegen seines Antimilitarismus stark angefeindet wurde,[4] traten sie aus Solidarität zu ihm der Kirche wieder bei. Elisabeth, am 13. November 1913 geboren, hatte nach der Matura in sozialen Institutionen gearbeitet und schliesslich in Zürich die Soziale Frauenschule[5] besucht.[6] Hinsichtlich der Glaubensinhalte und Wertvorstellungen stimmte sie mit ihrem Gatten überein. Auch politisch waren die beiden ein Herz und eine Seele. «Sie übten hohe Selbstdisziplin: Arbeit, Pflichterfüllung und Übernahme von Verantwortung waren ihnen nicht fremd.»[7] Hingegen unterschieden sie sich im Alltäglichen. Sie war lebenspraktisch orientiert, obgleich sie Theoriezusammenhänge gut erfassen konnte. Er bewegte sich lieber in gedanklichen Modellen und theoretischen Konzepten. Für ihre Interessen und Bedürfnisse wie Wandern, Reisen oder Musizieren hatte er wenig übrig.[8]

---

1 Der Aufbau, Zürich, 1984, S. 156; Geschäftsbericht evang.-ref. Kirchenrat Kt. SH, 1938, S. 14.

2 Protok. evang.-ref. Kirchgemeinde Hemmental, 14.8.1938 (Akten von Kirchgemeinde und Primarschule im Gemeindearchiv Hemmental).

3 Elisabeth Rich, 12.8.1998, S. 7 f.; Rich, in: Hommage, S. 25; Siegfried Karg, in: Hommage, S. 60.

4 Aerne, Religiöse Sozialisten, S. 278–286.

5 Heute: Hochschule für soziale Arbeit.

6 Elisabeth Rich, 10.9.1998, S. 2 f., 5 f.

7 Matthias Rich, S. 3.

8 A. a. O., S. 2 f.

Elisabeth und Arthur Rich mit Georg, Ursula und Matthias (San Nazzaro, 1944)

In Hemmental kamen die vier Kinder zur Welt. Zur Freude der Eltern wählten später alle ein Studium: Georg (Jörg), geboren am 11. November 1939, doktorierte in Nationalökonomie; Matthias, geboren am 18. April 1941, wandte sich der Pädagogik und Romanistik zu; Ursula, geboren am 14. Januar 1943, wurde Ärztin und Psychotherapeutin; Franziska, geboren am 17. Juli 1945, studierte Zoologie und Russisch.[9]

Seinen Vater charakterisiert der Sohn Matthias mit Hilfe von vier Gegensatzpaaren: 1. «Anwesend und doch nicht da.» Arthur Rich war viel daheim, denn er arbeitete, bis die grösseren Kinder ausgeflogen waren, vorwiegend zu Hause. Gleichzeitig war er auf merkwürdige Weise nicht da. Regelmässig zog er sich in seine Studierstube zurück. Dann wussten die Kinder, dass sie ihren Vater nicht stören durften, weil er mit Wichtigem beschäftigt war. 2. «Sprachgewandt und zugleich kommunikationsgehemmt.» Einerseits war Arthur Rich ein hervorragender Redner. Er konnte auch gut Geschichten erzählen und führte lehrreiche Tischgespräche. Andererseits war er unbeholfen, wenn nichtverbale Kommunikationsformen erforderlich waren. Es bereitete ihm zum Beispiel Mühe, sich mit kleinen Kindern zu beschäftigen, bevor sie sprechen konnten. Auch war er kaum fähig, mit seinen Söhnen und Töchtern über

[9] Elisabeth Rich, 12.8.1998, S. 10, 12, und 10.9.1998, S. 8–11.

Sexualität zu reden 3. «Entschlusskraft und Handlungsfähigkeit im Grossen, aber Hilflosigkeit im Kleinen.» Als Wissenschaftler konnte Arthur Rich beeindruckende Konzepte, Strategien und Handlungsrichtlinien entwickeln. Aber zu den einfachsten, alltäglichen Dingen musste er seine Frau Elisabeth befragen. Auch bei der Kindererziehung liess er ihr den Vortritt. Dazu Matthias Rich: «Der Vater schrieb und redete über Pädagogik, die Mutter praktizierte sie.» 4. «Mut versus Lebensangst.» Der Staats- und Wirtschaftsbürger Arthur Rich zeigte Kraft und Mut, wenn er für Überzeugungen einstand. Er war kein Opportunist, seine Haltung war eindeutig. Aber es gab Situationen, in denen sich bei ihm Ängste, ja sogar Anflug von Panik zeigten. Zum Beispiel, wenn ein Familienglied mit der Heimkehr ungewöhnlich lange auf sich warten liess.[10]

Einerseits war der Vater eine überragende und dominierende Persönlichkeit, von der sich Matthias, um eigenständig zu werden, ablösen musste. Andererseits erlebte er ihn aus der Nähe – wie könnte es anders sein! – als Mensch mit seinen Schwächen. Doch gab es für ihn einen besonderen Grund, dem Vater dankbar zu sein: Als kleiner Knirps kletterte er in einem unbewachten Moment auf einer Leiter bis zur Dachtraufe hinauf, als am Hemmentaler Pfarrhaus Reparaturarbeiten ausgeführt wurden. Zufällig erschien, vom Dorf her kommend, der Vater. Blitzschnell erkannte er die Gefahr, in der sich sein Sohn befand. Geistesgegenwärtig rief er ihm zu: «Matthias, isch es schöö döt obe?» «Ja», tönte es zaghaft und ängstlich zurück. «Wart, i chumm au zu Dir ue.»[11] Flink kletterte der Vater die hohe Leiter empor und befreite Matthias aus seiner ungemütlichen Lage.[12]

2.2 *Als Pfarrer in Hemmental*

Das kleine Dorf war ein eher hartes Pflaster für den jungen Seelsorger. «Eine Gemeinde, die mir meine Arbeit schwer macht, sehr schwer sogar»,[13] seufzte Arthur Rich. Woran dies lag – ob am Pfarrer, an der Gemeinde oder an beiden –, wird nicht näher erläutert. Erhellend mag die Sicht aus zeitlicher Distanz sein: «Die Hemmentaler rackerten sich ums tägliche Brot ab. Ihr Pfarrer pflegte hohe Gedankengänge. Das war keine optimale Kombination.»[14] Ein Quell des Unfriedens war die Schule.

[10] Matthias Rich, S. 1 f., 6; Franziska Rich, S. 1.
[11] «Matthias, ist es schön dort oben?» – «Warte, ich komme auch zu Dir hinauf.»
[12] Matthias Rich, S. 8.
[13] An Werner Morf, Zürich, 3.11.1944 (NL 2.3).
[14] Mitgeteilt von Pfr. Beat Wanner, Hemmental, 26.1.2007, S. 2 (Typoskr., autorisierter Text beim Verf.). – Noch sechzig Jahre später schildert Elisabeth Rich in warmen Wor-

Arthur Richs erste Konfirmandenklasse (Palmsonntag 1939)

Während Pfarrer Rich mit dem tüchtigen und gütigen Oberlehrer gut auskam,[15] war das Verhältnis zum nachlässigen, die schwächeren Kinder schikanierenden Unterlehrer getrübt.[16] Als Rich in seiner Eigenschaft als Aktuar der Schulbehörde den Unterlehrer schriftlich ermahnen musste, begann dieser im Dorf und bei dem von ihm geleiteten Männerchor gegen den Pfarrer zu intrigieren.[17] Aber die Gemeindebehörden und der kantonale Erziehungsrat stellten sich hinter den Angegriffenen.[18]

Geschätzt waren in Hemmental die vom Pfarrer veranstalteten, in der Regel «sehr gut besuchten» Vortragsabende, die übrigens die Kirchgemeinde keinen Rappen kosteten, da ihr Seelsorger jeweils am Wohnort der Referenten ebenfalls Vorträge hielt.[19]

---

ten ihr Verhältnis zu den Dorfbewohnern. Anscheinend fiel es ihr leichter, den Zugang zur Bevölkerung zu finden. Elisabeth Rich, 12.8.1998, S. 8–12, und 10.9.1998, S. 15.

15 Protok. evang.-ref. Kirchgemeinde, 16.3.1947; Zeugnis der Schulbehörde für Oskar Wildberger, 8.9.1949. An Rosemarie Wildberger, Schaffhausen, 20.1.1990 (NL 104.24).

16 Protok. Schulbehörde, 28.5.1942, 16.12.1943, 29.8.1945, 8.9.1948.

17 Protok. Schulbehörde, 14.9.1944, 2.10.1945; Gottlieb Kübler an Schulbehörde, 1.10.1945; Arthur Rich an Schulbehörde, 13.12.1945.

18 Protok. evang.-ref. Kirchenstand (Kirchenvorsteherschaft), 15.10.1945; Protok. Schulbehörde, 13.12.1945, 27.3.1946; Erziehungsrat Kt. SH an Schulbehörde in Beschwerdesache gegen Gottlieb Kübler, 7.3.1946.

19 Protok. evang.-ref. Kirchenstand, 31.3.1946.

Während seiner knapp neunjährigen Amtszeit erreichten Arthur Rich acht Stellenangebote von auswärts.[20] So verlockend diese auch waren, Rich hielt dem Randendorf die Treue. Es ist eingebettet in einen Kranz von Hügeln, so dass, geographisch, der Horizont zwar begrenzt ist; doch bot ihm die geringe Zahl von Bewohnern die Chance, durch Forschung seinen geistigen Horizont zu erweitern.[21] Zusammen mit Pfarrkollegen aus der Umgebung, die zum Teil später ebenfalls die akademische Laufbahn beschritten, gehörte Rich einer Arbeitsgemeinschaft an, die sich mit der Exegese des Neuen Testaments im Zeithorizont des Zweiten Weltkriegs befasste.[22]

2.3 Als Seminardirektor in Schaffhausen

1941 wurde dem Hemmentaler Pfarrer der obligatorische Religionsunterricht in den unteren Klassen und etwas später auch der fakultative in den oberen Klassen der Schaffhauser Kantonsschule (Gymnasium) übertragen. Der Schaffhauser Münsterpfarrer Jakob Hallauer hatte ihn empfohlen «als einen Mann mit gründlicher theologischer Bildung, einem glänzenden Examenabschluss und fähig, auch schwere Probleme [...] einfach und klar darzulegen»[23]. Hallauers Urteil fand seine Bestätigung. Bald ging über Richs Religionsunterricht bei den Maturanden das Gerücht um, «den dürfe man nicht verpassen, das seien die besten und interessantesten Stunden, die man in der Kanti erleben könne»[24]. Arthur Rich war also kein unbeschriebenes Blatt, als ihn der Regierungsrat 1947 zum vollamtlichen Direktor des kantonalen Lehrerseminars berief. Zwei Gründe hatten den Ausschlag zu seiner Wahl gegeben: «In Hemmental hat er als Mitglied der Schulbehörde die [...] Nöte des Elementarschulwesens kennen

---

[20] Stellenangebote, 1940–1946 (NL 2.3). Vgl. auch S. 25, Anm. 13.

[21] Weitere Informationen über die Hemmentaler Zeit: Arthur Rich, Ein Dorfpfarrer erinnert sich, in: Berthold M. Fäh, Hemmentaler Heimatbuch, 1090–1990, Thayngen 1990, S. 156–158. An Ulrich Hedinger, Tübingen, 31.5.1974 (NL 78.14). – Walter Wolf, Arthur Rich, in: Historischer Verein des Kantons Schaffhausen (Hg.), Schaffhauser Biographien VI, Schaffhauser Beiträge zur Geschichte, Bd. 81/2007, S. 270–272.

[22] Arthur Rich, Erinnerungen an Christian Maurer, [1992] (NL 10.10). Zum Arbeitskreis gehörten zeitweise der Missionswissenschaftler Werner Bieder in Oberhallau, der Systematiker Gottfried W. Locher in Feuerthalen, der Neutestamentler Christian Maurer in Beggingen sowie der Alttestamentler Hans Wildberger in Wilchingen.

[23] Protok. Erziehungsrat Kt. SH, 20.3.1941, 8.7.1943 (StA SH).

[24] Willi Helg, Schaffhausen, an Elisabeth Rich, 22.9.1992 (NL 116.6). Helg, später Pfarrer an der Schaffhauser Zwinglikirche, hatte um 1950 die Kantonsschule besucht. Seine Aussage deckt sich mit derjenigen von Arthur Uehlinger, später Chefarzt der medizinischen Abteilung des Kantonsspitals Schaffhausen (mitgeteilt, 6.2.2009).

gelernt.»[25] Und «als bisheriger Religionslehrer[26] an der Kantonsschule hat er sich [...] bei der Professorenschaft und den Schülern hohe Achtung erworben».[27] Zunächst wurde Rich für ein Jahr beurlaubt, um sich an der Universität Zürich durch pädagogische und psychologische Studien auf seine neue Aufgabe vorzubereiten. In diesem Jahr bestand er auch sein theologisches Doktorexamen.[28] 1948 liess sich die Familie in Neuhausen am Rheinfall nieder, wo Arthur Rich seine Kindheit verbracht hatte.

Dem Verfasser dieses Buches sei hier ein persönliches Wort gestattet: Von 1948 bis 1951 habe ich das Lehrerseminar besucht. Dabei ist mir Rich zu einer Art Vaterfigur geworden, auch wenn ich nicht in allen Dingen mit ihm einig ging.[29] Neben dem interessanten Unterricht in Psychologie, Pädagogik und Kirchengeschichte imponierte mir die einfühlsame, manchmal etwas umständliche, stets aber souveräne Art, mit der er auf kritische Fragen unserer Klasse einging. Wir spürten es, er nahm uns Junge ernst. Ähnlich erlebten ihn später die Studierenden an der Universität. Die 1968er Generation zum Beispiel versuchte gelegentlich, ihn aufs Glatteis zu führen. Doch der Professor liess sich nicht beirren. Sorgfältig antwortete er auf die vorgebrachten Fragen und Einwände. Er machte sich zum heimlichen Verbündeten der Skeptiker und Zweifler. Nach der Diskussion pflegte er zu sagen: «Jetzt kehren wir wieder zur Theologie zurück.»[30]

Unter der Ägide von Arthur Rich wurde in Schaffhausen eine Seminarreform in die Wege geleitet. Der Anstoss dazu war vor seinem Amtsantritt erfolgt. Der neue Vorsteher gab dabei zu bedenken: «Vermag das Seminar schon keine fertigen Lehrer heranzubilden, dann erst recht nicht fertige Erzieher.»[31] Eine reife Lehrerpersönlichkeit werde man erst durch die Erfahrung in der Praxis. Rich dürfte diese Bemerkung auch auf sich selbst bezogen haben; denn im Rückblick auf seine zweite und dritte Berufstätigkeit kam er zum Schluss: «Pfarramt und Lehramt bedeuteten für mich eine grosse Erweiterung meines Erfahrungshorizontes.»[32]

---

25 Protok. Erziehungsrat Kt. SH, 13.2.1947 (StA SH).

26 Dieses Pensum führte er auch als Seminardirektor weiter.

27 Protok. Regierungsrat Kt. SH, 26.2.1947 (NL 2.2).

28 Protok. Erziehungsrat Kt. SH, 13.2.1947 und 27.2.1947 (StA SH); Rich, Curriculum vitae, [ca. 1952] (NL 1.1). – Über Richs Dissertation vgl. S. 33 ff.

29 Beispielsweise war ich von Albert Schweitzers Appell zur «Ehrfurcht vor dem Leben» sehr beeindruckt und konnte Richs Zurückhaltung in dieser Frage nicht teilen.

30 Mitgeteilt von Franz Schüle, Zürich, 26.8.2006. – Vgl. auch Arthur Rich, Die theologische Situation und Aufgabe des Religionslehrers an der höheren Mittelschule, in: Weg und Ziel, Bern 1955, Nr. 1, S. 14–19, hier: 18.

31 Arthur Rich, Die Gestalt des künftigen Schaffhauser Lehrerseminars, Schaffhausen 1949, S. 3 f., 14, 20.

32 Rich, Selbstdarstellung, [1966] (NL 1.1).

3. Erste Forschungen: Neues Verhältnis zum Judentum – neues Zwingli-Bild

3.1 Abschied vom christlichen Antijudaismus

Zu den ersten wissenschaftlichen Themen, die Arthur Rich bearbeitete, gehört das Verhältnis von Christen und Juden. Den Anstoss dazu hatte der Vorstand des Schweizerischen Evangelischen Kirchenbunds (SEK)[1] gegeben, als er am 9. Mai 1942 – kurz nach Beginn der nationalsozialistischen Deportation von Juden in die Vernichtungslager – die Kantonalkirchen zu «klarer Stellungnahme in der Judenfrage» aufrief.[2] Zudem ermunterte er die Mitgliedkirchen zur «Wahrung des Wächteramtes [...] den antisemitischen Strömungen gegenüber», welche sich auch in der Schweiz bemerkbar machten.[3] Diesem Wunsch trugen die kirchlichen Behörden in Schaffhausen dadurch Rechnung, dass sie Arthur Rich zu einem Vortrag über «Die Juden und wir Christen» einluden, den er am 9. Juli 1942 vor der Kirchensynode hielt.[4]

Das auf gründlichen Studien basierende Referat beginnt, laut einem Pressebericht, mit der kategorischen Feststellung: «Die Judenfrage ist eine Glaubensfrage und nichts anderes sonst.»[5] Einleitend widerlegt Rich einige antisemitische Vorurteile im politischen Bereich. Dann folgt die theologische Kernaussage, wonach das Besondere an den Jüdinnen und Juden ihre Erwählung[6] zum Gottesvolk sei. An dieser Glaubenstatsache gebe es nichts zu rütteln. Zwar habe sich später das Volk Israel dem Messias verweigert. Deshalb habe Gott sich aus Juden und anderen Völkern ein neues Israel, die Gemeinde Christi, erwählt. Dieser neue Bund habe

---

1 Dachorganisation der Evangelisch-reformierten Kantonalkirchen und der Evangelisch-methodistischen Kirche der Schweiz.

2 Entgegen der These von Jehle, Emil Brunner, S. 405, Anm. 115, wonach der Kirchenbundsvorstand nichts unternommen habe.

3 Geschäftsbericht evang.-ref. Kirchenrat, Kt. SH, 1942, S. 6 f.; Protok. evang.-ref. Kirchenrat SH, 28.5.1942. – Der SEK-Aufruf war auch eine Reaktion auf eine Tagung in Zürich-Wipkingen; vgl. unten, S. 30, Anm. 14.

4 Arthur Rich, Die Juden und der Judenhass, in: Schaffhauser Kirchenbote, 1942, S. 66–71, 74 f., 83–86 (fortan zit. als: Kirchenbote 1942). Eine veränderte Fassung: Das Judenproblem, Zürich [1943], erschien als Sonderdruck der religiös-sozialen Zeitschrift «Neue Wege», neu aufgelegt in: Rich, Aufrisse, S. 15–38.

5 Evangelische Umschau, in: Schaffhauser Nachrichten, 25.7.1942 (gezeichnet mit: hor.).

6 «Erwählung» bedeute nicht «etwas Besseres als die Andersgläubigen zu sein», sondern: zum «Dienst an Gott und der ganzen Menschheit» gerufen zu sein; Israelitische Cultusgemeinde (Hg.), Juden in Zürich, Zürich 1981, S. 59, 30.

jedoch den alten nicht abgelöst; vielmehr seien beide gleichermassen gültig.[7] Denn «o Wunder aller Wunder – auch als abtrünniges [...] Volk bleiben sie immer noch das Volk des lebendigen Gottes»[8].

Das Thema wurde damals im schweizerischen Protestantismus kontrovers diskutiert. Während sich ausser Rich auch die Basler Theologen Karl Barth und Wilhelm Vischer[9] um einen theologischen Neuansatz bezüglich des Verhältnisses von Juden und Christen bemühten («bleibende Erwählung Israels»[10]), vertraten ihre Zürcher Kollegen Emil Brunner und Walther Zimmerli,[11] ohne Antisemiten zu sein, auf der Linie des traditionellen christlichen Antijudaismus[12] die Degradierungsthese[13], wonach das Judentum seine Gottesvolk-Berufung an die Christenheit verloren habe.[14]

Aus seiner theologischen Besinnung zog Arthur Rich den Schluss, Christen dürften nicht zwischen sich und den Juden eine Scheidewand aufrichten. Vor allem dürften sie die Juden nicht als «artfremde, rassisch minderwertige [...] Elemente» herabwürdigen. «Sind die Juden gefährliche Fremdkörper, dann sind es die Christen auch, weil beide [...] auf die Herrschaft Gottes ausgerichtet sind» und sich nicht mit den Übeln dieser Welt abfinden könnten.[15] Was Juden und Christen positiv verbinde, sei die ziel-

---

7 Rich, Aufrisse, S. 22 f., 26.

8 Rich, in: Kirchenbote 1942, S. 75.

9 Hermann Kocher, Rationierte Menschlichkeit. Schweizerischer Protestantismus im Spannungsfeld von Flüchtlingsnot und öffentlicher Flüchtlingspolitik der Schweiz 1933–1948, Zürich 1996, S. 114 f., 438.

10 Eberhard Busch, Unter dem Bogen des einen Bundes. Karl Barth und die Juden 1933–1945, Neukirchen-Vluyn 1996, S. 387 (fortan zit. als: Busch, Unter dem Bogen).

11 A. a. O., S. 379, 387 f.

12 Zu unterscheiden ist zwischen politischem Antisemitismus und theologischem Antijudaismus, obwohl beide Varianten in der abendländischen Geschichte zu schlimmen Menschenrechtsverletzungen geführt haben; vgl. Walter Wolf, Schaffhauser Kirche und Judentum, in: hegau, Jahrbuch 58/2001, Singen/Hohentwiel, S. 71–88.

13 Auch «Substitutionsthese» genannt; vgl. Busch, Unter dem Bogen, S. 376, Anm. 40.

14 Vgl. Walter Wolf, Eine namenlose Not bittet um Einlass. Schaffhauser reformierte Kirche im Spannungsfeld 1933–1945, S. 103 f. (fortan zit. als: Wolf, Namenlose Not). – Der Streit über die unterschiedlichen theologischen Positionen war an der sogenannten Wipkinger Tagung vom 17. November 1941 des Schweizerischen Evangelischen Hilfswerks für die Bekennende Kirche in Deutschland entbrannt. Es ging um die Frage, wie das Wort aus dem Johannesevangelium, dass das Heil von den Juden komme, auszulegen sei. Barth und Vischer interpretierten Joh 4,22 als gegenwärtiges Geschehen: «Das Heil kommt von den Juden.» Nach Brunner und Zimmerli hingegen gehörte diese Aussage der Vergangenheit an: «Das Heil kam von den Juden.», vgl. Jehle, Emil Brunner, S. 403 f.; Busch, Unter dem Bogen, S. 375. – Die theologische Kontroverse hat freilich Barth und Brunner nicht daran gehindert, im Rahmen des Evangelischen Hilfswerks zusammenzuarbeiten. Dieses gewährte allmählich auch nichtchristlichen Juden Unterstützung.

15 Rich, in: Kirchenbote 1942, S. 84; Aufrisse, S. 31.

gerichtete Hoffnung der Propheten und Apostel auf die Gerechtigkeit des Reiches Gottes. Daraus folge als weitere Konsequenz, dass Christen «den Juden keine neue Botschaft zu bringen, also nicht in erster Linie Judenmission zu treiben» hätten.[16] Vielmehr hätten sie gemäss Paulus die Juden zur Nacheiferung zu reizen.[17] Konkret: «Wir sollen den Juden lebendige Christen sein», damit sie an uns einen starken Glauben erkennten. Worauf es letztlich ankomme, sei ein angriffiger, weltverändernder Christusglaube. So gesehen, verwandle sich die «Judenfrage» in eine «Christenfrage».[18]

Mitten im Zweiten Weltkrieg sprach sich Rich für «Solidarität mit dem verfolgten und gehetzten Judenvolk» aus. Dies sei ein Gebot der Menschlichkeit, darüber hinaus aber auch ein Gebot des christlichen Glaubens. Ferner dürfe die Kirche nicht müde werden, vor dem Antisemitismus zu warnen. «Wo immer er auch sein Haupt erheben mag, muss sie ihm entschlossen entgegentreten.»[19]

Arthur Rich liess es nicht bei Worten bewenden. Die Hemmentaler Pfarrfamilie beherbergte im Winter 1944/45 den jüdisch-polnischen Flüchtling Leopold Rosenstreich. Dieser war im Juni 1942 zur Zwangsarbeit nach Deutschland eingezogen worden und hatte zuerst in der Landwirtschaft und dann in einer saarländischen Kohlengrube gearbeitet. Im Dezember 1943 gelang ihm, mit einem Kohletransport, die Flucht nach Schaffhausen. Dort erfuhr er zu seinem Glück, dass er sich in der Schweiz befand. Nach einem dreimonatigem Aufenthalt im Kantonsspital, wo er sich wegen Erfrierungen behandeln lassen musste, wurde er als arbeitslageruntauglich taxiert. Kurz vor seiner Übersiedelung nach Hemmental konvertierte er zum Christentum. So kam es, dass ein katholisch getaufter

[16] Kurz vor seinem Vortrag im Sommer 1942 war Rich angefragt worden, ob er nicht «die Leitung der Judenmission übernehmen» wolle, doch hatte er abgesagt «in der Meinung, dass dies nicht der rechte Weg sei», an Blanche Roulet, Basel, 28.4.1965 (NL 91.38).

[17] In Anlehnung an Röm 11,11 (Zürcher Bibel 1931).

[18] Rich, in: Kirchenbote 1942, S. 85; Aufrisse, S. 34–36. Ausführlicher zu dieser Thematik: Wolf, Namenlose Not, S. 98–107, 111–114. – Als irrig erwies sich Richs Prognose, dass es nicht zu einer jüdischen Staatsgründung in Palästina kommen werde; Kirchenbote 1942, S. 69. Nachdem dies gleichwohl geschehen war, urteilte Rich: «Ob theologisch gesehen die Staatswerdung Israels […] das richtige ist, bleibt für mich fraglich. Ich habe hier immer ähnlich gedacht wie Martin Buber, der sich gegen die Staatswerdung Israels gewendet hat und sich für eine Heimstätte für die Juden in Palästina in engster Kooperation mit den Arabern (als eine Art arabisch-jüdischer Staat) eingesetzt hat. Ich glaube nicht, dass man den heutigen Staat Israel heilsgeschichtlich verstehen darf» im Sinn der Verheissung von Ez 37, an F. Métraux, Ronco, 4.11.1968 (NL 87.10). Vgl. auch Bubers Forderung von 1947 nach Errichtung eines «binationalen Gemeinwesens» in Palästina, in: Paul R. Mendes-Flohr (Hg.), Martin Buber. Ein Land und zwei Völker, Frankfurt a.M. 1983, S. 261.

[19] Rich, in: Kirchenbote 1942, S. 85 f.

Jude in einem reformierten Pfarrhaus Unterschlupf fand. Bei Kriegsende bekundete er die Absicht, nach Israel auszuwandern.[20]

Mit seinem Referat vor der Schaffhauser Kirchensynode hat Arthur Rich einen Markstein für die Überwindung des christlichen Antijudaismus gesetzt. Zusammen mit Barth, Vischer und anderen hat er theologische Vorgaben für den nach dem Krieg einsetzenden christlich-jüdischen Dialog vermittelt. Zudem war dies ein erster Beitrag zur Dogmatik und politischen Ethik, die er später an der Universität unterrichtete. Seine Ausführungen zeichneten sich durch stringente exegetische und theologische Reflexion aus. Rich hatte damit einen Massstab für sein künftiges Wirken gesetzt. Was immer er an die Hand nahm, das tat er ganz. «Halbheiten waren seine Sache nicht.»[21]

Zudem hatte er ein Thema aufgegriffen, das von politischer Brisanz war. In einer Zeit der Judenverfolgung und des anschwellenden Flüchtlingsstroms stiess «diese exemplarisch deutliche, theologisch fundierte Stellungnahme mit starker Kritik gegen anpasserische Tendenzen»[22] auf Zustimmung und Ablehnung. Die Kirchensynode, an die das Wort zunächst gerichtet war, zeigte sich teils beeindruckt, teils verwirrt – nicht zuletzt der weit ausholenden Gedankengänge wegen. Pfarrkollegen, Printmedien und der Autor selbst bemühten sich um Verbreitung des Referats. Sie erzielten damit eine Resonanz weit über die Region hinaus. So bedankte sich der Pfarrer von Nesslau, Eduard Schweizer, ein späterer Universitätskollege von Arthur Rich,[23] bei seinem «Amtsbruder» in Hemmental für die «ausgezeichneten» Darlegungen.[24] Auf der Gegenseite reagierten einige Anhänger der antisemitischen Nationalen Front mit Entrüstung. Die mit Nazi-Deutschland sympathisierende Partei übte damals in Schaffhausen und Umgebung, nicht aber in Hemmental, einen beträchtlichen Einfluss aus.[25]

---

20 Mitgeteilt von Elly Leu, Hemmental, 22.2.2007, Elisabeth Rich, 12.4.2007, und Georg Rich, 16.6.2008; Akten der Flüchtlingskategorien A und B: Rosenstreich Leopold, geb. 1924, 1943–1945 (StA SH).

21 Die letzte Formulierung stammt von Rich und nimmt Bezug auf Emil Brunner: Arthur Rich, Denken, das weh tut, in: Werner Kramer/Hugo Sonderegger (Hg.), Emil Brunner in der Erinnerung seiner Schüler, Zürich 1989, S. 78–82, hier: 78. Rich war vom gleichen Arbeitsethos beseelt.

22 Hans-Balz Peter, Arthur Rich (1910–1992), S. 149–177, hier: 153, Anm. 8 (fortan zit. als: Peter, Arthur Rich), in: Wolfgang Lienemann/Frank Mathwig (Hg.), Schweizer Ethiker im 20. Jahrhundert. Der Beitrag theologischer Denker, Zürich 2005.

23 Vgl. S. 59f.

24 Eduard Schweizer an Arthur Rich, 4.11.1942 (NL 108, Korrespondenz betr. Judenfrage).

25 Vgl. Wolf, Namenlose Not, S. 103–105; Walter Wolf, Faschismus in der Schweiz, Zürich 1969. – Rückblickend hält Rich fest, dass «die Nationale Front […] beim Kir-

3.2 Zwinglis Weg zur Reformation

Weniger kontrovers war Richs zweite wissenschaftliche Arbeit, die ebenfalls in seine Hemmentaler Zeit fällt. Sie bezieht sich auf Zwingli und war als theologiegeschichtliche Abhandlung dem Zeitgeschehen entrückt. Ursprünglich hatte Rich die Absicht, Zwinglis politische Ethik im Kontrast zu Luthers Zwei-Reiche-Lehre darzustellen. Doch ergaben Vorstudien, dass das Thema zu weit gefasst war.[26] Anstelle einer Untersuchung über «Zwinglis Lehre von Gesetz und Evangelium» entstand jetzt eine Dissertation über «Die Anfänge der Theologie Huldrych Zwinglis».[27] Darin wird dessen Entwicklung vom Humanisten zum Reformator geschildert – laut Rich das entscheidende Ereignis in Zwinglis Glaubensleben.[28]

Anfänglich sei Zwingli in seinem Bestreben, die Kirche zu erneuern, Schüler des «Humanistenfürsten» Erasmus von Rotterdam gewesen.[29] Diesem habe das Evangelium vorzüglich als Anleitung für ethisch einwandfreies Handeln gedient. Durch ethische Unterweisung habe er das spätmittelalterliche Christentum reformieren wollen.[30] Dabei habe er auf die Einsichtsfähigkeit des gebildeten Menschen gebaut: «Wer das Gute kennt [...], der tut es auch.»[31] Aber dieser Optimismus habe bei Zwingli einen Stoss erlitten,[32] als sein kirchliches Reformwerk in eine Krise geriet. Wie dies geschah, wird von Rich minutiös untersucht.

Entgegen einer weit verbreiteten Auffassung sei für Zwingli noch nicht die reformatorische Glaubenserkenntnis «Rechtfertigung des Menschen allein aus göttlicher Gnade» bestimmend gewesen, als er 1519 in Zürich zu wirken begann. Den Durchbruch datiert Rich auf das Jahr 1520.[33] Damals habe sich der Leutpriester von seiner erasmischen Grundhaltung abgewandt, wonach der Mensch aus eigener Kraft, durch Wissen-

---

chenrat meine Absetzung als Pfarrer betrieb, was indessen misslang», in: Hommage, S. 26.

26 Rich, in: Hommage, S. 26; Selbstdarstellung, [1966] (NL 1.1); Elisabeth Rich, 25.9.1998. – Später hat Rich sich dann doch noch an dieses Thema herangewagt, vgl. S. 91 ff.; doch steht eine umfassende Darstellung der politischen Ethik Huldrych Zwinglis noch immer aus, vgl. Wirtschaftsethik, Bd. 1, S. 229, Anm. 8.

27 Arthur Rich, Die Anfänge der Theologie Huldrych Zwinglis, Zürich 1949 (fortan zit. als: Rich, Anfänge).

28 A. a. O., S. 164.

29 A. a. O., S. 70, 101.

30 A. a. O., S. 43. – Elisabeth Rich, 25.9.1998, S. 1.

31 Arthur Rich, Zwinglis Weg zur Reformation, in: Zwingliana, Bd. VIII/1948, Zürich, S. 511–535; neu aufgelegt in: Aufrisse, S. 45–68, hier: 58; Anfänge, S. 38.

32 Rich, Anfänge, S. 98.

33 A. a. O., S. 107.

schaft und Tugendlehre, die Missstände in Kirche und Welt[34] beheben könne.[35] Stattdessen habe er begonnen, sein Erneuerungswerk vertrauensvoll in Gottes Hand zu legen. Auf einen einfachen Nenner gebracht: Anstelle des aktiven Menschen trat nun der tätige Gott ins Zentrum.[36]

Der Positionswechsel wurde gemäss Rich durch zwei erschütternde Erlebnisse ausgelöst. 1520 musste der Zürcher Kirchenreformer den Absprung einiger der gebildetsten Mitstreiter ins päpstliche Lager hinnehmen. Zweifellos hatten diese Apostaten das Gute gekannt; gleichwohl hatten sie aus zwinglischer Sicht schlecht gehandelt, was dem erasmischen Optimismus widersprach. Zwingli konnte sich dieses Phänomen nur damit erklären, dass der böse Feind Unkraut unter den Weizen gesät habe. Und er konnte die Attacke nur parieren, indem er seine Hoffnung ganz auf Gott zu setzen begann.[37]

Ähnlich interpretierte Zwingli, retrospektiv, seine Pesterkrankung. Sie hatte ihn an den Rand des Grabes gebracht. Auch hier sah er den Teufel am Werk, der durch seinen Angriff auf Zwinglis Gesundheit das noch ungefestigte Erneuerungswerk zu sabotieren suchte.[38] Das Pestlied,[39] das der Reformator nachträglich gedichtet hat,[40] spiegelt die damalige Ohnmacht des Todkranken wider. Wollte er nicht der Resignation verfallen, blieb ihm nichts anderes übrig, als seine Kirchenreform ganz dem Herrn zu übergeben: «Darumb ist zit, / dass du min strit / füerist fürhin; / so ich nit bin / so starch, dass ich / mög dapferlich / tuon widerstand / des tüfels fecht [Anfechtung] und frevner hand.» Damit habe Zwingli einen ersten Schritt hin zum reformatorischen Glauben getan. Dieser Schritt habe sich «auf der Ebene einer existentiellen [...] Glaubensentscheidung» vollzogen.[41] Zwinglis bisherige Kirchenreform nahm zwar ihren programma-

---

34 Z. B. Ablasshandel, Heiligenverehrung, Reislaufen.

35 Rich, Anfänge, S. 122 f. – Rezension «Zwinglis Verhältnis zu Luther», in: Basler Nachrichten, 16.3.1951, Beilage Literaturblatt.

36 Rich, Anfänge, S. 102, 123. – Rezension «Arthur Rich: Die Anfänge der Theologie Huldrych Zwinglis», in: Der Kirchenfreund, Zürich 1949, S. 331.

37 Rich, Anfänge, S. 100, 102, 109, 154.

38 A. a. O., S. 115, 117.

39 Gebetslied in der Pest, in: Werner Burkhard, Schriftwerke deutscher Sprache, Bd. 1, Aarau 1945, S. 284 f.; Transkription in: Evangelisch-reformiertes Gesangbuch der deutschsprachigen Schweiz, Basel und Zürich 1998, Nr. 713.

40 Rich, Anfänge, S. 108, 110.

41 A. a. O., S. 123, 129 f. – In einem zweiten Schritt – diesmal eher auf der Ebene der theologischen Reflexion – kam Zwingli zur Erkenntnis der «bedingungslosen Gnade Gottes», die es, gemäss Augustinus, im Glauben anzunehmen gelte, vgl. Wilhelm H. Neuser, Die reformatorische Wende bei Zwingli, Neukirchen-Vluyn 1977, S. 152; auch in: Rich, Anfänge, S. 126, 129, 133–135, 144 f., 169 f. Laut Rich war der erste Schritt (existen-

tischen Fortgang, hörte jedoch auf, das Werk des weisen Menschen zu sein. Sie wurde unzweideutig zur Tat Gottes.[42]

Mit seiner behutsamen Beweisführung ist Rich zu einem Erkenntnisstand gelangt, hinter den die Zwingliforschung kaum mehr zurückgehen kann.[43] Der Zürcher Kirchenhistoriker Fritz Blanke, der 1947 zusammen mit dem Systematiker Walter Gut die Dissertation angenommen hatte, schrieb 1959, nachdem er das Buch in einem Zwingli-Seminar erneut durchgearbeitet hatte, an den Autor: «Ich finde es erstklassig, sowohl hinsichtlich der äusserst exakten Methode, wie in Bezug auf die Ergebnisse, die für die Zwingliforschung grundlegend und, wie ich glaube, unumstösslich sind.»[44] Eine ähnliche Meinung vertritt fünfzig Jahre später Emidio Campi, Professor für Kirchengeschichte und Leiter des Instituts für schweizerische Reformationsgeschichte an der Universität Zürich. Arthur Rich, Gottfried W. Locher und weiteren Forschern des 20. Jahrhunderts sei es gelungen, die Eigenart der reformatorischen Theologie Zwinglis herauszuarbeiten und so ein neues, grösstenteils noch immer gültiges Zwinglibild zu prägen.[45] Der Reformator hatte erkannt, dass der christliche Glaube sich nicht auf einen Humanismus im Geist der christlichen Caritas reduzieren lässt.[46] Dies sollte auch für die Ethik Arthur Richs bestimmend sein. Zeitlebens blieb er sich der Tatsache bewusst, dass das Glaubensgut Vorrang vor der Ethik hat. Über dem menschlichen Sollen steht das von Gott «geschenkte Sein».[47] Die im Glauben empfangene Gnade Gottes ist es, welche die Christinnen und Christen zu guten Werken ermutigt. Diese fundamentale Erkenntnis der Reformation geht jeder theologischen Ethik voraus. Zwar ist beides – das Geschenk des Glaubens und die sittliche Pflicht – sorgfältig zu reflektieren, wie dies bei

---

zielle Glaubensentscheidung) Voraussetzung dafür, dass sich dem Reformator auch die augustinisch/reformatorische Gnadenlehre erschloss; vgl. Aufrisse, S. 65; Anfänge 138.

42 Rich, Anfänge, S. 103. Rich verhehlt allerdings nicht, dass in Zwinglis späterem Leben wieder eine gewisse Schwächung seines reformatorischen Gottvertrauens obsiegte, Anfänge, S. 166 f.

43 Ulrich Gäbler, Huldrych Zwingli. Eine Einführung in sein Leben und sein Werk, 3. Aufl., Zürich 2004, S. 47; Wilhelm H. Neuser, Die reformatorische Wende bei Zwingli, S. 151. – Datierung und Interpretation des Pestlieds sind allerdings umstritten; vgl. Thomas Martin Schneider, Der Mensch als «Gefäss Gottes» – Huldrych Zwinglis Gebetslied in der Pest und die Frage nach seiner reformatorischen Wende (Zwingliana, Bd. XXXV/2008, Zürich, S. 5–21).

44 Fritz Blanke an Arthur Rich, 1.12.1959 (FamA Rich).

45 Emidio Campi, Zwingli, Ulrich, in: RGG, 4. Aufl., Bd. 8, Tübingen 2005, Sp. 1945–1955, hier: 1954.

46 Vgl. Roger Sidler, Arnold Künzli. Kalter Krieg und «geistige Landesverteidigung», Zürich 2006, S. 450.

47 Rich, Wirtschaftsethik, Bd. 1, S. 40, 243. Vgl. auch S. 129.

Rich geschieht. Doch darf man dabei das Gefälle zwischen dem Glaubensangebot und dem Gehorsamsgebot nicht aus den Augen verlieren.[48]

[48] Kritisch mit Richs «Standardwerk der Zwingliforschung» befasst sich der Münsteraner Kirchenhistoriker Martin Brecht. Er äussert sich zwar nicht zur Hauptthese (existenzielle reformatorische Wende bei Zwingli), bezweifelt aber die von Rich (in: Anfänge, S. 89–95, 124–131) vertretene Meinung, wonach Zwingli seinen Weg zum Reformator selbständig, ohne Beeinflussung durch Luther, gegangen sei, vgl. Zwingli als Schüler Luthers. Zu seiner theologischen Entwicklung 1518–1522, in: ZKG 1985, S. 301–319.

4. Theologie und Politik im Kalten Krieg

4.1 «Die Kirche zwischen Ost und West»

Arthur Rich, dessen Wirken zur Hauptsache in die Zeit des Kalten Kriegs[1] fällt, hat sich zeitlebens mit dem Kommunismus auseinandergesetzt: theologisch, politisch und ökonomisch. Eine Gelegenheit dazu bot ihm der Berner «Kirchensonntag» von 1949. Traditionsgemäss wird in der reformierten Berner Kirche bis heute einmal jährlich an allen Orten über dasselbe Thema gepredigt. 1949 war es «Die Kirche zwischen Ost und West», wofür sich der Synodalrat[2] entschieden hatte. Das Thema lag in der Luft, hatte doch kurz zuvor Sowjetrussland ganz Osteuropa unter sein Joch gebracht.

So kam es, dass der 63-jährige Karl Barth und der 39-jährige Arthur Rich am 6. Februar 1949 zur gleichen Thematik sprechen konnten, ohne dass der eine gewusst hätte, was der andere sagen würde. Während der bekannte Basler Theologe in Thun und Bern mit einem Vortrag aufwartete,[3] hielt der erst allmählich ins Rampenlicht tretende Schaffhauser Pfarrer in Unterseen eine Predigt über Galater 5,13–15.[4] Barths Ausführungen verraten den genialen Denker, Rich nimmt eine nüchterne Analyse vor. Es lohnt sich, die beiden Reden hinsichtlich Übereinstimmung und Differenz etwas näher anzuschauen.

Zunächst das Verbindende: Beide Redner üben Kritik an den Gesellschaftssystemen dies- und jenseits des Eisernen Vorhangs. Dem Westen wirft Barth Geldherrschaft, unechte Freiheit und eine oft «formale Demokratie» vor. Dazu geselle sich ein «heuchlerischer Glaube», der die Menschen auf ein glücklicheres Jenseits vertröste, anstatt der Not im Hier und Jetzt auf den Leib zu rücken.[5] Rich unterscheidet, gestützt auf das paulini-

---

1 Der Kalte Krieg begann 1948 mit der kommunistischen Machtergreifung in der Tschechoslowakei und endete 1989 mit dem Zusammenbruch des kommunistischen Gesellschaftssystems in Osteuropa.

2 «Synodalrat» oder «Kirchenrat»: die kantonalkirchliche Exekutive.

3 Karl Barth, Die Kirche zwischen Ost und West, Zollikon-Zürich 1949 (fortan zit. als: Barth, Ost und West).

4 Arthur Rich, Die Kirche zwischen Ost und West, in: Aufbau, 1949, Nr. 10, S. 82–86 (fortan zit. als: Rich, Ost und West).

5 Barth, Ost und West, S. 13 f.

sche Freiheitsverständnis in Galater 5,13,[6] zwischen einer guten, verantwortlichen und einer schlechten, willkürlichen Freiheit. Tatsächlich sei der Kapitalismus des Westens häufig mit Ungebundenheit, Egoismus, «Ellbogen-» und «Dschungelfreiheit» gleichzusetzen.[7] Dem Osten andererseits hält Barth Härte, Grausamkeit und Unmenschlichkeit bei der Umgestaltung der Gesellschaft vor. Zudem beruhe dessen Fortschrittsoptimismus auf einem falschen Glauben.[8] Für Rich gibt es, analog zu den zweierlei Freiheiten, auch zweierlei Gemeinschaften: «eine Gemeinschaft von Freien und eine Gemeinschaft von Sklaven». Letzteres treffe auf den Osten zu. Das frühere Gewaltregime der Zaren sei im Stalinismus nicht beseitigt, sondern durch geheime Staatspolizei, Schnellgerichte und Vernichtungslager noch perfektioniert worden.[9]

Barth und Rich sind sich auch darin einig, dass es sich bei der Ost-West-Problematik einerseits um einen weltpolitischen Machtkonflikt handle und andererseits um einen Antagonismus «von grundverschiedenen Idealen» (Rich), um den Gegensatz «zweier mächtiger geistiger Prinzipien» (Barth).[10] Was den Machtkonflikt betreffe, so brauchten die Christen sich darüber weder zu wundern noch ihn zu fürchten, wie Barth betont. Er gehöre «zur Naturgeschichte der Welt, in der das Reich Gottes [...] zwar verkündigt [wird], aber noch nicht erschienen [...] ist». Allen Zusammenstössen weltlicher Macht zum Trotz bleibe den Christen eine Hoffnung für die ganze Schöpfung – eine Hoffnung, in der man getrost «dem Ende der Wege Gottes entgegensehen» könne.[11] Im milden Licht der Letzten Dinge erscheine der Ost-West-Gegensatz als etwas Relatives. Dies hätte Rich mit unterschreiben können, war doch für ihn die Botschaft vom kommenden Reich Gottes zentraler Inhalt des Glaubens.[12]

Schliesslich besteht bei beiden Theologen Einhelligkeit darüber, dass sich die Kirche nicht einem der beiden Blöcke anschliessen dürfe, sondern ihren eigenen Weg zu gehen habe, der vom gemeinschaftslosen Kapitalismus ebenso weit wegführe wie vom freiheitslosen Kommunismus.[13] Der Weg der Kirche könne «auf alle Fälle nur ein dritter Weg sein».[14]

---

6 «Denn zur Freiheit seid ihr berufen worden, liebe Brüder und Schwestern. Auf eins jedoch gebt acht: dass die Freiheit nicht zu einem Vorwand für die Selbstsucht werde, sondern dient einander in der Liebe.» (Zürcher Bibel 2007).

7 Rich, Ost und West, S. 83 f.

8 Barth, Ost und West, S. 12 f.

9 Rich, Ost und West, S. 85.

10 Rich, Ost und West, S. 83. – Barth, Ost und West, S. 4, 11.

11 Barth, Ost und West, S. 7 f.

12 Vgl. S. 21 und S. 130 ff.

13 Rich, Ost und West, S. 86.

14 Barth, Ost und West, S. 17, auch S. 29.

Differenzen zwischen Barth und Rich ergeben sich in den zwei Fragen, welches der beiden Gesellschaftssysteme die Lösung der sozialen Frage ernsthafter an die Hand nehme und wie die verschiedenen Formen des Totalitarismus zu beurteilen seien. In Bezug auf die erste Frage attestiert Barth dem Osten einen sozialen Vorsprung gegenüber dem Westen. «Was in Sowjetrussland – sei es denn: mit sehr schmutzigen und blutigen Händen, in einer uns mit Recht empörenden Weise – angefasst worden ist, das ist immerhin [...] die Lösung einer Frage, die auch für uns eine ernsthafte und brennende Frage ist und die wir mit unseren sauberen Händen nun doch noch lange nicht energisch genug angefasst haben: der sozialen Frage.»[15] Ohne diesen Satz zu kennen, widerspricht Rich – nicht konfrontativ, wohl aber analytisch, indem er die Arbeiterlöhne, Lebenskosten und indirekten Steuern in Russland mit denjenigen in der Schweiz vergleicht. Anhand von Zahlen weist er nach, dass unter Stalin die sozialen Unterschiede grösser seien als in der Schweiz. «Wer will da noch behaupten, dass es in Russland keine Oberschicht gebe, die auf Kosten der unteren Schichten lebe, dass dort ein verheissungsvoller Anfang [...] gemacht worden sei, den ein [...] sozial aufgeschlossenes Christentum nur begrüssen könne. Nein, wir müssen vor dieser nicht wenig verbreiteten Meinung warnen.»[16] Auch kann Rich darauf verweisen, dass im Westen kraftvolle Arbeiterbewegungen und regsame Bauernorganisationen herangewachsen seien, welche sich mit Hartnäckigkeit für die Rechte der wirtschaftlich Schwächeren einsetzten,[17] während im Ostblock die Verbandsfreiheit stark beschnitten sei. Hier wird ersichtlich: Menschen, denen – wie Rich – die konkrete Lösung der sozialen Frage am Herzen lag, konnten über den Widerspruch zwischen Theorie und Praxis im Realkommunismus nicht hinwegsehen.

Auch in Bezug auf die zweite Frage, beim Vergleich des Kommunismus mit dem Nationalsozialismus, lehnt sich der Basler Theologe weit aus dem Fenster: «Es entbehrt nun wirklich alles Sinnes, [...] wenn man einem Mann von dem Format von Joseph Stalin mit solchen Charlatanen wie Hitler, Göring, Hess, Goebbels, Himmler [...] im gleichen Atem nennen wollte.»[18] Barth hatte sich mit seinem Widerstand gegen den Nationalsozialismus grosse Verdienste erworben. Nun war es ihm ein Anliegen, zwischen den beiden «totalitären Greueln» zu differenzieren. Er kann dafür mehrere Gründe ins Feld führen. Zum Beispiel: Dem Kommunismus liege – positiv – eine humanistische Wurzel zugrunde, während es sich beim Nationalsozialismus – nihilistisch – um nackte Gewalt gehan-

15 A. a. O., S. 22.
16 Rich, Ost und West, S. 85.
17 A. a. O., S. 84.
18 Barth, Ost und West, S. 22.

delt habe. Diesem gegenüber habe die Kirche «nicht unchristlich schweigen» dürfen, jenem gegenüber dürfe sie «nicht unchristlich reden».[19] Rich hingegen verzichtete in seiner Predigt darauf, den Nationalsozialismus zum Vergleich heranzuziehen. Er konzentrierte sich auf das ihm vorgegebene Thema. Freilich hatte auch er seinerzeit der faschistischen Verirrung eine klare Absage erteilt.[20] Zudem waren ihm die «humanistischen Wurzeln des Marxismus» nicht unbekannt.[21] Gleichwohl hatte er seit jeher darauf beharrt, dass das totale Machtmonopol der kommunistischen Partei «zu einem politischen Totalitarismus führe, dem nicht minder Widerstand geleistet werden müsse als dem nationalsozialistischen».[22] Dies zu verschweigen, sei nach wie vor fehl am Platz. Auch in diesem Punkt grenzte sich Rich klar gegenüber Barth ab.

Der Vortrag von Karl Barth hat Aufsehen erregt. Vor allem die Bevorzugung Stalins gegenüber Hitler löste einen «kleinen Kirchenkampf»[23] aus, der bis in die Berner Regierung[24] hinein getragen wurde. Im Unterschied dazu wurde die Predigt von Arthur Rich wenig beachtet. Zwar wurde sie im religiös-sozialen «Aufbau» abgedruckt, doch stiess sie dort kaum auf Widerhall. In der allgemeinen Empörung über Barths Aussage, die teilweise als Provokation empfunden wurde, ging Richs Stimme unter.

4.2 Heftige Debatten über die Russlandfrage

Nicht ignoriert hingegen wurde Richs Standortbestimmung in der Religiös-sozialen Vereinigung der Schweiz. Seit Jahren fanden dort heftige Flügelkämpfe über die Frage statt, welche Haltung die Mitglieder zur Sowjetunion einnehmen sollten. Protagonisten zweier gegensätzlicher Richtungen waren der Theologe Paul Trautvetter und der Ökonom Hugo Kramer. Sie führten seit dem Tod von Leonhard Ragaz im Dezember 1945 gemeinsam dessen Zeitschrift «Neue Wege» weiter: Trautvetter als Redaktor und Kramer mit einer regelmässigen Kolumne zur politischen Weltlage.[25]

---

19 A. a. O., S. 18 f., 22, 27.

20 Vgl. S. 19.

21 Rich, in: Hommage, S. 23 f. – Näheres dazu auf S. 43 ff.

22 Rich, in: Hommage, S. 24. Im gleichen Sinn hat sich Rich mündlich gegenüber dem Autor dieses Buches geäussert, als dieser ihn um 1950 zu einem Themenabend, «Der Christ zwischen Ost und West», in der Jungen Kirche Schaffhausen befragte.

23 Aerne, Religiöse Sozialisten, S. 345.

24 Daniel Ficker Stähelin, Karl Barth und Markus Feldmann im Berner Kirchenstreit 1949–1951, Zürich 2006.

25 Aerne, Religiöse Sozialisten, S. 340. – Trautvetter war 1918–1954 Pfarrer in Zürich-Höngg, Kramer 1926–1940 Redaktor der sozialdemokratischen «Volksstimme» in St. Gallen und anschliessend freier Journalist.

Vor, während und nach einer religiös-sozialen Tagung vom 10./11. Mai 1947 in Zürich[26], also zwei Jahre vor Richs Predigt am Berner Kirchensonntag, wurde besonders intensiv über die Sowjetunion debattiert. Für Trautvetter stellte der Stalinismus eine Pervertierung der sozialistischen Idee dar: «Der Bolschewismus hat dadurch, dass er den Boden der Menschenrechte verliess, das Heiligste des Sozialismus verraten.» «Der Sozialismus wird [...] demokratisch [...] sein – oder er wird nicht sein.»[27] Kramer lehnte die russische Diktatur ebenfalls ab, warf aber den Westmächten ähnlich diktatorische Gelüste vor.[28] Wegleitend für ihn war der Gedanke, Sowjetrussland als Antriebskraft für den erhofften Umschwung in den kapitalistischen Ländern zu nutzen. An der Tagung selbst führte er in seinem Referat «Unsere Stellung zum Problem Russland» unter anderem aus: «Die entscheidende gesellschaftliche Aufgabe unserer Generation ist die soziale Revolution[29] auch in den westlich-kapitalistischen Ländern. Die Sowjetunion ist uns [dabei] ein unentbehrlicher, wertvollster Bundesgenosse, den wir nicht [...] preisgeben dürfen.»[30]

Das ging Arthur Rich zu weit. Noch an der Tagung opponierte er gegen Kramers sowjetfreundliche Haltung und nahm dabei Bezug auf dessen Referat vom Vortag.[31] Richs Votum wurde auszugsweise in den «Neuen Wegen» abgedruckt.[32] Es gipfelt in dem Vorwurf, Kramer huldige einer Geschichtsmetaphysik,[33] welche profane historische Vorgänge religiös überhöhe bzw. das Religiöse dem Politischen unterordne. So sei für ihn «das russische Phänomen [...] als sozialistischer Verwirklichungsversuch ein Aufbruch zum Reiche Gottes hin». Während Karl Barth zwei Jahre später am Berner Kirchensonntag aus eschatologischer Perspektive den Antagonismus zwischen Russland und dem Westen relativierte,[34] war aus Kramers geschichtstheologischer Sicht der revolutionäre Auf-

26 Neue Wege, Zürich 1947, S. 216.

27 Paul Trautvetter, Zum Problem Russland, a.a.O., S. 235–237, hier: 236; Russland – sozialistisches Ideal oder sozialistische Illusion, a.a.O., S. 10–17, hier: 12.

28 Hugo Kramer, Zum Problem Russland, a.a.O., S. 237; Die andere Diktatur, a.a.O., S. 298–300, hier: 298.

29 Zur «Revolution als theologisches Problem» vgl. S. 85 ff.

30 Es handelt sich um die letzte von vier Thesen, die Hugo Kramer für sein Referat «Unsere Stellung zum Problem Russland» an der Tagung vom 10./11. Mai 1947 formuliert hatte. Die Thesen sind abgedruckt in: Neue Wege, 1947, S. 237. Das Referat selbst, das den Widerspruch von Arthur Rich auslöste, ist nicht veröffentlicht worden, vgl. Aerne, Religiöse Sozialisten, S. 467, Anm. 46.

31 Rich muss seine Replik auf Kramers Vortrag in der Nacht erarbeitet haben. Im Folgenden werden Ausschnitte aus Kramers Referat in Rich'scher Interpretation wiedergegeben.

32 Arthur Rich, Nur keine Vernebelung, Neue Wege, 1947, S. 237–240.

33 Oder «Geschichtstheologie».

34 Vgl. S. 38.

bruch in der Sowjetunion unverzichtbarer Glaubensartikel.[35] Rich sah eine Parallele zwischen Kramer und dem religiös-sozialen Ethiker Georg Wünsch,[36] der seinerzeit gemeint hatte, im Nationalsozialismus den «Tritt Gottes in der Geschichte» zu erkennen. Zwar sei Kramer zu attestieren, dass er hitlerähnliche Auswüchse in der Sowjetunion bedaure. Gleichwohl gehe aus seinem Referat hervor, dass die russischen Untaten im Gegensatz zu den nazistischen einem höheren Staats- und Geschichtszweck dienten. Dem ist laut Rich entgegenzuhalten, dass der Glaube an das Reich Gottes mit keiner Geschichtstheologie gleichgesetzt werden kann, die sich in den Dienst einer wie auch immer gearteten politischen Ideologie stellt. «Der lebendige Gott, der in Kreuz und Auferstehung und nicht in Gewaltdiktaturen durch die Geschichte schreitet, [...] lässt sich auf keinen Fall versöhnen mit einer religiös verbrämten Geschichtsmetaphysik, die das abgründig Böse ‹List der Geschichte› [nennt] und damit das sittliche Gewissen lähmt.» Aus einem Verbrechen dürfe nicht eine Tugend gemacht werden. Kramer habe mit seiner Argumentation dem sozialen Fortschritt keinen Dienst erwiesen.[37]

Die Ausführungen Richs stiessen auf ein lebhaftes Echo. Sie wurden in den «Neuen Wegen» kontrovers diskutiert.[38] Der Streit zog sich über Monate hinweg.[39] Als Rich seine Predigt vom Berner Kirchensonntag 1949 im religiös-sozialen «Aufbau»[40] veröffentlichte, dürfte er damit auch den Zweck verfolgt haben, eine weitere Klärung der Standpunkte im Kreis seiner religiös-sozialen Gesinnungsfreunde vorzunehmen. Aber die Spaltung der Bewegung war nicht mehr aufzuhalten. Unter Mitwirkung von Clara Ragaz-Nadig und Christine Ragaz[41] wurde 1950 eine vom Kurs Kramers abweichende Gruppe gegründet, die sich bald «Neue religiös-soziale Vereinigung» nannte. Dem Vorstand gehörten unter anderem Rich und Trautvetter an. Im Folgejahr zählte sie bereits 161 Mitglieder.[42] Durch diese Entzweiung erfuhr – aufs Ganze gesehen – der Religiöse

---

35 Dies unter der Voraussetzung, dass Richs Interpretation richtig ist.

36 Der deutsche Lutheraner Georg Wünsch, Verfasser einer «Evangelischen Wirtschaftsethik» (1927), meinte zuerst im System des Sozialismus und dann in dem des Nationalsozialismus ein Mosaik der Reich-Gottes-Geschichte zu erkennen, vgl. Walther, Theologie und Gesellschaft, S. 63, 66 f.

37 Kramer revidierte später seine Einstellung und warnte vor einem Paktieren mit dem russischen Kommunismus.

38 Neue Wege, 1947, S. 274–293, 356–370.

39 Vgl. Aerne, Religiöse Sozialisten, S. 340–351.

40 Rich, Ost und West. Dass die Predigt im «Aufbau» erschien, dürfte damit zusammenhängen, dass Trautvetter inzwischen als Redaktor der «Neuen Wege» demissioniert und zum «Aufbau» gewechselt hatte.

41 Witwe und Tochter Leonhard Ragaz'.

42 Aerne, Religiöse Sozialisten, S. 346.

Sozialismus eine weitere Schwächung.[43] Er geriet, wie Rich zehn Jahre später festhielt, «in eine geistige Stagnation».[44] Ragaz' einstige Hoffnung, seine Bewegung könne einen Beitrag zur Erneuerung sowohl des Christentums als auch des Sozialismus leisten, hatte sich zerschlagen.

4.3 Humanistische Wurzeln, inhumane Praxis

Obwohl Arthur Rich keine Sympathien für den Sowjetkommunismus hegte, übersah er keineswegs die «humanistischen Wurzeln» der marxistischen Philosophie.[45] In einem 1948 publizierten Aufsatz hielt er fest, Karl Marx habe richtig erkannt, dass «die kapitalistische Wirtschaftsordnung [...] den Arbeiter in Arbeit und Gesellschaft seinem wahren Wesen als Mensch entfremdet und damit zu einer proletarischen Existenz verurteilt habe».[46] Zur Bekräftigung dieser These zitierte Rich das «Kommunistische Manifest» von Karl Marx und Friedrich Engels aus dem Jahre 1848: «Die Arbeit der Proletarier hat durch die Ausdehnung der Maschinerie und die Teilung der Arbeit allen selbständigen Charakter und damit allen Reiz für den Arbeiter verloren. Er wird ein blosses Zubehör der Maschine, von dem nur der einfachste, eintönigste [...] Handgriff verlangt wird.»[47] Hinter dem Kommunismus verberge sich, so Rich, eine Sehnsucht nach Menschlichkeit.[48]

Marx habe den sozialen Notschrei des Proletariats vernommen und, darauf reagierend, um Antwort gerungen.[49] Diese verheisse den Werktätigen Befreiung von Unterdrückung und Ausbeutung. Über die Diktatur des Proletariats solle das Paradies der klassenlosen sozialistischen Gesellschaft verwirklicht werden, in welchem Unrecht und Gewalt durch Brüderlichkeit und Freiheit endgültig überwunden seien.[50] Hinter der mar-

---

43 Geschwächt worden war die Bewegung bereits durch die dialektische Theologie; vgl. S. 20 f.

44 Arthur Rich, Religiös-sozial, in: RGG, 3. Aufl., Tübingen 1961, Bd. V,2, Sp. 958. Vgl. auch Richs scharfes Urteil über die «veralteten Fragestellungen» innerhalb der Religiös-sozialen Vereinigung, in: Brief an Gottlob Wieser, Riehen, Schriftleiter des «Kirchenblatts für die reformierte Schweiz» (KBRS), 9.9.1958 (NL 104.16).

45 Rich, in: Hommage, S. 23.

46 Arthur Rich, Der moderne Kommunismus und des Christen Stellung zu ihm, in: Kirchenfreund, Zürich 1948, Nr. 10, S. 247–253, Nr. 11, 277–284, hier: 249 f.

47 Karl Marx/Friedrich Engels, Das Kommunistische Manifest, 3. Ausg., Hottingen-Zürich 1883, S. 9. – Vgl. auch S. 69 f.

48 Rich, Der moderne Kommunismus (vgl. Anm. 46), S. 248.

49 A. a. O., S. 277.

50 A. a. O., S. 279.

Arthur Rich um 1950

xistischen Zukunftshoffnung lägen religiöse Motive verborgen.[51] Zwar deckten sie sich inhaltlich keineswegs mit der christlichen Enderwartung des kommenden Gottesreichs. Aber formal seien sie dem christlichen Messianismus nicht unähnlich. Anstelle von Jesus, dem Gekreuzigten und Auferstandenen, sei jetzt das Proletariat Hoffnungsträger.[52]

Aber auch die antihumanistische Seite des Marxismus blieb Rich nicht verborgen. Diese Erkenntnis verdankte er unter anderem dem russischen Religionsphilosophen Nikolai Berdiajew, dem er als Theologiestudent während seines Pariser Aufenthaltes 1935/36 begegnet war.[53] «Bei Berdiajew beeindruckte mich vor allem seine [...] durch die marxistische Kritik hindurch gegangene Neubegründung des Humanismus.»[54] In einem

51 Arthur Rich, Die kryptoreligiösen Motive in den Frühschriften von Karl Marx, in: Theologische Zeitschrift, Basel 1951, S. 192–209; neu aufgelegt in: Aufrisse, S. 75–90, hier: 75 (Probevorlesung an der Theologischen Fakultät der Universität Zürich am 4.5.1951).

52 Arthur Rich, Marxistische und christliche Zukunftshoffnung, Zürich 1955; neu aufgelegt in: Aufrisse, S. 157–172, hier: 159, 166, 169–171 (Antrittsvorlesung als Ordinarius für Systematische Theologie an der Universität Zürich im Sommersemester 1955).

53 Rich, Curriculum vitae, [ca. 1952] (NL 1.1).

54 Rich, Selbstdarstellung, [1966] (NL 1.1).

Nekrolog für den am 23. März 1948 verstorbenen Philosophen hält Rich fest, Berdiajew habe im marxistischen Sozialismus zunächst die Möglichkeit einer neuen, humaneren Gestalt der menschlichen Gesellschaft erblickt. Dann aber habe er den dominierenden Antihumanismus der marxistischen Philosophie erkannt. Marx verneine, so Berdiajew, den Eigenwert der menschlichen Persönlichkeit, indem er im Menschen nur eine Funktion des materiellen sozialen Prozesses, ein Werkzeug des systemverändernden Vorgangs, sehe. So aber würden Generationen dem Götzen des kommenden Zukunftsstaates geopfert.[55] Ähnlich ambivalent beurteilte Berdiajew die Sowjetunion. Einerseits habe der Religionsphilosoph den «Gerechtigkeitswillen [...] im Versuch der Sowjets, die soziale Frage auf radikale Art zu lösen», positiv gewürdigt. Andererseits habe er die sowjetische Unterdrückung der Freiheit scharf verurteilt. Mit grosser Energie sei Berdiajew für die geistige Freiheit der menschlichen Person eingestanden.[56] Rich schloss sich dem Urteil des russischen Philosophen an, das einen Kontrapunkt zur These über humanistische Ansätze im Marxismus setzt.

Berdiajews gleichzeitiges Bekenntnis zum Sozialismus und zur Freiheit hat Arthur Rich beeinflusst. Beide konnten sich keine Freiheit ohne soziale Verantwortung vorstellen und keinen Sozialismus ohne Anerkennung der Würde und Freiheit der menschlichen Person.[57]

Zieht man Richs zu Beginn des Kalten Kriegs entstandene Arbeiten über das kommunistische Gesellschaftssystem in Betracht, so wird deutlich, dass auch dies ein Thema war, welches für die künftige akademische Laufbahn bedeutsam war. Eine Predigt, ein Aufsatz und ein Votum über Marxismus und Christentum, ein Nachruf auf Nikolai Berdiajew, eine Probevorlesung über religiöse Relikte im Denken des jüngeren und auch älteren Marx sowie eine Antrittsvorlesung über marxistische und christliche Zukunftshoffnung bildeten Stufen der Treppe, über die Arthur Rich seinen Aufstieg zum Universitätslehrer vollzog.[58]

---

55 Arthur Rich, Nikolai Berdiajew, in: Kirchenfreund, Nr. 6, 1948, S. 165–171; neu aufgelegt in: Aufrisse, S. 69–74, hier: 70.

56 A. a. O., S. 72.

57 A. a. O., S. 73.

58 Weitere Themen, mit denen sich Arthur Rich bis 1954 wissenschaftlich befasste, waren die Philosophie Pascals (vgl. S. 47 f.) sowie die christliche Endzeithoffnung, vgl. Die Bedeutung der Eschatologie für den christlichen Glauben, Zürich 1954, neu aufgelegt in: Aufrisse, S. 127–156; ferner: Durchbrüche des Reiches Gottes, in: Aufbau, 1952, Nr. 1, S. 6–8; Nr. 2, S. 15 f.; Nr. 3, S. 17 f. – Journalistisch betätigte sich Rich als Rezensent von theologischer Literatur in historischen und theologischen Fachzeitschriften. – Die frühen Publikationen von Arthur Rich sind schwer zugänglich. Neun Beiträge aus den Jahren 1938 bis 1954 sowie fünf weitere bis ins Jahr 1960 sind im Sammelband «Aufrisse. Vorarbeiten zum sozialethischen Denken» (Zürich 1970) vereinigt. Das Buch wurde dem Autor zu seinem 60. Geburtstag übereicht.

5. Berufung an die Universität

«Ich bin […] zur Einsicht gekommen, dass es meine Aufgabe sei, den Religiösen Sozialismus auf der wissenschaftlich-theologischen Ebene zu vertreten.»[1] Als der 35-Jährige ein halbes Jahr vor Kriegsende diese Absicht kundtat, hatte er eine Familie mit mehreren Kindern und galt im Pfarramt als erprobt. Ein geeigneter Zeitpunkt also, die akademische Laufbahn ins Auge zu fassen. Ein solcher Weg schien Rich vorgezeichnet, war er doch bereits während des Studiums seinen Lehrern «als weit über den Durchschnitt hinausragend» aufgefallen.[2] Ähnlich lautete das Urteil der Zürcher Fakultät über seine Zwingli-Dissertation, die 1947 als kirchengeschichtliche und theologisch-systematische Abhandlung angenommen wurde.[3]

Als sich dann Rich ab 1948 in der «pädagogischen Provinz» mit anthropologischen Disziplinen zu befassen begann, wählte er für seine Habilitationsschrift ein dazu passendes Thema. Seit der Pariser Zeit hatte ihn die Gedankenwelt des französischen Mathematikers und Philosophen Blaise Pascal fasziniert.[4] So entstand die Studie «Pascals Bild vom Menschen».[5] In ihr unternahm Rich den Versuch, jene grundlegenden Gedanken über die Natur des Menschen und dessen Verhältnis zur göttlichen Gnade systematisch zusammenzufassen, die Blaise Pascal dreihundert Jahre früher in seinen «Pensées» fragmentarisch niedergelegt hatte.[6] Vor allem Pascals dialektische Methode, bei der Suche nach Wahrheit auch entgegengesetzte Standpunkte mit einzubeziehen, hat das Denken von Arthur Rich beeinflusst. In unserer Welt des Vorletzten, die im Gegensatz zum kommenden Gottesreich dem Bereich des Bedingten zuzuordnen sei, könnten Menschen eine Wahrheit nur so für sich in Anspruch nehmen, dass sie sich auch eine andere, entgegengesetzte Wahrheit vergegenwärtig-

---

1 An Werner Morf, Zürich, 3.11.1944 (NL 2.3).

2 Prof. Dr. Walter Gut, Zürich, an Pfarrer Dr. Jakob Hallauer, Schaffhausen, 20.2.1941 (NL 2.2).

3 Rich, in: Hommage, S. 26. – Vgl. S. 33 ff.

4 A. a. O., S. 26.

5 Arthur Rich, Pascals Bild vom Menschen. Eine Studie über die Dialektik von Natur und Gnade in den «Pensées», Zürich 1953. Diese Studie wird hier nicht näher behandelt.

6 Rezension «Arbeiten von Zürcher Theologen», in: NZZ, Nr. 1055, 22.4.1955, Blatt 3.

ten. Es gelte, sich für unterschiedliche, ja gegensätzliche Wahrheiten («vérités opposées»[7]) offenzuhalten.[8]

Nach Annahme der Habilitationsschrift durch die Theologische Fakultät erhielt Arthur Rich 1951 – exakt in der Mitte seines Lebens – die Venia legendi[9] als Privatdozent an der Universität Zürich. Früh schon begann Rich, in seinen Vorlesungen mit den Studierenden zu diskutieren. Auch lud er sie ein, ihn zu unterbrechen, wenn etwas unklar geblieben sei.[10] Bereits im ersten Semester leitete der Privatdozent stellvertretend das Systematische Seminar seines früheren Lehrers Walter Gut.[11]

Als 1954 Emil Brunner nach 30-jähriger Lehrtätigkeit als Professor für Systematische und Praktische Theologie an der Universität Zürich demissionierte, richtete die Fakultät ihr Augenmerk auf Arthur Rich. In einem einmütig angenommenen Gutachten heisst es: «Seine systematisch-theologische Vielseitigkeit [...], sein bisheriger Lehrerfolg als Privatdozent, seine pfarramtlichen Erfahrungen und seine Kenntnisse in Bezug auf den Religionsunterricht, die Psychologie und Pädagogik qualifizieren ihn [...] für das Lehramt.» In ihrem positiven Urteil sah sich die Fakultät auch dadurch bestärkt, dass die Universität Marburg den Privatdozenten Rich für den dortigen Lehrstuhl für Systematische Theologie in Betracht gezogen hatte, dann aber wegen der Befürchtung, ihn bald wieder an die Schweiz zu verlieren, von einer Berufung absah.[12]

Zum dritten Mal in seinem Leben sah sich der nun 44-Jährige vor einen Berufswechsel gestellt. Diesmal war er sich seiner Sache nicht so sicher. In einem Brief an Walter Gut, zu jener Zeit Rektor der Universität Zürich, sprach er sich offen über seine Zweifel aus: «Ich weiss nur zu gut, dass ich in meiner theologischen Bildung grosse Lücken aufweise. [...] Auch fehlt mir die Gabe geistvoller, packender und mitreissender Rede. Ich bin doch mehr der ordentlich fleissige und auf genaue Arbeit bedachte Handwerker. [...] Dass neben mir noch zwei andere Theologen vorgeschlagen sind,[13] bedeutet für mich eine Beruhigung. Es wäre mir peinlich, Erwartungen erfüllen zu sollen, die ich nicht erfüllen kann. [...] Wenn aber die Fakultät und die zuständigen Behörden glauben, ich sei

---

7 Von Pascals «vérités opposées» her hat Rich das Kriterium «Relationalität» entwickelt; vgl. S. 137f.

8 Rich, in: Hommage, S. 26. Vgl. Edel, Wirtschaftsethik im Dialog, S. 186.

9 «Beschluss Erziehungsdirektion Kt. ZH, 25.6.1951 (NL 2.4).

10 Christoph Möhl, «Arthur Rich – vom Handlanger zum Wirtschaftsethiker», in: Neue Zürcher Nachrichten, 20.1.1990.

11 An Kirchenratspräsident Ernst Schnyder, Schaffhausen, 1.6.1951 (NL 7.4).

12 Gutachten Theolog. Fakultät Universität Zürich über PD Arthur Rich betr. Professur, 1954 (NL 2.8).

13 Auf der Dreierliste figurierte Arthur Rich an erster Stelle, vgl. Emil Brunner an Fritz Blanke, 28.3.1954 (NL 2.8); Elisabeth Rich, 25.9.1998, S. 6.

der rechte Mann, um die Nachfolge Brunners zu übernehmen, dann muss man mich eben so nehmen, wie ich bin.»[14] Mit dieser eher bescheidenen, jedoch nicht falschen und auch taktisch nicht ungeschickten Selbstcharakterisierung scheint Rich seine künftigen Fakultätskollegen vollends gewonnen zu haben.

Tatsächlich blickte Arthur Rich seiner neuen Aufgabe «mit innerem Zagen» entgegen. Er fragte sich, ob er ihr gewachsen sei. «Ohne die Gewissheit, dass meine liebe Frau, wie immer es herauskommen werde, zu mir stehen und mich unterstützen würde, hätte ich diesen Schritt ins Neuland wohl kaum gewagt.»[15] Elisabeth Rich war es denn auch, die ihrem Mann den Rücken stärkte. Als dieser ihr eröffnete, er würde es nur schwer ertragen, ein Schattendasein neben einem brillanten Fachkollegen zu fristen (wie Walter Gut jahrelang neben Emil Brunner), antwortete sie ihm: «Ich empfinde das nicht als ein schwerwiegendes Problem. Wenn es Dir nicht gefällt, kannst Du doch wieder weggehen.» Er könne ja jederzeit ins Pfarramt zurückkehren.[16]

So liess sich Arthur Rich am 17. Juni 1954 zum ordentlichen Professor für Systematische und Praktische Theologie wählen. Seine Ernennung erfolgte durch den Regierungsrat des Kantons Zürich,[17] nachdem «die kirchlichen Richtungen, die Fakultät und der Erziehungsrat ihre Vorbeschlüsse einstimmig gefasst» hatten.[18] Das Fach «Systematische Theologie» umfasste Dogmatik und Ethik. Zur Praktischen Theologie gehörten Katechetik, Seelsorge und Gemeindeleitung. Für die Hinführung der Studierenden zum Pfarramt war der frühere Gemeindepfarrer besonders gut ausgerüstet. Er lehrte fünf Jahre lang Praktische Theologie, bis nach der Habilitation von Walter Bernet eine vollamtliche Professur für dieses Fach errichtet wurde, stand dann aber noch weitere fünf Jahre dem katechetischen Seminar vor.[19]

Richs Wahl zum Theologieprofessor wurde gut aufgenommen. Unmittelbar liess sich Emil Brunner aus Japan vernehmen, wo er eine Gastprofessur übernommen hatte: «Lassen Sie sich ja nicht durch den Vergleich mit mir bedrücken. Sie bringen wieder andere Qualitäten mit in Ihr Amt, als ich sie hatte.»[20] Auch Paul Schmid-Ammann, Chefredaktor des Zürcher «Volksrecht», hiess den Neuling willkommen: «Seit dem

---

14 An Walter Gut, 10.2.1954 (NL 2.7).
15 Rich, in: Hommage, S. 26 f.
16 Elisabeth Rich, 27.8.1998, S. 8.
17 Beschluss Regierungsrat Kt. ZH, 17.6.1954 (NL 2.5). – Richs Pflichtenheft entsprach exakt demjenigen seines Vorgängers; vgl. Jehle, Emil Brunner, S. 185.
18 Protok. Erziehungsrat Kt. SH, 20.5.1954 (StA SH).
19 Peter Stadler (Hg.), Die Universität Zürich 1933–1983, Zürich 1983, S. 261–267.
20 Emil Brunner an Arthur Rich, 24.6.1954 (NL 71.7).

Wirken von Leonhard Ragaz vor mehr als dreissig Jahren ist Professor Rich wieder der erste religiös-soziale Vertreter an unserer Theologischen Fakultät, dem es beschieden sein möge, in den angehenden Pfarrern das Verständnis für die soziale Seite der evangelischen Botschaft zu wecken und damit das Verhältnis zwischen reformierter Kirche und Arbeiterschaft zu fördern.»[21]

Die Übernahme der Professur war an die Bedingung geknüpft, dass Arthur Rich und somit auch seine Familie nach Zürich übersiedelten.[22] Wegen der anderen Schulverhältnisse empfanden die Kinder den Ortswechsel anfänglich als frustrierend. Aber sie gewöhnten sich rasch an die neue Umgebung.[23]

21 P. Schmid-Ammann, Unfreiheit und Gleichschaltung an der Universität Zürich?, in: Volksrecht, 24.7.1954.

22 Beschluss Regierungsrat Kt. ZH, 17.6.1954 (NL 2.5). – Gemeint war der Kanton Zürich. Die Kinder hätten es vorgezogen, wenn die Familie statt nach Zürich-Höngg ins zürcherische Flurlingen, die Nachbargemeinde von Neuhausen, umgezogen wäre; mitgeteilt von Matthias Rich, 26.3.2009.

23 Walter Wolf, Interview mit Georg Rich, Aarau, 16.6.2008, S. 3, 5 (Typoskr., autorisierter Text im FamA Rich; fortan zit. als: Georg Rich); Franziska Rich, 27.6.2008, S. 5; Matthias Rich, 14.7.2008, S.4 f.

Zwischenbetrachtung: Auf Umwegen zum Kerngeschäft

Arthur Rich – von nahe erlebt

Arthur Rich stammte aus der Familie eines Gewerbetreibenden. In seiner beruflichen Laufbahn hat er Stufe um Stufe erklommen. Unter schwierigen Bedingungen legte er einen weiten Weg zurück. Vom «Nichts», wie er sich selber apostrophierte,[1] stieg er zum Arbeiter, Pfarrer und Lehrer empor. Später entwickelte er sich zum anerkannten Wirtschaftsethiker. Diesen Erfolg verdankte er seiner zähen Schaffenskraft, seiner grossen Ausdauer und seiner analytischen Kompetenz.

Die Karriere ging allerdings auf Kosten von Familie und Freizeit. Praktisch sein einziges Hobby war Lesen. Zwar interessierte er sich auch für Theater und Film – weniger für Musik; doch gönnte er sich kaum solche Vergnügen. Von echt protestantischem Arbeitsethos beseelt, oblag er bis spät in die Nacht hinein seinen Studien. Darunter litt das Familienleben. Die Kinder nahmen es als natürlich hin; sie kannten nichts anderes. Für seine Gattin Elisabeth hingegen bedeutete seine starke Beanspruchung Verzicht auf viele gemeinsame Stunden. Bei Richs herrschte die traditionelle Arbeitsteilung zwischen Mann und Frau. Dem Kopfmensch lag die Hausarbeit nicht besonders. Er verliess sich gerne darauf, dass «Mutter den Laden schmiss». Elisabeth Rich hielt ihm den Rücken frei für seine Arbeit in Lehre und Forschung.[2]

Bei aller Bescheidenheit fühlte Arthur Rich berechtigt Stolz darüber, wie viel er erreicht hatte. Von den Büchern und Schriften, die er verfasst hatte, liess er zusätzlich einen Band in dunkelrotes Leinen einbinden. Im Laufe der Jahre verlängerte sich die Reihe der Prachtexemplare in seinem Büchergestell. Zu Richs Wesen gehörte eine rechte Portion Ehrgeiz. Er war zielstrebig, wollte etwas erreichen, auch etwas bewirken. Schon in früher Jugend hatte er sich gegen den Rat einer ihm nahe stehenden Person aufgelehnt, er solle sich mit den gesellschaftlichen Mängeln abfinden. Sein Bestreben ging dahin, die bestehende Ordnung zu verbessern. Als

---

1 Vgl. S. 17.

2 Walter Wolf, Interview mit Ursula Bück, geb. Rich, Essen, 9.8.2008, S. 1 f. (Typoskr., autorisierter Text im FamA Rich; fortan zit. als: Ursula Rich); Georg Rich, S. 1, 4; Franziska Rich, S. 1–4; Matthias Rich, S. 10.

hilfreich erwies sich dabei sein Hang zur Dialektik, der sich darin äusserte, dass er Position mit Gegenposition verglich.[3]

Arthur Rich prahlte nicht mit seinem Wissen, das er – «eine Art wandelnde Enzyklopädie» – leicht abrufen konnte. Er liess andere seine Überlegenheit nicht spüren. Auch lebte er nicht im akademischen Himmel. Im Gegenteil: Als Universitätsprofessor mischte er sich gerne unter die Arbeiter und Studenten in einem Restaurant des Kreises 7. Er hatte keine Berührungsängste zum sogenannt «einfachen Volk». Sein Herz schlug für die Schwächeren und Benachteiligten. Aber eigentliche Freunde hatte er nicht.[4]

Auf den ersten Blick war das Emotionale weniger seine Stärke. Er konnte nicht gut über seine Gefühle reden. Empfindungen wie Freude oder Trauer behielt er lieber für sich. Beim Spielen – eher selten kam es dazu – konnte er schlecht verlieren. Als aber Franziska, die jüngste Tochter, Russisch lernte, schenkte er ihr eine Schreibmaschine mit kyrillischer Schrift. Auf diese Art fiel es ihm leichter, ihr seine Anerkennung auszudrücken. Und als die beiden Töchter noch klein waren, schreinerte er ihnen zu Weihnachten eine «Bäbistube».[5] Die grösseren Buben halfen ihm dabei. Solche Aktivitäten vermochten ihn sogar aus der Studierstube herauszulocken.[6]

Als Familienvater wie als Professor verfügte er über eine hohe Sozialkompetenz. Er war warmherzig, verständnisvoll und hatte Humor. Er konnte gut zuhören, konnte aufnehmen, was andere sagten, vermochte Kritik zu ertragen und entgegengesetzte Positionen nach Möglichkeit ins Positive zu wenden, bevor er seinen eigenen Standpunkt darlegte. Kaum je hat er einen Gegner gekränkt. Doch stand er zu seiner Überzeugung, die er gut zu begründen vermochte.[7] «Es war ein entschiedener Irenismus – ein friedlich-bestimmter Ton – in dem Arthur Rich sich vernehmen liess.»[8]

Seine Texte sind nicht leicht zu lesen. Einem intimen Kenner seiner Bücher gestand er, «dass sich in der Art meines Denkens und Darstellens bis in den Stil hinein eine fast puritanische Strenge bemerkbar macht, dass bei mir überhaupt das Rationale dominiert und das musisch-poetische, traumhaft-visionäre [...] Element fehlt». Zwar habe er in «jugendbeweg-

3 Franziska Rich, S.2; Ursula Rich, S. 4; Georg Rich, S. 5; Matthias Rich, S. 10. Rich, in: Hommage, S. 20.
4 Franziska Rich, S.1, 5; Ursula Rich, S. 3; Georg Rich, S. 5; Matthias Rich, S. 10.
5 Puppenhaus.
6 Franziska Rich, S. 2; Georg Rich, S. 5 f.; Matthias Rich, S. 9.
7 Franziska Rich, S. 2, 4 f.; Georg Rich, S. 2, 5.
8 Hanno Helbling, Theologie aus gesellschaftlicher Verantwortung, in: NZZ, Nr. 174, 29.7.1992, S. 15.

ter Vergangenheit» einen Zug ins Enthusiastische gehabt, doch habe er diese Eigenart ablegen müssen, um nicht ins Schwärmerische abzugleiten.[9] Unwillkürlich fragt man sich: Hätte Arthur Rich nicht etwas gnädiger mit sich selbst sein dürfen?

Keiner theologischen Schule verpflichtet

Selten wird jemand wegen der «sozialen Frage» das Theologiestudium ergreifen. Bei Arthur Rich war dies der Fall. Aus politisch liberalem und religiös konservativem Haus stammend, wandte er sich während seiner Fabrikarbeiterexistenz dem Religiösen Sozialismus zu. Er liess sich dabei von Leonhard Ragaz, dem Pionier dieser Bewegung, inspirieren. Aber trotz seiner Nähe zu diesem aussergewöhnlichen Theologen verstand sich Rich nicht als Ragaz-Schüler. Aus einer Distanz von fünfzig Jahren hielt er rückblickend fest: «Das mir widerfahrene Geschick hat mich schon mit achtzehn Jahren [...] in persönliche Verbindung mit Ragaz geführt, die bis zu seinem Tode Bestand haben sollte. Mein theologisches und sozialethisches Werden wäre ohne diesen hervorragenden Mann nicht denkbar. Trotzdem bin ich aber nicht ein Epigone von Ragaz gewesen. [...] Man zollt dem Denken und Wollen einer Persönlichkeit [...] ungleich mehr Respekt, wenn man es, statt nachzuahmen, kritisch weiterzuentwickeln versucht.»[10]

Ebenso unzutreffend wäre es, Rich als «Schüler» des Zürcher Theologen Emil Brunner zu bezeichnen.[11] Er hatte zwar bei ihm studiert und war sein Nachfolger auf dem Lehrstuhl geworden. Aber er hat seine theologischen und ethischen Positionen eigenständig entwickelt und sich dabei teils zustimmend, teils ablehnend mit seinem Mentor auseinandergesetzt.[12] Rich schloss sich keiner theologischen Schule an, noch hat er eine solche gegründet.

---

9 An Harold Tonks, Birmingham, 30.4.1982 (NL 99.8).

10 Arthur Rich, Sozialethische Kriterien und Maximen humaner Gesellschaftsgestaltung, in: Theodor Strohm (Hg.), Christliche Wirtschaftsethik vor neuen Aufgaben. Festgabe für Arthur Rich zum siebzigsten Geburtstag, Zürich 1980, S. 17–37, hier: 18 (fortan zit. als: Festgabe Rich).

11 Gegen Jehle, Emil Brunner, S. 253, 441. Auf S. 578 schreibt Jehle dann, dass Rich «sich nie als einen ‹eigentlichen Schüler› eines seiner Lehrer, ‹weder von Barth noch auch von Brunner, nicht einmal von Ragaz›» gesehen habe. Jehle beruft sich auf: Arthur Rich, Denken, das weh tut, S. 78–82, hier: 79, in: Werner Kramer/Hugo Sonderegger (Hg.), Emil Brunner in der Erinnerung seiner Schüler, Zürich 1989.

12 Vgl. S. 81 f. – Ein Gleiches gilt für das Verhältnis zu Karl Barth; vgl. S. 37 ff. und S. 78 f.

Leonhard Ragaz (1921), gezeichnet von Susa Lejeune-Hartwich

Im «Zick-Zack»-Kurs voran

Arthur Rich übte nacheinander verschiedene Berufe aus, bevor er akademischer Lehrer und Forscher wurde. Nach seiner eigenen Aussage verlief sein Lebensweg «in einer Zick-Zack-Linie».[13] Auch bekundete er Interesse für unterschiedliche Themen. Die Nöte des Industrieproletariats, die er aus nächster Nähe kennengelernt hatte, bewogen ihn zu einer intensiven Auseinandersetzung mit Karl Marx. Für manche verdächtig, verwarf er dessen Lehren nicht in Bausch und Bogen, sondern attestierte ihm – aus gebotener Distanz –, wertvolle Elemente der Gesellschaftsanalyse erarbeitet zu haben. Ohne Wenn und Aber artikulierte er sein Nein zum Totalitarismus faschistischer oder kommunistischer Prägung. Als Exeget und Kirchenhistoriker setzte er sich mit dem traurigen Erbe der christlichen Judenfeindschaft auseinander und beschäftige sich mit der

13 An Erich Steinitz, Jerusalem, 20.3.1961 (NL 97.9).

reformatorischen Theologie eines Huldrych Zwingli. Auf religionsphilosophischer Ebene befasste er sich mit der Ideenwelt von Nikolai Berdiajew und Blaise Pascal. Rich hätte ebenso gut Kirchenhistoriker oder Religionswissenschaftler werden können.[14] Seine «Gesamtkompetenz» reichte weit über sein Spezialgebiet der Sozialethik hinaus.[15]

[14] Arthur Rich, Mein Weg in der Sozialethik (fortan zit. als: Rich, Mein Weg in der Sozialethik), in: Hans-Balz Peter et. al. (Hg.), Gesellschaft – Kirche – Ethik. Studien und Berichte aus dem Institut für Sozialethik (ISE) des SEK (fortan zit. als: ISE-Studien), Nr. 45, Bern 1993, S. 65–79, hier: 68 f.

[15] Vgl. S. 52, Anm. 8.

Lebensmitte:
Hochschullehrer und Forscher (1954–1975)

6. Arthur Rich als akademischer Lehrer

Als Arthur Rich 1954 in Zürich auf den Lehrstuhl von Emil Brunner berufen wurde, war ihm bewusst, dass er dessen Erbe nur in beschränktem Umfang weiterführen konnte. Er verlegte das Schwergewicht seiner Lehr- und Forschungstätigkeit auf die Sozialethik. Sozialethik lässt sich leiten von der Frage nach der richtigen Gestalt (Struktur) von gesellschaftlichen Institutionen wie Ehe, Familie, Staat oder Wirtschaft sowie nach dem richtigen Handeln von Personen innerhalb solcher Institutionen.[1] Durch die Konzentration auf die Sozialethik als ein ihm naheliegendes Fach eröffnete sich ihm die Chance, «Brunners Arbeit weiterzuführen und – behutsam, aber doch bestimmt – zu korrigieren».[2]

Bald nach Beginn seiner Lehrtätigkeit hatte er das Gefühl, «Boden unter den Füssen zu bekommen». Die Zahl der Hörerinnen und Hörer nahm stetig zu.[3] Auch bei seinen Kollegen genoss er hohes Ansehen. Bereits im Frühling 1958 wählten sie ihn zum Dekan der Theologischen Fakultät. Die Amtsperiode war auf zwei Jahre befristet. Während dieser Zeit fühlte sich Rich in seinen Forschungen eher behindert.[4]

Für die Amtsperiode 1964–1966 hatte die Theologische Fakultät turnusgemässe den Rektor der Universität Zürich zu stellen. In Betracht kamen Arthur Rich und der um drei Jahre jüngere Neutestamentler Eduard Schweizer. Die beiden einigten sich, dass Schweizer das Amt übernehmen würde: «Wir waren zu diesem Entschluss gekommen, weil – alles in allem – die Aufgabe für mich einfacher war. Ich habe eine gewisse Leichtigkeit, rasch zu formulieren; während Arthur Rich sehr bedächtig war, sich lange überlegte, bevor er redete [...]. Er glich dem Bauern, der zuerst alles sorgfältig durchgeht [...]. Auch die Repräsentationspflichten und das Sich-Unterhalten an Banketten fielen mir leichter. Im Gegensatz zu ihm lebte ich nicht abstinent.»[5] Kam dazu, dass Arthur

---

1 Sozialethik, in: Evangelisches Soziallexikon, 8. Aufl., Stuttgart 1980, Sp. 1165. – Rich, Selbstdarstellung [1966] (NL 1.1); in: Hommage, S. 27.

2 Jehle, Emil Brunner, S. 578.

3 An Christian Maurer, Bethel, 30.10.1959 (NL 86.19).

4 Peter Stadler (Hg.), Die Universität Zürich, 1933–1983, S. 667. – Aus der im NL aufbewahrten Korrespondenz geht hervor, wie sehr Rich sich danach sehnte, sich nach Abschluss seines Dekanats wieder vermehrt der Forschung widmen zu können.

5 Mitgeteilt von Eduard Schweizer, Zürich, 16.4.1999 (Typoskr., autorisierter Text beim Verf.).

Mit den Kollegen Hans-Heinrich Schmid (links), Eduard Schweizer (Mitte) und Walter Mostert (verdeckt) bei einer Schifffahrt auf dem Rhein (um 1980)

Rich befürchtete, das Rektoratsamt könnte ihn in seiner wissenschaftlichen Arbeit behindern.[6]

6.1 Zürich oder Bonn?

Ende März 1962 erhielt Arthur Rich einen Ruf auf den neu errichteten Lehrstuhl für Evangelische Sozialethik an der Evangelisch-Theologischen Fakultät der Rheinischen Friedrich-Wilhelms-Universität Bonn.[7] Er überlegte sich, ob er sich auf einen Ortswechsel einstellen solle. Freunde in der Bundesrepublik ermunterten ihn dazu. Umgekehrt ersuchten ihn die Zürcher Erziehungsdirektion sowie Rektorat und Theologische Fakultät, er möge in Zürich bleiben.[8]

---

[6] Elisabeth Rich, 8.10.1998, S. 8.

[7] Der Kultusminister von Nordrhein-Westfalen an Arthur Rich, Düsseldorf, 28.3.1962 (NL 8.2). – Ein Jahr später erging der Ruf für eine ähnliche Professur an der Katholisch-Theologischen Fakultät derselben Universität an den in Chur lehrenden Moraltheologen Franz Böckle. Dieser nahm die Wahl an; vgl. Hans Halter, in: Wolfgang Lienemann/Frank Mathwig, Schweizer Ethiker im 20. Jahrhundert, S. 195 f.

[8] Der Rektor der Universität Zürich an Arthur Rich, 17.4.1962; Arthur Rich an das Dekanat der Theologischen Fakultät in Bonn, 11.5.1962 (NL 8.2).

Zuvor hatte ihm aus der Studentenschaft Konrad Engler «bekümmerten Herzens» zur Berufung nach Bonn gratuliert. Dabei attestierte er seinem Professor, die Vorlesungen stets gewissenhaft vorbereitet zu haben. «Und was ich auch immer wieder höre: Ihre Bereitwilligkeit, mit uns Studenten ins Gespräch zu kommen, wird sehr geschätzt.» Besonders beliebt seien die Diskussionsabende, die seine Frau Elisabeth «in ein Fest im Kreise der Familie umzugestalten» wisse. Aus Erfahrung «weiss ich, dass man Ihr Haus stets um ein gut Stück ‹riicher› verlässt».[9] Ebenso positiv äusserte sich Werner Kramer, der spätere Zürcher Ordinarius für Praktische Theologie. Er hatte als Student Rich in dessen Anfangszeit als Hochschullehrer erlebt. Kramer war beeindruckt von Richs «Klarheit in allem: im Aufbau der Vorlesung, in der Begrifflichkeit, in der Entwicklung seiner Gedanken». Dabei sei Rich keineswegs leicht auf andere Menschen zugegangen. Eine gewisse Zurückhaltung habe zu seinem Wesen gehört.[10]

Nach reiflichem Überlegen entschied sich Rich, an seiner Zürcher Professur festzuhalten.[11] Er konnte dafür den Dank von hundertsechs Studierenden entgegennehmen.[12] Auch der Kirchenhistoriker Rudolf Pfister war erfreut, dass mit Richs fernerem Wirken an der Universität «beste zürcherisch-zwinglische Tradition weitergeführt» würde.[13] Schliesslich bedankte sich Erziehungsdirektor Walter König im Namen der Zürcher Regierung bei Arthur Rich.[14]

6.2 *Aufbau von Sozialethischen Instituten*

Der Entschluss, in Zürich zu bleiben, wurde Arthur Rich erleichtert durch die Bereitschaft des Regierungsrates, an der Universität Zürich ein Institut für Sozialethik zu errichten. Bereits im Herbst 1961 hatte die Theologische Fakultät ein entsprechendes Gesuch eingereicht. Jetzt kam ihr die Anfrage aus Bonn gelegen. Da die Regierung den im Ausland bekannt gewordenen akademischen Lehrer nicht verlieren wollte, gab sie ihr Plazet zur Einrichtung des Instituts.[15]

---

[9] Konrad Engler, Präsident der Studentenschaft der Theologischen Fakultät, an Arthur Rich, 10.4.1962 (NL 8.2).

[10] Werner Kramer, in: Hommage, S. 53 f.

[11] An das Kultusministerium Nordrhein-Westfalen, 10.5.1962 (NL 8.2).

[12] Studentenschaft der Theologischen Fakultät Zürich an Arthur Rich, 3.6.1962 (FamA Rich).

[13] Rudolf Pfister, Zürich-Altstätten, an Arthur Rich, 20.5.1962 (NL 8.2).

[14] Walter König an Arthur Rich, 4.6.1962 (NL 8.2).

[15] Protok. Regierungsrat Kt. ZH, 13.9.1962 (NL 2.6); Beschluss Regierungsrat Kt. ZH, 23.1.1964 (NL 5.6); Institut für Sozialethik, Korrespondenz mit Erziehungsdirektion Kt. ZH, 1961–1964 (NL 5.6).

Es währte aber noch einige Zeit, bis das Institut für Sozialethik im November 1964 eröffnet werden konnte. Nach einer längeren Aufbauphase waren unter der Leitung von Professor Rich ein theologischer und ein sozialökonomischer Assistent, ein wissenschaftlicher Mitarbeiter in Teilzeit sowie eine Sekretärin im Halbamt angestellt. «Ich hatte das Glück, fachlich ganz ausgezeichnete Helfer zu bekommen, die mir in Lehre und Forschung nach Kräften beistanden.»[16] Das Schwergewicht der Institutsarbeit lag auf der Grundlagenforschung mit besonderer Ausrichtung auf eine gleichermassen in theologischem wie in sozialwissenschaftlichem Denken verankerte Sozialethik.[17] Von Bedeutung waren auch aktuelle Probleme der Industriegesellschaft wie Mitbestimmung,[18] Eigentumsordnung, Bodenrecht, Raumplanung,[19] Umweltschutz und Entwicklungspolitik. Ein weiterer Tätigkeitsbereich, die Ergründung der schweizerischen Sozialgeschichte mit besonderem Bezug auf den Religiösen Sozialismus,[20] konnte an die Tradition der früheren Professoren Leonhard Ragaz und Emil Brunner anknüpfen. Auch wurden interdisziplinäre Kontakte gepflegt. Beim wöchentlichen «Sozialethischen Kaffee» trafen sich Studenten und Professoren mit Vertretern aus Wissenschaft, Wirtschaft, Politik und Kirche. Schliesslich galt es, den akademischen Nachwuchs zu fördern und eine Reihe von Publikationen[21] herauszugeben. Wichtig bei all diesen Aktivitäten waren für Rich die theologische Besinnung und der Bezug zur «Weltlichkeit» des christlichen Glaubens.[22] Er wollte die Arbeit des Instituts für den Dienst der Kirche, ihre Verkündigung und diakonische Arbeit, fruchtbar machen.[23]

Für Elisabeth Rich war die Gründung dieses Forschungszentrums in gewisser Hinsicht ein Verlust: «Seither arbeitete mein Mann hauptsäch-

---

16 Rich, Mein Weg in der Sozialethik, S. 71. – Institut für Sozialethik, 10.2.1965 (NL 5.6). Erste vollzeitlich angestellte Assistenten waren nach einer gewissen Anlaufzeit des Instituts der Theologe Hans-Ulrich Jäger und der Wirtschaftswissenschaftler Hans-Balz Peter; als erster ständiger wissenschaftlicher Mitarbeiter im Nebenamt fungierte der Religionssoziologe Hans ten Doornkaat. Neun Jahre lang arbeitete Eva Lüthy als Sekretärin mit (Institut für Sozialethik, 1965–1973, NL 5.6 und 7.1).

17 Vgl. S. 124 ff.

18 Vgl. Kap. 10, S. 95 ff.

19 Vgl. S. 142 ff.

20 Neben seiner Mitwirkung an der dreibändigen Ausgabe von «Leonhard Ragaz in seinen Briefen» (vgl. S. 15, Anm. 4) verfasste Rich auch eine theologische Einführung zum Briefwechsel 1886–1919 zwischen «Weberpfarrer» Howard Eugster-Züst und Christoph Blumhardt; vgl. Louis Specker (Hg.), Politik aus der Nachfolge, Zürich 1984.

21 Veröffentlichungen des Instituts für Sozialethik an der Universität Zürich; vgl. S. 195.

22 Vgl. Arthur Rich, Die Weltlichkeit des Glaubens, Zürich/Stuttgart 1966.

23 Arthur Rich, Institut für Sozialethik [o. D.] (NL 5.5.). – Siegfried Karg/Alfons Sonderegger, Zehn Jahre Institut für Sozialethik an der Universität Zürich, in: uni, Zürich, Nr. 6, 1974; ders., Übergabefeier am Institut für Sozialethik, in: uni, Nr. 7, 1977.

lich im Institut, hatte dort auch seine Zusammenkünfte mit den Studenten. Damit verlor ich zum Teil den Kontakt zu Arthurs Arbeitsfeld.»[24]

1970 lancierten Arthur Rich vom Sozialethischen Institut der Universität Zürich und Franz Furger von der katholischen Theologischen Fakultät Luzern ein gemeinsames Projekt: Sie boten Industrieseminare für Theologiestudierende beider Konfessionen an. Die angehenden Pfarrerinnen und Pfarrer sollten sich theoretisch und praktisch mit den Industrieproblemen vertraut machen. Zum Lehrgang gehörte ein fünfwöchiges Praktikum in Grossbetrieben der chemischen und der Maschinenindustrie. Dabei kamen die Teilnehmenden mit Angehörigen der Belegschaft, Mitgliedern der Betriebskommission, Persönlichkeiten des mittleren und oberen Kaders sowie Betreuerinnen der sozialen Dienste ins Gespräch. Zum Abschluss des Seminars wurden Themen der Industrieseelsorge besprochen, wobei erfahrene Pfarrer als Diskussionspartner zur Verfügung standen. Rich hielt auch Gastvorlesungen an der Theologischen Fakultät Luzern.[25]

Auf Initiative von Arthur Rich entstand 1971 unter Federführung seines späteren Nachfolgers an der Universität Zürich, Hans Ruh, ein zweites Institut für Sozialethik (ISE) mit Sitz in Bern und Lausanne. Es stand unter der Leitung des Schweizerischen Evangelischen Kirchenbundes (SEK). Das Institut fühlte sich der Rich'schen Sozialethik verpflichtet und befasste sich einerseits mit fundamentalen gesellschaftlichen Problemen aus christlich-ethischer Sicht, andererseits vermittelte es dem SEK-Vorstand Grundlagen für das Vertreten des evangelisch-sozialethischen Standpunktes in gesellschaftspolitischen Fragen.[26] 2004 wurde das ISE als bisher eigenständiges Organ aufgelöst und in seiner sozialethischen Funktion mit anderen SEK-Ämtern in eine Abteilung des Kirchenbundes, das Institut für Theologie und Ethik (ITE), umgewandelt.[27]

---

24 Elisabeth Rich, 25.9.1998, S. 11.

25 An Theolog. Fakultät Universität Zürich, 4.11.1969 (NL 2.8); Institut für Sozialethik an Erziehungsdirektion Kt. ZH, 11.10.1973 (NL 5.6); Arthur Rich, Industrieseminar für Theologiestudenten, in: uni, Nr. 5, 1970; Neue Aufgaben für Theologen, in: Neue Zürcher Nachrichten, 20.3.1971. – Christoph Möhl, in: Pfarrblatt für die Katholiken im Kanton Zürich, Winterthur, 28.1.1990, S. 12.

26 Vgl. Kap. 14, S. 141 ff.

27 Rich, Mein Weg in der Sozialethik, S. 72; Die Konferenz «Kirche und Gesellschaft», in: Alexandre Lavanchy, Arthur Rich et. al. (Hg.), Kirche und Gesellschaft, Zürich 1967, S. 17 f.; Hans-Balz Peter in: ders. et. al. (Hg.), Gesellschaftlicher Zusammenhalt – in Frage gestellt. ISE-Studien, Nr. 54, Bern 1998, S. 94–96, 99, 143–147. – Mitgeteilt von Christoph Stückelberger, Leiter des ITE 2004–2007, 12.9.2007, und Silvia Pfeiffer, Mitglied des Rates des SEK, 26.3.2009. – Sozialethische Studieneinrichtungen entstanden (wie sich der Autor dieses Buches erinnert) allmählich auch an den theologischen Fakultäten von Genf, Lausanne, Bern und Basel.

Schliesslich holte die Hochschule St. Gallen vor der Errichtung eines Lehrstuhls für Wirtschaftsethik[28] ein Gutachten bei Arthur Rich ein. Nach längerem Berufungsverfahren, an dem Rich ebenfalls mitwirkte, wurde der philosophisch geschulte Ökonom Peter Ulrich auf das Wintersemester 1987/88 mit der neuen Aufgabe betraut. Bald folgte die Gründung eines entsprechenden Instituts für Wirtschaftsethik.[29]

6.3 Keine Berührungsängste

Für das Sommersemester 1967 plante Arthur Rich ein systematisches Seminar zum Schema XIII des Zweiten Vatikanischen Konzils über «Die Kirche in der Welt von heute». Er lud den katholischen Studentenseelsorger von Zürich, Pater Albert Ziegler SJ, zur Mitwirkung ein. Die Verhandlungen mit der Erziehungsdirektion wegen des Lehrauftrags waren auf bestem Wege, als bei Regierungsrat Walter König Bedenken aufkamen wegen der Bestimmung in der Bundesverfassung, dass den Jesuiten «jede Wirksamkeit in Kirche und Schule untersagt» sei.[30] Er liess Rich wissen, wenn Ziegler nicht freiwillig zurücktrete, müsse ein Verbot ausgesprochen werden. Darauf zog sich Ziegler zurück und schrieb an Königs Sekretär: «Ich hätte gerne am Seminar mitgewirkt. [...] Nun seien die Voraussetzungen für diesen Dienst [...] offenbar nicht mehr gegeben.» Rich war enttäuscht, doch tröstete ihn Ziegler: «Machen Sie sich keine Sorgen meinetwegen. Warum soll sich der Herr nicht eines Theologieprofessors bedienen, um über den Weg einer fragwürdigen Politik einem Menschen, der sich nach ihm zu nennen wagt, ein kleines Kreuz aufzuladen?» Rich führte dann das Seminar ohne Ziegler durch. Zur Schlusssitzung bei sich zu Hause lud er den Jesuitenpater jedoch ein. Das könne ihm niemand verbieten.[31] Rich war der Meinung, «dass trotz den bestehenden Gegensätzen, die wir nicht verkleinern wollen, die Zeit der kon-

---

28 Wirtschaftsethik und politische Ethik sind Teilbereiche der Sozialethik; vgl. Rich, Wirtschaftsethik, Bd. 1, S. 67.

29 Georges Enderle, Arthur Richs Impulse [...] für die Entwicklung der Wirtschaftsethik [...], in: H. Christian Lüling (Hg.), Arthur-Rich-Symposium 1998, Karlsruhe 2000, S. 2 (Typoskr., beim Verf.). – Rich, Mein Weg in der Sozialethik, S. 72.

30 «Jesuitenverbot» in Art. 51 BV von 1874, durch Volksabstimmung am 20.5.1973 aus der Verfassung getilgt.

31 Mitgeteilt von Albert Ziegler, Zürich, 15.12.2008 (Typoskr., autorisierter Text beim Verf.); Ziegler an Rich, 20.4.1967 (NL 105.26). – Der Vorfall löste die Polemik eines Studenten gegen die Intervention von Regierungsrat König aus (zürcher student, Nr. 2, 1967, S. 3; Nr. 3, 1967, S. 12), was Rich ungelegen kam; vgl. Rich an Erziehungsdirektion Kt. ZH, 25.5.1967 (NL 2.6).

fessionellen Kämpfe vorüber ist. Es gilt heute, statt gegeneinander, miteinander zu leben.»[32]

Auch gegenüber Marxisten hatte Rich keine Berührungsängste. Im Gegenteil, er hielt die Auseinandersetzung mit dem marxistischen Menschenbild und dem gesellschaftskritischen Potenzial des Marxismus für eine wichtige Sache.[33] So beteiligte er sich an dem von der Fortschrittlichen Studentenschaft Zürich organisierten marxistisch-christlichen Dialog. Bei einer kontradiktorischen Veranstaltung im November 1966 mit dem kommunistischen Kulturphilosophen Konrad Farner horchte der Schweizer Staatsschutz mit und kam zum Schluss: «Im Verlaufe des Gesprächs wies sich Rich als der bessere Kenner sowohl in Marxismus als auch in der christlichen Lehre aus.»[34]

---

32 Arthur Rich, Für die Kirchengesetzesvorlagen, in: Volksrecht, 3.7.1963.

33 Vgl. S. 43 ff.

34 Dossier: Rich, Arthur, Prof. Dr. der Systematischen Theologie, Zürich, 11.11.1966 (NL 72.28). – Elisabeth Rich, 8.10.1998, S. 5; «Dialog um die Zukunft», in: zürcher student, Nr. 6, 1966, S. 7, 9; «Utopie und Entfremdung», in: zürcher student, Nr. 1, 1967, S. 15. – Vgl. auch Arthur Rich, «Hoffnung wider alle Hoffnung». Über Ernst Blochs Atheismus, in: Schaffhauser Nachrichten, 6.6.1970.

7. «Christliche Existenz in der industriellen Welt»

7.1 Der sozialethische Erstling von Arthur Rich

Arthur Rich muss sich mit Feuereifer in seine Forschungsarbeit gestürzt haben. Bereits 1957, drei Jahre nach Antritt der Professur, lag sein sozialethischer Erstling vor: «Christliche Existenz in der industriellen Welt».[1] Auf knapp zweihundert Seiten wird die «soziale Frage», eingegrenzt auf die Problematik der Industriearbeiterschaft, behandelt. Aber Richs Gedanken waren noch nicht überall ausgereift. Deshalb sah er sich genötigt, das Buch für die 2. Auflage[2] umzuarbeiten und zu erweitern. Inhaltlich weichen die beiden Fassungen nicht allzu stark voneinander ab. Immerhin wird in der 2. Auflage – bedeutsam für Richs theologische Ethik – eine Methode sozialethischer Urteilsbildung entwickelt.[3] Auch zeichnet sich der überarbeitete Band durch differenziertere Urteile aus. Die Schlussfolgerungen sind präziser gefasst. Zudem hatte sich Rich in der Zwischenzeit vertieft mit der ökonomischen und theologischen Literatur auseinandergesetzt. Dies schlug sich – trotz weitestgehendem Verzicht auf Fachjargon – in adäquateren Formulierungen nieder.

«Christliche Existenz in der industriellen Welt» erschien in einer Zeit wirtschaftlicher Hochblüte. Damals zeichnete sich der spätere Strukturwandel zur hoch technisierten Industrie- und Dienstleistungsgesellschaft noch kaum ab. Aber man befand sich mitten im Kalten Krieg, und es fand eine lebhafte Auseinandersetzung mit den Ideen des «Liberalismus» und des «Sozialismus»[4] statt. Aus ökonomischer Perspektive lautete die Alternative «freie Marktwirtschaft oder gelenkte Planwirtschaft» bzw. «Privatbesitz oder Staatseigentum an den Produktionsmitteln».[5] Eingehend

---

1 Arthur Rich, Christliche Existenz in der industriellen Welt, 1. Aufl., 184 Seiten, Zürich 1957 (fortan zit. als: Rich, Christliche Existenz, Aufl. 1).

2 Arthur Rich, Christliche Existenz in der industriellen Welt. Eine Einführung in die sozialethischen Grundfragen der industriellen Arbeitswelt, 2. Aufl., 285 Seiten, Zürich 1964 (fortan zit. als: Rich, Christliche Existenz). – Wenn nicht anders angegeben, wird im Folgenden aus der zweiten Fassung zitiert.

3 Vgl. S. 71 ff.

4 Rich zählt den Kommunismus wie den demokratischen Sozialismus zur «sozialistischen Gesamtbewegung», nimmt aber Differenzierungen zwischen den beiden Richtungen vor; Christliche Existenz, S. 149 f., Anm. 2.

5 A. a. O., S. 15, 152 f. – Dieses Thema behandelt Rich ausführlich in: Wirtschaftsethik, Bd. 2; vgl. S. 153 ff.

Arbeit in der Maschinenindustrie um 1920 (Georg Fischer AG)

befasst sich Rich aus christlicher Sicht mit dem System des Sozialismus,[6] dem er attestiert,[7] das Los der Industriearbeiterschaft verbessern zu wollen: «Woran ich [...] am Sozialismus entscheidend interessiert bin, ist nicht sein wirtschaftliches System, auch nicht seine Lösung der Eigentumsfrage, sondern die [...] von ihm [...] auf das Tapet gebrachte Frage, wie unter den Bedingungen der industriellen Produktion der menschliche Status der Arbeiter in der Arbeit gerettet werden kann. An dieser Frage des Sozialismus muss ich als Christ festhalten, an der Antwort des Sozialismus nicht.»[8]

6 Vgl. die Abschnitte «Der Sozialismus als Frage an den christlichen Glauben» und «Der christliche Glaube als Frage an den Sozialismus», Christliche Existenz, S. 105–213. – Statt eines Resümees, sei auf ähnliche Überlegungen auf S. 43 ff. und S. 153 ff. verwiesen.

7 A. a. O., S. 190.

8 An Josua Werner, Bern, 24.5.1958 (NL 104.3).

7.2 Die soziale Lage der Industriearbeiterschaft[9]

In der Tat war Arthur Rich die soziale Frage unter dem Gesichtspunkt des Industriearbeiterproblems ein zentrales Anliegen. Sie habe eine materielle und eine geistig-seelische Seite.[10] Zum monetären Aspekt («Brotfrage») stellt er fest: Die Gefahr der Ausbeutung in der Arbeit sei zwar nicht gebannt, doch habe sich die wirtschaftliche Lage der Industriearbeiter zumindest in den westlichen Ländern beträchtlich entspannt, dies dank Erhöhung der Reallöhne und Verkürzung der Arbeitszeit.[11] Anders verhalte es sich mit dem ideellen Aspekt: Die Gefahr der «Verdinglichung»[12] in der Arbeit sei in keiner Weise behoben, da der Industriearbeiter am Werkplatz sich nicht als verantwortliche Person respektiert fühle, sondern darunter leide, als anonyme Nummer behandelt zu werden.[13] Rich beruft sich bei seiner Analyse, die in erster Linie die un- und angelernten Arbeiter betrifft, auf die Arbeiterdichtkunst,[14] auf die sozialethische und pastoraltheologische Fachliteratur[15] sowie auf eigene Erfahrungen als Mechanikerlehrling in den 1920er Jahren. Der biographische Aspekt war Ausgangspunkt seines sozialethischen Denkens und hat es zeit seines Lebens beeinflusst.[16]

Einer der Gründe für die vorhandenen sozialen Defizite erblickte Rich in der nicht rückgängig zu machenden technischen Arbeitsteilung. Der Industriearbeiter könne nicht wie der Handwerker ein Produkt vom Anfang bis zum Ende herstellen und sich des gelungenen Werks erfreuen. Vielmehr sei der Arbeitsprozess in viele standardisierte Einzelfunktionen mit repetitiven Handgriffen zergliedert. Sie würden von der Maschine diktiert, deren Rhythmus sich der (Hilfs-)Arbeiter unterordnen müsse. Die Folgen seien Eintönigkeit bei der Verrichtung sowie Verlust der Arbeitsfreude bis hin zur Arbeitsverdrossenheit.[17] Frust statt Lust! Der «Büetzer» kann seine Arbeit nicht mehr mit Leib und Seele verrichten. In dem Masse wie die Arbeitsteilung den Arbeiter wie einen hörigen Sklaven

---

9 Die unter 7.2 resümierten Gedanken von Arthur Rich sind in beiden Auflagen von «Christliche Existenz in der industriellen Welt» enthalten.
10 Rich, Christliche Existenz, S. 7, 61.
11 A. a. O., S. 23, 59 f.
12 «Verdinglichung»: «Der Mensch wird zu einem Gebrauchsmittel des anderen Menschen und damit zu einem Ding» degradiert; a. a. O., S. 66.
13 A. a. O., S. 59–62, 79.
14 A. a. O., S. 69 f., 74, 90.
15 A. a. O., S. 61, 71–73, 90–93.
16 A. a. O., S. 134; Rich, Sozialethische Kriterien und Maximen, in: Festgabe Rich, S. 17; in: Hommage, S. 27.
17 Rich, Christliche Existenz, S. 74, 80–91.

dem maschinellen System unterwerfe, in dem Masse finde seine Verdinglichung statt.[18]

Was müsste geschehen, damit der Fabrikarbeiter ein eigenständiges, selbstbestimmtes Dasein führen kann wie die Handwerker? Wie könnte die industrielle Welt auf eine menschlichere Ordnung hin verändert werden? Bei der Beantwortung dieser Fragen und bei den Schlussfolgerungen war Rich in der ersten Auflage der «Christlichen Existenz» blass und wenig konkret.[19] In einer Rezension[20] wurde bemängelt, es fehle der Hinweis auf praktische Massnahmen. Auch warf man ihm vor, dass er sich zu sehr auf seine Betriebserfahrungen als Lehrling und Arbeiter in den 1920er Jahren beziehe. In den drei Jahrzehnten seither habe sich vieles gewandelt. Zudem habe er ökonomische Sachgesetzlichkeiten vernachlässigt.[21] Rich nahm die Einwände ernst: «Ich bemühte mich, dieser begründeten Kritik gerecht zu werden durch intensive Lektüre sozialethischer und wirtschaftswissenschaftlicher Literatur sowie durch zum Teil mehrtägige, der besseren Information dienende Erkundigungen in grossen schweizerischen[22] und bundesrepublikanischen[23] Industriebetrieben. Das führte zu einer wesentlichen Wandlung meiner Optik»[24] und als Folge davon zur Überarbeitung des Buches. Unter anderem konkretisierte Rich die Vorschläge für eine Humanisierung der industriellen Arbeitswelt.

7.3 Defizite beim Fertigungsprozess und bei den Produktionsverhältnissen

Die Revision setzt bereits bei der Analyse der sozialen Defizite ein. In Bezug auf die industrielle Arbeitssituation und ihre negativen Auswirkungen unterscheidet Rich jetzt zwischen der «technischen Struktur des Fertigungsprozesses» und der «sozialen Struktur der Produktionsverhältnisse». Unter Ersterer versteht er das Prinzip der Arbeitsteilung, welches den Arbeiter dem maschinellen System unterwerfe und ihn zu öder, sinnloser Routinearbeit zwinge. Mit Letzterer meint Rich die Trennung von Kapital

---

18 A. a. O., S. 103.
19 Vgl. Rezension in: Mitteilungsblatt der Evangelischen Pfarrvereine Hessen und Nassau, Febr. 1963 (gezeichnet mit: -bs-; NL 58.1).
20 W. F., Religion und Arbeit, in: Das Bücherblatt, Zürich, 18.9.1959.
21 Rich, in: Hommage, S. 28.
22 Z. B. Maschinenfabrik Oerlikon (MFO), Schweiz. Industriegesellschaft (SIG) Neuhausen, Georg Fischer (GF) Schaffhausen, Brown Boveri (BBC) Baden (NL 71.1, 76.36, 86.13, 95.6).
23 Z. B. Kohlebergwerke in Essen, August Thyssen-Hütte (Stahlwerk) in Duisburg; vgl. Christian Walther, Velbert (Rheinland), an Arthur Rich, 22.3.1961 (NL 101.18).
24 Rich, Mein Weg in der Sozialethik, S. 70.

und Arbeit in der industriellen Produktion. Dies führe tendenziell zu einer Konzentration des produktiven Eigentums (Immobilien, Maschinenpark, Rohstoffe, Kapitalreserven) in der Hand von wenigen Kapitalisten (Fabrikanten und/oder Aktionären), während die Arbeiterschaft vom Eigentum und dessen Ertrag ausgeschlossen sei. Zum Besitz- und Gewinnmonopol der Kapital-Seite komme das Kontroll- und Führungsmonopol in Betrieb und Unternehmen hinzu.[25] «Wirklich bestimmend ist [...] nur die Seite, welche das Kapital vertritt, respektive in dessen Auftrag die Unternehmeraufgaben auszuführen hat [Management]. Die andere Seite, nämlich die grosse Masse der industriellen Arbeitskräfte, hat nichts zu bestimmen. Sie hat sich bestimmen zu lassen.»[26]

Hier stelle sich erneut die Frage, wie diese strukturellen Mängel behoben werden könnten. Bei der Suche nach einer überzeugenden Antwort bringt Rich die theologische Ethik ins Spiel. Dabei findet eine systematische Besinnung auf sozialethische Kriterien und praktikable Maximen statt, die Hinweise geben sollen, wie die Situation des Industriearbeiters zu verbessern wäre.

7.4 Eine Methode sozialethischer Urteilsfindung

7.4.1 Ein dreistufiges Verfahren

Erste Instanz auf dem Weg zu einer menschlicheren Ordnung von Familie und Gesellschaft ist für Arthur Rich «die Liebe des Glaubens» (Agape),[27] welche im Blick auf alle Verhältnisse – auch auf die sozialen und politischen[28] – «zu prüfen hat, was recht und unrecht ist».[29] Darum geht es in der Ethik. Die neutestamentliche Agape kann aber nicht eins zu eins auf Politik und Wirtschaft übertragen werden. Vielmehr bedürfe es – zwei-

[25] Die Begriffe «Betrieb» und «Unternehmen» werden in je zweierlei Bedeutung verwendet; vgl. dazu S. 97, Anm. 17 und 18.

[26] Rich, Christliche Existenz, S. 102 f., 142 f., 233 f. – Über bestehende Disparitäten im Verhältnis von Kapital und Arbeit vgl. am Schluss dieses Buches Richs Aufsatz «Marktwirtschaft – Möglichkeiten und Grenzen», S. 182 f.

[27] A. a. O., S. 165 f., 170–172. – Später wird Rich diese Grundprämisse auf die Dreiheit «Glaube. Hoffnung, Liebe» ausweiten; vgl. S. 129 f.

[28] Rich nennt konkret: Ehe, Arbeit, Wirtschaft und politische Macht, a. a. O., S. 173.

[29] Formuliert in Anlehnung an Phil 1,9–10. Rich verwendet das Paulus-Wort als Schlüsselstelle für seine Methode sozialethischer Urteilsbildung und zitiert, leicht verkürzt, nach der Zürcher Bibel 1931: «Um das bete ich, dass eure Liebe immer reicher werde an Erkenntnis und allem Verständnis, damit ihr zu prüfen vermögt, was recht und was unrecht ist, auf dass ihr unanstössig seid auf den Tag Christi [...].» A. a. O., S. 172. In Übereinstimmung mit Paulus besteht Rich beim Prozess ethischer Urteilsbildung auf dem Gebrauch der Vernunft, die sich von der Liebe des Glaubens leiten lässt.

tens – der Zwischenschaltung ethischer Kriterien. Diese geben die Richtung für gutes Handeln an. Als «Hauptkriterium» nennt Rich die «Mitmenschlichkeit», welche «Freiheit, Solidarität und Partnerschaft in einem ist».[30] Mitmenschlichkeit, konfrontiert mit dem Industriealltag, ruft drittens nach der Formulierung von Maximen.[31] Sie dienen als Richtlinien dafür, wie von Fall zu Fall das Gute und Richtige in die Tat umzusetzen sei. Sie sind – analog zu der sich stets verändernden geschichtlichen Situation – nicht ewig-zeitlose Handlungsanweisungen. Vielmehr müssen sie laufend überprüft und dem Wandel der gesellschaftlichen Verhältnisse angepasst werden. Um das, «was recht und unrecht ist», muss immer wieder neu gerungen werden. Da die Überprüfung an kein Ende kommt, gibt es für Rich auch kein abgeschlossenes Bild einer christlichen Ordnung der Gesellschaft.[32]

An Beispielen aus der Bibel versucht Arthur Rich anschaulich zu machen, wie Maximen anzuwenden sind. Eine solche erkennt er in der Weisung des Apostels Paulus, Christen sollten sich der Pflicht zur Arbeit unterziehen: «Wer ein Dieb ist, der stehle nicht mehr, sondern mühe sich vielmehr und schaffe mit seinen Händen, was gut ist.»[33] Diese Empfehlung sei, so Rich, «der erste Schritt auf dem langen Weg zu einer strukturellen Ordnung der Gesellschaft, in der Einkommen ohne Arbeit[34] keine Selbstverständlichkeit bedeutet.»[35] Als weitere biblische Maxime erwähnt Rich die Sozialpflichtigkeit des Eigentums, wie sie in der Ermahnung Johannes' des Täufers enthalten ist: «Wer zwei Röcke hat, der gebe dem einen, der keinen hat.»[36] Wer Überfluss besitze, lasse den, der Mangel leidet, an seinem Überfluss teilnehmen.[37] Rich räumt ein, dass etliche der biblischen Maximen überholt seien, weil die damalige Welt weder mit der Arbeitssituation noch mit der Eigentumsproblematik der Gegenwart zu vergleichen sei. Umgekehrt seien neben alt vertrauten Maximen auch neue, auf die aktuelle Situation bezogene Weisungen nötig, von denen die Bibel nichts wisse.[38]

30 A. a. O., S. 172–174. Arthur Rich, Die institutionelle Ordnung der Gesellschaft als theologisches Problem (fortan zit. als: Rich, Institutionelle Ordnung), in: Glaube in politischer Entscheidung, Zürich 1962, S. 113–131, hier: 124–126.

31 Rich unterscheidet seinen Maximenbegriff von dem Immanuel Kants; vgl. Wirtschaftsethik, Bd. 1, S. 223, Anm. 2.

32 Rich, Christliche Existenz, S. 174 f. – Siegfried Karg, in: Hommage, S. 64.

33 Eph 4,28 (Zitate nach der Zürcher Bibel 1931, sofern nichts anderes vermerkt).

34 Z. B. aus dem seit Richs Zeiten stark angestiegenen spekulativen Handel mit Wertpapieren an der Börse.

35 Rich, Christliche Existenz, S. 176. – In: Wirtschaftsethik, Bd. 1, S. 236, 238 f., befasst sich Rich aufgrund von Ex 22,24 und Dtn 23,20 f. differenziert mit dem Zinsverbot.

36 A. a. O., S. 178; Lk 3,11.

37 Rich, Revolution als theologisches Problem, S. 133–158, hier: 153.

38 Rich, Christliche Existenz, S. 183.

Aufs Ganze gesehen, handelt es sich bei der von Rich skizzierten Methode sozialethischer Urteilsfindung um ein dreistufiges Verfahren: Von der Grundprämisse «Liebe des Glaubens» gelangt er über das Hauptkriterium «Mitmenschlichkeit» zu praktikablen Maximen.[39] In erster Instanz knüpft Rich an das neutestamentliche Liebesgebot[40] an und erkundigt sich so nach dem Willen Gottes. Im «alleinigen Gehorsam gegen Gott» soll im persönlichen wie im gesellschaftlichen Leben alles «zum Guten des Menschen [...] an die Hand genommen werden».[41] Glaubensgehorsam, Nachfolge Christi – das ist es, was Rich neben weiteren Tugenden unter «christlicher Existenz»[42] versteht. Obwohl seine Methode sozialethischer Urteilsfindung christlich geprägt ist, können die auf diesem Weg gewonnenen humanen Einsichten seiner Ansicht nach auch von Nichtchristen rezipiert werden.[43]

7.4.2 Maximen zur Humanisierung der Industriegesellschaft

Im Schlusskapitel der zweiten Auflage von «Christliche Existenz in der industriellen Welt» erarbeitet Arthur Rich zehn «Maximen sozialer Entscheidung»[44] zur Humanisierung der Arbeit. Man könnte sie auch als zehn (An-)Gebote an die Industriegesellschaft bezeichnen.

Die 6. Maxime bezieht sich auf «Miteigentum», also auf breiteste Streuung des produktiven Eigentums unter Einbezug der Arbeitnehmerseite, um die fragwürdige Trennung von Kapital und Arbeit, die Scheidung in Besitzende und Besitzlose, zu mildern. Dabei sei allerdings in Rechnung zu stellen, dass der Arbeiter, wenn er zum Kleinkapitalisten (Aktionär) aufsteige, noch keinen nennenswerten Einfluss auf die betriebliche oder unternehmerische Verfügungsgewalt gewinne. Mit einer breiten Eigentumsstreuung allein sei es daher nicht getan.[45]

Ebenso entscheidend – besagt die 8. Maxime – sei «Mitbestimmung» durch Schaffung einer Betriebsstruktur, in welcher der Arbeiter Raum für verantwortliche Entscheidung zurückgewinnen könne. Rich plädiert für ein qualifiziertes Mitbestimmungsrecht der Arbeitnehmer und versucht

---

39 A. a. O., S. 171. Hier ist, in nuce, das Instrumentarium zur Begründung von sozialethischer Urteilskompetenz enthalten, das Rich zehn Jahre später im Buch «Mitbestimmung in der Industrie» ausbauen und nach weiteren zehn Jahren im ersten Band seiner «Wirtschaftsethik» detailliert exponieren wird; vgl. S. 97 f., und S. 129 ff.

40 Doppelgebot der Liebe gemäss Mt 22, 37–39.

41 Arthur Rich, Die Verantwortung des Christen für Staat und Politik (fortan zit. als: Rich, Verantwortung für Staat und Politik), in: Glaube in politischer Entscheidung, S. 133–156, hier 151 f.

42 Weitere Aspekte von «christlicher Existenz» auf S. 129 f., und S. 133.

43 Rich, Christliche Existenz, S. 175. Vgl. auch S. 130.

44 So Richs frühe Formulierung. Später spricht er von « sozialethischen Maximen».

45 Rich, Christliche Existenz, S. 233, 236–238; Wirtschaftsethik, Band 2, S. 331.

dies durch eine Änderung der Unternehmens- und Betriebsverfassung zu erreichen. Das herkömmliche hierarchische «Oben» und «Unten» der unternehmerischen und innerbetrieblichen Führung soll zugunsten einer dialogischen Partnerschaft[46] zwischen Kapital/Management und Arbeit ersetzt werden. Mit einer breiten Streuung der Verfügung über die industrielle Produktion habe man in der deutschen Bundesrepublik gute Erfahrungen gemacht: «Die Befürchtungen zahlreicher Industrieller, dass die Beteiligung der Arbeiter oder deren Vertreter an den betrieblichen und unternehmerischen Entscheidungen die Produktivität der Wirtschaft auf die Dauer lähmen müsste, haben sich, aufs Ganze gesehen, nicht bewahrheitet.»[47] Auch von Arbeitnehmerseite werde das Mitbestimmungsrecht überwiegend positiv beurteilt.[48] Dem stehe allerdings die unerfreuliche Tatsache gegenüber, dass nur eine Minderheit der Belegschaft die Möglichkeit der Partizipation auch wirklich nutze, analog zu der nur teilweise in Anspruch genommenen politischen Mitbestimmung in der direkten Demokratie. Das hänge damit zusammen, dass die innerbetriebliche Mitbestimmung noch nicht in den Erfahrungshorizont der Arbeiter gedrungen sei, weshalb dieses Recht oft an Arbeitervertreter (z. B. Gewerkschaftsfunktionäre/Betriebsräte) delegiert werde. Daraus folgert Rich, dass die Arbeiter und Angestellten durch Schulung zur Mitbestimmung befähigt werden müssten.[49]

Beide Maximen – der Ruf nach breiterer Streuung des produktiven Eigentums sowie die Forderung nach Mitbestimmung im Sinne einer breiten Streuung der Verfügungsgewalt in der industriellen Produktion – tendieren darauf, den humanen und sozialen Status des Arbeitnehmers in den Produktionsverhältnissen zu verbessern.

Zur Frage, wie Routinearbeit, verursacht durch Arbeitsteilung, attraktiver gestaltet werden könnte, hält Rich keine Maxime bereit. Er begründet dies mit dem Hinweis: «Die Struktur des technischen Fertigungsprozesses [zu der Routinearbeit zweifellos gehört] lässt sich grundsätzlich nicht ändern, sondern eben nur mildern.» Deshalb seien die Möglichkeiten einer Vermenschlichung der Arbeit begrenzt.[50] Immerhin setzt Rich die Hoffnung in eine fortschreitende Mechanisierung der industriellen Produktion und denkt dabei an die Überwindung der Fliessbandarbeit durch die vollautomatische Fabrikation (Automation).[51]

46 «Partnerschaft» als Bestandteil des Haupkriteriums «Mitmenschlichkeit»; vgl. S. 72.
47 Rich, Christliche Existenz, S. 250.
48 A. a. O., S. 252 f.
49 A. a. O., S. 254–256. – Vgl. auch Kap. 10, S. 95 ff.
50 A. a. O., S. 239.
51 A. a. O., S. 96 f. – Das war noch vor dem Zeitalter der Informatik.

Rückblickend gelangt man heute zur Einsicht, dass sich Richs Hoffnung auf Eliminierung von öder, sinnentleerter Routinearbeit nur teilweise erfüllt hat. Theo Wehner, Professor für Psychologie der Arbeit an der ETHZ, vertritt die Ansicht, der Industrie- und Dienstleistungsgesellschaft sei es nicht überall geglückt, Arbeit und Sinn miteinander zu verbinden: «Wir haben immer noch – und in manchen Dienstleistungsberufen immer mehr – partialisierte Arbeitsanforderungen. Das heisst, Arbeit wird in kleine Stückchen gehackt, das Produkt des eigenen Beitrags kann weniger erlebt werden, und so kann der Einzelne auch keinen umfassenden Produktstolz empfinden.» Dies berge die Gefahr in sich, dass Arbeitnehmer bei ihrer täglichen Verrichtung sich innerlich verabschiedeten.[52] Kommt hinzu, dass unter den Bedingungen moderner Rationalisierung weniger begabte Menschen es heute besonders schwer haben, sich an ihrem Arbeitsplatz zu behaupten oder einen solchen zu bekommen.[53]

Die zweite Auflage von «Christliche Existenz in der industriellen Welt» stiess auf grosses Interesse und fast einhelliges Lob. Nach dem Urteil eines ökonomisch versierten Rezensenten ist Richs Darstellung der industriellen Entwicklung «kenntnisreich, gründlich und in der Beherrschung der Literatur souverän». Das Buch gebe «lebendige und ermutigende Anschauungen» dafür, «wie fruchtbar die Zusammenarbeit von Sozialethikern und industriellen Praktikern sein» könne.[54] Der Nationalökonom Hartmut Weber vom Universitätsinstitut für Christliche Gesellschaftswissenschaften in Münster (Westfalen) kam trotz einigen Vorbehalten zum Schluss, die von Rich erarbeitete Methode ethischer Urteilsfindung befähige die Sozialethik, konkrete Zielvorstellungen zu entwickeln und zu begründen. Sie sei geeignet, «eine neue Phase in der Geschichte der evangelischen Sozialethik einzuleiten».[55]

---

[52] Theo Wehner, Die Arbeitsgesellschaft ist in einer Sinnkrise, in: NZZ, Nr. 189, 17.8.2007, Dossier B 1.

[53] Darauf weist auch Arthur Rich gegen Ende seines Lebens hin, in: Hommage, S. 43.

[54] Martin Greiffenhagen, Christliche Existenz in der industriellen Welt, Rezension in: Schweizer Monatshefte, Zürich, Febr. 1966, S. 1033, 1036.

[55] Hartmut Weber, Mittelfristige Zielvorstellung in der evangelischen Sozialethik. Zu den «Maximen sozialer Entscheidung», in: ZEE, Gütersloh 1970, S. 146.

8. Ein neuer Ansatz in der evangelischen Sozialethik

8.1 Die Frage nach der rechten Struktur des Staates

Seit 1945 hatte die Sozialethik an Bedeutung gewonnen. Dies hängt mit den Erschütterungen des Zweiten Weltkriegs und den Konflikten der Nachkriegszeit zusammen.[1] In beiden Fällen – beim Kampf zwischen den Achsenmächten und den Westalliierten so gut wie im Ost-West-Konflikt – handelte es sich unter anderem um eine Auseinandersetzung zwischen Demokratie und Diktatur. Auf der Tagesordnung der ethischen Debatte stand die Frage nach einer menschlicheren Staatsform. Hier wurde nach der richtigen Struktur einer Institution gefragt. Es wurde darum gerungen, welche Gestalt eine gesellschaftliche Einrichtung – in diesem Fall der Staat – annehmen sollte, damit der Mensch in Würde leben und Mitverantwortung übernehmen könne. Das Nachdenken darüber, wie Institutionen verfasst sein sollen, ist Thema der Sozialethik.[2]

Die Frage nach der rechten Struktur des Staates wird in Arthur Richs theologischer Ethik zum theologischen Problem.[3] Zwar kann er sich nicht direkt auf das Neue Testament berufen, da im Urchristentum «das Moment der Staatsform ausser Spiel [blieb ...], weil ja faktisch nur ein einziger Staat zur Debatte stand: das Imperium Romanum mit dem monarchischen Cäsar an der Spitze». In der Gegenwart hingegen gebe es unterschiedliche Staatsformen. Da könne es der Kirche nicht gleichgültig sein, «ob sie es mit einer Demokratie zu tun hat oder mit monokratischen Herrschaftsformen [...] im Sinne der modernen Diktaturen».[4] Bereits der Apostel Paulus habe sich gegen den Staatsabsolutismus gewandt. Für ihn sei es selbstverständlich gewesen, dass die staatliche Macht durch eine höhere Macht begrenzt sei; «denn Gottes Dienerin ist sie, dir zum

---

1 Arthur Rich, Sozialethik heute, in: Mitteilungen der Sozialen Studienkommission des Schweizerischen Reformierten Pfarrvereins, Nr. 154, Thun 1966, S. 1–5, hier: 3.

2 Auch «Institutionalethik» genannt; vgl. Guido Krupinski, Führungsethik für die Wirtschaftspraxis, Wiesbaden 1993, S. 33. – Der Begriff «Sozialethik» unterlag von 1960 bis 2000 einem Bedeutungswandel, vgl. Christoph Stückelberger, Werte in Haltungen, Handlungen und Strukturen, in: Hans-Balz Peter/Dorothea Loosli (Hg.), Werte in die Praxis ziehen, ISE-Studien, Nr. 60, 2004, S. 72, Anm. 1.

3 Arthur Rich, Kirche und Demokratie, in: Glaube in politischer Entscheidung, S. 157–175; hier: 162.

4 A. a. O., S. 157f.

Guten».[5] Hier ziele Paulus auf einen Staat, «der erstens keinen Letztheitsanspruch stellt, also nicht absolut bzw. totalitär sein will, [und] der zweitens seine Macht als Macht im Dienste für den Menschen, speziell seiner Rechts- und Lebenssicherung, versteht».[6] Wenn nun die Kirche nach den schlimmen Erfahrungen mit dem Faschismus und dem Kommunismus danach frage, welche Staatsform die grösste Chance dafür biete, dass die politische Macht menschlich gehandhabt werde, so falle ihre Antwort zugunsten einer demokratischen Herrschaftsform mit Gewaltenteilung und Rechtsstaatlichkeit aus.[7] So gelangt Rich im Bereich der politischen Ethik[8] zur «Rezeption der Demokratie durch den Glauben».[9]

Bedeutsam an dem sozialethischen Ansatz von Arthur Rich ist, dass er nicht nur den Menschen in seinem individuellen Verhalten im Blick hatte, sondern darüber hinaus auch das gesellschaftliche System in das theologische Denken mit einbezog.[10] Das war ziemlich neu. Für die dialektische Theologie – vor allem den eschatologischen Ansatz Karl Barths[11] – war es ursprünglich irrelevant, welche Gestalt die menschliche Gesellschaft annahm. Demokratie wie Diktatur, Kapitalismus wie Sozialismus gehörten für den jüngeren Barth zur vergänglichen Welt und standen in gleicher Weise unter dem Gericht Gottes. In der Auseinandersetzung mit dem Nationalsozialismus erkannte er dann aber, dass es nicht gleichgültig ist, welche Staatsform den Bürgerinnen und Bürgern aufoktroyiert wird. Er gelangte – wie die Religiös-Sozialen unter Leonhard Ragaz – zu einem klaren, christlich begründeten Nein gegenüber dem nationalsozialistischen Totalitarismus.[12] Barth wurde sich dessen bewusst, dass der christliche Glaube nicht indifferent gegenüber den Einrichtungen in Staat (und Wirtschaft) sein dürfe. Dies wurde mit zum Ausgangspunkt einer neuen Ent-

---

5 A. a. O., S. 163, in Anlehnung an Röm 13,4.

6 A. a. O., S. 164.

7 A. a. O., S. 165 f., 169.

8 Grundsätzlich mit politischer Ethik befasst sich Rich in der Aufsatzsammlung: Glaube in politischer Entscheidung. Beiträge zur Ethik des Politischen, Zürich 1962. In anderen Publikationen setzt er sich mit dem Ost-West-Konfllikt (vgl. S. 37 ff.), mit dem Problem der Revolution (vgl. S. 85 ff.) sowie mit Raumplanung und Bodenrecht (vgl. S. 142 ff.) auseinander. Weiter beschäftigt er sich mit Fragen wie atomare Aufrüstung, europäische Integration, Frauenstimmrecht usw., vgl. Walter Wolf, Arthur Rich, in: Schaffhauser Biographien, Bd. VI, Schaffhausen 2007, S. 269–282, hier: 273–275. Auch in «Radikalität und Rechtsstaatlichkeit» (Zürich 1978) leistet Rich einen Beitrag zur politischen Ethik, indem er eine «Klärung von politischen Grundbegriffen wie Extremismus, Radikalität, Demokratie, Rechtsstaatlichkeit, Widerstandsrecht» vornimmt (Klappentext).

9 Rich, Kirche und Demokratie, S. 166.

10 Vgl. Walther, Theologie und Gesellschaft, S. 11.

11 Rich spricht vom «transzendental-eschatologischen Ansatz» Karl Barths in dessen Frühzeit; vgl. Wirtschaftsethik, Bd. 1, S. 134–142.

12 Rich, Sozialethik heute, S. 2 f.

Arthur Rich (Mitte 60er Jahre)

wicklung in der evangelischen Ethik, welche darin bestand, dass ihr die Struktur der gesellschaftlichen Institutionen nicht länger gleichgültig war.

8.2 Die Frage nach der rechten Struktur der Wirtschaft

Wiederholt hat Arthur Rich an jenen Werkmeister in einem sozial rückständigen Betrieb erinnert, der sich bitter darüber beklagte, dass es ihm nicht gelinge, in ein gutes Verhältnis zu seinen Arbeitern zu kommen, obwohl er sich sehr darum bemühe. Bei näherem Zusehen habe sich herausgestellt, dass einiges in diesem Betrieb nicht stimmte, vorab das «fast erpresserische Akkordsystem». Auf die Frage, ob das schlechte Verhältnis zu den Untergebenen nicht damit zusammenhänge, sei die Antwort erfolgt, er, der Werkmeister, könne nichts dafür; schliesslich habe nicht er das Akkordsystem eingeführt. Für ihn sei der Betrieb etwas objektiv Gegebenes. Damit müsse er sich abfinden. Er tue dies allerdings so, dass in seinem persönlichen Verhalten gegenüber den Mitarbeitern die mitmenschliche Verantwortung, die er als Christ habe, zum Vorschein komme. Aber allen Bemühungen zum Trotz wolle es ihm nicht gelingen, das unfreundlich-abweisende Verhalten der Arbeiter zu überwinden.[13]

[13] Rich, Institutionelle Ordnung, S. 113 f.; Personal und strukturell Böses in der menschlichen Existenz., in: Theologische Zeitschrift, Basel 1968, S. 331 f.

Hier verkannte der Werkmeister laut Rich «den elementaren soziologischen Tatbestand, dass der Mensch nicht nur unmittelbar durch seine Personbeziehungen, sondern auch mittelbar durch die Gestalt der institutionellen Ordnung der gesellschaftlichen Bereiche mit den anderen Menschen verbunden ist».[14] In Abgrenzung gegenüber dem Werkmeister betont er, dass der Mensch einerseits Einfluss auf die gesellschaftlichen Einrichtungen nehmen und sie verantwortlich mitgestalten könne. Andererseits wirkten soziale Einrichtungen auf den Menschen zurück und bestimmten ihn in seinem zwischenmenschlichen Verhalten mit. Es bestehe eine Interdependenz, eine Vernetzung, zwischen Person und Institution. Dadurch werde «nicht nur die persönliche Wirtschaftsgesinnung, sondern auch die institutionelle Struktur der Wirtschaft» zu einem ethischen Anliegen.[15]

Arthur Rich unterscheidet zwischen zwei Aspekten der Sozialethik.[16] Der eine ist die Reflexion darüber, wie sich die Menschen innerhalb der gesellschaftlichen Institutionen (Staat, Wirtschaft usw.) in unmittelbarer face-to-face-Begegnung[17] zueinander verhalten sollen. Rich nennt dies den «interpersonalen» Aspekt. Hier komme es auf die Gesinnung aller Beteiligten an. Der andere Aspekt ist die Reflexion darüber, wie die gesellschaftlichen Institutionen selbst beschaffen sein sollen, damit Menschen darin ethisch verantwortlich handeln können. Rich nennt dies den «sozialgesellschaftlichen» Aspekt[18]. Hier kommt es auf die strukturelle Gestaltung der gesellschaftlichen Institutionen an, nicht zuletzt im Hinblick darauf, ob und inwiefern sie Raum für das Wahrnehmen von persönlicher Verantwortung gewähren.[19] Der Werkmeister in Richs Beispiel hatte nur den interpersonalen Aspekt ins Auge gefasst. Sein Anliegen war es, dass alle Mitarbeitenden innerhalb des Akkordsystems möglichst menschlich miteinander umgingen. Hätte er auch den sozialgesellschaftlichen Aspekt berücksichtigt, so hätte er das Akkordsystem nicht einfach als gegeben hingenommen, sondern es daraufhin befragen müssen, ob und allenfalls

---

14 Rich, Institutionelle Ordnung, S. 114.

15 A. a. O., S. 117 und S. 121, Anm. 10; Sozialethik heute, S. 1; Wirtschaftsethik, Bd. 1, S. 65.

16 Rich spricht hier zwar nur vom Teilbereich «Wirtschaftsethik»; zu Recht hingegen bezieht Susanne Edel die beiden Aspekte auf «Sozialethik» insgesamt, Wirtschaftsethik im Dialog, Stuttgart 1998, S. 99.

17 Edel, a. a. O., S, 128.

18 Auch «sozialstruktureller» oder «gesellschaftsstruktureller» Aspekt genannt; vgl. Rich, Wirtschaftsethik, Bd. 1, S. 197, 199.

19 Rich, Sozialethik heute, S. 1; Wirtschaftsethik, Bd. 1, S. 54; Wirtschaftsethik, Bd. 2, S. 369–371; Wirtschaftsethik, in: Evangelisches Soziallexikon, Stuttgart 1980, Sp. 1448 f.; Die Spannung zwischen Wirtschaft und Theologie, [ca. 1990], S. 1–4 (NL 15.23); an Peter Vogelsanger, Kappel a. A., 15.12.1988 (NL 100.35).

wie dieses zu verändern wäre, damit es – zum Wohle der Betroffenen – seinen erpresserischen Charakter verlöre.[20] Mit Recht betont Rich, dass beide Aspekte zusammen ein unauflösbares Ganzes bildeten:[21] dass sowohl der strukturelle Rahmen der Wirtschaft ethisches Handeln ermöglichen als auch das Wirtschaftssubjekt den Willen zum ethischen Handeln aufbringen müsse.

Dem einseitigen Personalismus des Werkmeisters hatte sich – alles in allem – auch die herkömmliche evangelische Ethik verschrieben. In den Worten von Arthur Rich: «Man fragt nach dem verantwortlichen Verhalten der menschlichen Person innerhalb der vorgegebenen Institutionen von Gesellschaft und Staat. Dabei geraten nur die personalen Beziehungen in den Forderungsbereich des Evangeliums.» Die gesellschaftlichen Institutionen hingegen würden aus diesem Forderungsbereich ausgeklammert und entweder der Eigengesetzlichkeit überlassen oder aber ausschliesslich auf individuelles Verhalten bezogen – in der trügerischen Hoffnung, dass «die Wandlung des Einzelnen auch die Wandlung der gesellschaftlich-politischen Verhältnisse in sich schliesse».[22]

Immerhin: Diese personalistische Engführung hatte der Theologe Emil Brunner bereits in der Zwischenkriegszeit überwunden. Nach Rich gehört es zu Brunners Verdienst, sich auf dem Boden der dialektischen Theologie erstmals mit Sozialethik in ihrem doppelten Aspekt befasst zu haben. In seiner Ethik «Das Gebot und die Ordnungen»[23] bleibe die Frage nach der rechten institutionellen Ordnung der Gesellschaft theologisch bedeutsam. «Die fundamentalen Institutionen der Gesellschaft, vorab die Familie, dann mit Abstand auch Staat und Wirtschaft, haben mit Ordnungen zu tun, die letztlich im Schöpferwillen Gottes wurzeln.»[24]

20 Ähnlich negative Konsequenzen wie früher das Akkordsystem kann heute die politische Vorgabe Steuersenkung, verbunden mit Sparzwang, haben. Kommt es als Folge davon zu übermässigem Personalabbau in Staatsbetrieben oder in der öffentlichen Verwaltung, so kann dies bei den weiterhin beschäftigten Arbeitnehmern zu Stress und schliesslich zu psychosomatischen Störungen führen. Auf diesen Sachverhalt, der auch die Privatwirtschaft betreffen kann, weist Daniel Hell, bis Anfang 2009 Direktor der Psychiatrischen Universitätsklinik Zürich, in zahlreichen Artikeln und Vorträgen hin.

21 Rich, Wirtschaftsethik, Bd. 2, S. 370.

22 Rich, Selbstdarstellung, [1966] (NL 1.1). – Reinhard Marx, Erzbischof von München und Freising, erläutert den Unterschied zwischen personaler Ethik und institutioneller Ethik am Beispiel vom barmherzigen Samaritaner (Lk 10,30–37): «Wir müssen Menschen beistehen, die unter die Räuber gefallen sind. Wir brauchen aber auch sichere Wege von Jerusalem nach Jericho, damit es weniger Überfälle gibt.» Reinhard Marx, «Wilde Spekulation ist Sünde», in: NZZ am Sonntag, 12.4.2009, S. 26.

23 Emil Brunner, Das Gebot und die Ordnungen. Entwurf einer protestantisch-theologischen Ethik, Tübingen 1932; laut Jehle (Emil Brunner, S. 253) das wichtigste Buch Brunners.

24 Rich, Sozialethik heute, S. 3.

Hinter Brunners «Schöpfungsordnungen» setzt Rich aber ein Fragezeichen. Der Schöpferwille verleihe den Ordnungen eine verbindliche Autorität, auch wenn Brunner einräume, dass sie durch menschliche Sünde gebrochen seien. So aber bekomme die Sozialethik einen spürbar konservativen Zug, der kaum Strukturwandlungen zulasse. Rich hingegen will die gemäss Brunner von Gott gesetzten Ordnungen entmythologisieren. Er siedelt sie in der Dimension des Menschlichen an. Sie sind von Menschen errichtet, von Menschen zu verantworten und daher auch von Menschen kritisch zu hinterfragen.[25]

Wie soll nun nach Ansicht von Arthur Rich die Struktur der Wirtschaft beschaffen sein, damit sie vom christlichen Glauben bejaht werden kann? Zunächst hält er fest, dass sich aus der Heiligen Schrift keine «christliche» Sozialordnung ableiten lasse. Wer die Bibel aufschlage, finde keine Gesellschaftslehre, sondern «ein persönliches Wort, das existenziell an mich gerichtet ist».[26] Aber das heisse noch lange nicht, dass die Institutionen («Ehe, Gesellschaft, Wirtschaft, Staat»[27]) ihre eigenen Gesetze hätten, die von der evangelischen Botschaft unberührt blieben. Wie in Bezug auf den Staat, so erinnert Rich auch für die Wirtschaft an das Pauluswort, wonach die richtige Struktur an dem durch Christus offenbarten Willen Gottes zu bemessen sei, welcher «das Gute für den Menschen» suche.[28] Die Wirtschaft soll so strukturiert sein, dass sie dem Menschen dient. In ihr soll sich das von Gott Gebotene – «das ethische Gefordert-Sein zur Mitmenschlichkeit»[29] – Geltung verschaffen können.[30]

8.3 Die Frage nach dem rechten Weltverhältnis der Kirche

Richs evangelische Sozialethik ist von einer neuen Sicht des Verhältnisses zwischen Theologie und Gesellschaft bestimmt. Das bisher überlieferte «privatistische» Verständnis des christlichen Glaubens wird erweitert zu einer Gesamtschau, welche die Relevanz des Glaubens für das gesell-

25 A. a. O., S. 3; Rich, Wirtschaftsethik, Bd. 1, S. 146–148; Institutionelle Ordnung, S. 115 f.; Verantwortung für Staat und Politik, S. 150. – Walther, Theologie und Gesellschaft, S. 155. – Eine eingehende Auseinandersetzung mit der Ethik Emil Brunners, aber auch mit derjenigen Karl Barths und der Theologie der Befreiung, findet in Wirtschaftsethik, Bd. 1, S. 133–162, statt.

26 Rich, Institutionelle Ordnung, S. 117 f.

27 A. a. O., S. 119.

28 A. a. O., S. 120, wiederum in Anlehnung an Röm 13,4.

29 Arthur Rich, Religion und Wirtschaft, in: Reformatio, 1970, S. 161. Vgl. auch S. 72 und S. 135 f.

30 Rich, Schafft Umweltschutz Arbeitsplätze?, in: ZEE, 1979, S. 70. – Walther, Theologie und Gesellschaft, S. 156. – Über den fundamentalen, humanen, sozialen und ökologischen Zweck der Wirtschaft äussert sich Rich in: Wirtschaftsethik, Bd. 2, S. 21–35.

schaftliche Sein des Menschen mit berücksichtigt. Dem Wesen der Sozialethik entspricht es, dass man sie nicht nur auf Personbeziehungen[31] ansetzt, sondern dass man die gesellschaftlichen Institutionen in die Untersuchungen mit einbezieht. Nach dem Zweiten Weltkrieg war Heinz-Dietrich Wendland, während vieler Jahre Professor für Christliche Gesellschaftswissenschaften in Münster (Westfalen), einer der Ersten, der die traditionelle personalistische Engführung im deutschen Luthertum zugunsten einer erweiterten Fragestellung preisgegeben hatte. Unabhängig von ihm kam sein reformierter Schweizer Kollege Arthur Rich ebenfalls zum Schluss, dass das Nachdenken darüber, wie soziale Strukturen zu gestalten seien, unabdingbar zur evangelischen Ethik gehört.[32]

Die Erweiterung der Handlungsverantwortung vom Personalen auf das Institutionelle ist nicht nur für den einzelnen Christen, sondern auch für die Kirche von Bedeutung. Will die Gemeinde Christi «Salz der Erde»[33] sein, so kann sie die Welt nicht preisgeben, weil alles Irdische ebenfalls zu Gott gehört. Rich sagt dies im Blick darauf, dass die Kirche damals die Arbeiterschaft kaum mehr erreichte.[34] Die Kirche dürfe sich ihrer politischen und sozialen Verantwortung nicht entziehen. Als Volkskirche sei sie Weggefährtin von «Männern und Frauen, die in ihrem realen Leben, in der Familie, in der Fabrik, im Büro, im Warenhaus, in den wirtschaftlichen Verbänden und politischen Parteien [...] um Antworten und praktische Lösungen ringen».[35] Angesichts dieses Engagements von Christinnen und Christen in ihrem Alltag stellte sich für Rich die Frage nach dem rechten Weltverhältnis der Kirche.

Diese Frage beantwortet er im doppelten Sinne. Zunächst: «Die Kirche muss sich heute mit allem Ernst anschicken, in den Zentren der industriellen Welt, in den Kraftfeldern der pluralistischen Gesellschaft und in den weltweiten Konflikten unserer Zeit zu leben, um darin nichts anderes als Kirche zu sein, die durch ihr Wort und ihre Existenz die wandlungs-

---

31 Die Ethik, die sich ausschliesslich mit Personbeziehungen (Ich zu Ich und Ich/Wir zu Du/Ihr) befasst, wird im üblichen Sprachgebrauch als «Individualethik» bezeichnet. Rich weicht hingegen von der üblichen Nomenklatur ab, er versteht unter «Individualethik» nur die Ich-zu-Ich-Beziehung; vgl. Wirtschaftsethik, Bd. 1, S. 58–61. Vgl. auch Johannes Fischer, Theologische Ethik, Stuttgart 2002, S. 57.

32 Rich, Sozialethik heute, S. 5. – Walther, Theologie und Gesellschaft, S. 153–156.

33 Mt 5,13.

34 Arthur Rich, Die Krisis der Volkskirche und das Weltverhältnis des Glaubens, in: Glaube in politischer Entscheidung, S. 29–55, hier: 35, 37f. (fortan zit. als: Rich, Krisis der Volkskirche) – Seither ist der Säkularisierungsprozess vorangeschritten. Nicht nur die schrumpfende Arbeiterschaft, auch weitere Volksschichten haben sich von der Kirche emanzipiert; vgl. Walter Wolf, Säkularisierung und Wertewandel, in: Schaffhauser Kantonsgeschichte des 19. und 20. Jahrhunderts, Bd. 3, Schaffhausen 2002, S. 1922–1933.

35 Rich, Krisis der Volkskirche, S. 49, 54f.

kräftige Hoffnung bezeugt, aus der sie lebt.»[36] Sodann habe sie Mitverantwortung wahrzunehmen «für eine rechte, das heisst der Mitmenschlichkeit [...] dienenden Gestalt der politischen und sozialen Ordnung der heutigen Welt».[37] Es kann kein Zweifel darüber bestehen, dass Rich bei aller Nüchternheit hohe Erwartungen in die Kirche setzte.

Die Frage nach dem rechten Weltverhältnis der Kirche dürfte heute von erhöhter Dringlichkeit sein. Darauf hat Arthur Rich 1991 an einer ISE-Tagung hingewiesen. Gegenläufig zu den 1960er Jahren, als die sozialethische Saat in der Kirche aufgegangen sei, zeichne sich nun, drei Jahrzehnte später, eine «Emigration der Sozialethik aus Theologie und Kirche» ab. «Dem ist entschieden zu widerstehen. Theologie und Kirche haben an der Sozialethik unbedingt festzuhalten. Ohne sie verlöre die biblische Botschaft vom Reiche Gottes, das auf einen neuen Himmel und auf eine neue Erde zielt,[38] ihren weltlich-irdischen Aspekt und damit den lebenspraktischen Daseinsbezug, der sich nicht nur personenhaft, sondern auch politisch-gesellschaftlich auszuwirken hat.»[39]

---

36 Rich, Die Konferenz Kirche und Gesellschaft, S. 18 f.
37 Arthur Rich, Die Weltlichkeit des Glaubens, Zürich 1966, S. 76.
38 Vgl. S. 130 ff.
39 Rich, Mein Weg in der Sozialethik, S. 74.

9. Zwischen Revolution und Traditionalismus

9.1 *«Revolution als theologisches Problem»*

Vom 12. bis 26. Juli 1966 tagte in Genf die Konferenz «Kirche und Gesellschaft» des Ökumenischen Rats der Kirchen (ÖRK). Sie zog Wirtschafts- und Sozialwissenschaftler, Industrielle und Theologen aus aller Welt an. Die Entwicklungsländer stellten mehr als die Hälfte der Teilnehmenden. So war die Konferenz das Abbild einer Weltgemeinschaft, welche «nicht von den Sprechern Europas und Nordamerikas beherrscht wurde».[1] Die Schweiz war mit fünf Delegierten, darunter Arthur Rich, vertreten.

Konferenzthema war unter anderem der eklatante Unterschied zwischen den reichen und den armen Völkern. Die Spannung zwischen Nord und Süd sei brisanter als der Konflikt zwischen Ost und West, war vereinzelt zu hören. In dieser Situation sei die gesellschaftsverändernde Kraft des Evangeliums von erhöhter Aktualität. Not tue vor allem die Besinnung über eine «Theologie der Revolution». Vier Monate später referierte Arthur Rich an einer Abgeordnetenversammlung des Schweizerischen Evangelischen Kirchenbunds (SEK) in Bern über das Konferenzgeschehen. Dabei dachte er auch über «Revolution als theologisches Problem» nach.[2]

Im Grossen und Ganzen hätten die Theologie und die Kirche bisher das Recht zur Revolution bestritten. Sie hätten damit den politischen und sozialen Konservativismus begünstigt. Dennoch sei die Frage, ob nicht gerade auch in der revolutionären Bewegung der Neuzeit der lebendige

---

1 Alexandre Lavanchy, Eröffnungsansprache, in: A. Lavanchy/A. Rich et. al. (Hg.), Kirche und Gesellschaft. Berichte und Vorträge nach der Konferenz, Zürich 1967, S. 5 f. Die Publikation gibt mehrere Berichte über die Konferenz des ÖRK wieder, die Arthur Rich und weitere Konferenzteilnehmer am 24. November 1966 vor den Abgeordneten des SEK erstatteten. Von Rich stammen die Texte: «Die Konferenz Kirche und Gesellschaft» (S. 9–19) und «Revolution als theologisches Problem» (S. 20–27). Die Publikation enthält ferner einen Vortrag Richs für eine ökumenische Studientagung vom 4. bis 9. Dezember 1966 in Buenos Aires: «Christlicher Glaube und soziale Verantwortung in der revolutionären Welt» (S. 28–56). Die drei Texte werden hier unter dem Titel des Sammelbandes «Kirche und Gesellschaft» zitiert.

2 Rich, Kirche und Gesellschaft, S. 10–14, 20–27. – Eine erweiterte Fassung des zweiten Referats von Rich, «Revolution als theologisches Problem», erschien zwei Jahre später unter dem gleichen Titel (fortan so zit.) im Sammelband: Ernst Feil/Rudolf Weth (Hg.), Diskussion zur «Theologie der Revolution», München 1969, S. 133–158.

Gott am Werk sei, alles andere als obsolet. Rich begrüsste es, dass die Genfer Weltkonferenz die Revolution zu einem ihrer grossen Themen gemacht und damit Kirche und Theologie vor eine neue, positiv zu bewältigende Aufgabe gestellt hatte.[3]

Zunächst bemüht er sich um Klärung des Revolutionsbegriffs. Der Genfer Konferenz lastet er an, den Terminus «undifferenziert» verwendet zu haben. Auch in Politik und Theologie werde oft missverständlich darüber gesprochen. «Revolution» werde gerne mit «Brachialgewalt» assoziiert. Dies brauche aber nicht unbedingt der Fall zu sein. Zwar seien Revolutionen in der Geschichte häufig mit Gewalt verbunden gewesen. Aber sie könnten auch ohne Anwendung von Gewalt vor sich gehen. Rich verweist auf die indische Freiheitsbewegung unter Gandhi, die friedlich verlaufen sei.[4]

Massgebendes Kriterium, ob es sich um Revolution handle, ist für Rich nicht die Frage der Gewalt, sondern dass eine Veränderung «diskontinuierlich» durch Bruch erfolge. Im Unterschied dazu gehe bei der Evolution die Veränderung «kontinuierlich-unmerklich» durch Entwicklung vor sich. Theologisch gesehen, führten beide Varianten zur Erkenntnis, dass die Gestalt dieser Welt vergänglich oder zumindest verwandelbar sei.[5]

Für die Revolution im Sinne von diskontinuierlicher Strukturveränderung gibt Rich einige Beispiele. Sie sollen verdeutlichen, dass mit solchen Umbrüchen unterschiedliche Ziele anvisiert werden können. Die politische Revolution der Neuzeit, nämlich der Aufbau einer rechtsstaatlichen Demokratie, sei unter anderem auf die gewaltsam verlaufene Französische Revolution zurückzuführen. Auch die von Karl Marx vorausgesagte soziale Revolution sei in Russland durch einen Gewaltakt, die Oktoberrevolution von 1917, in die Tat umgesetzt worden; freilich ohne das Versprechen sozialer Befreiung eingelöst zu haben.[6] In den Jahren des Kalten Kriegs, als Rich diese Überlegungen zu Papier brachte, war die Frage virulent, ob die sogenannte Dritte Welt den gleichen Weg wie die Sowjetunion einschlagen würde. Einen solchen Umbruch hätte der Westen als Bedrohung empfunden.

Wie immer die Emanzipation der Drittweltländer von der ehemaligen Kolonialherrschaft vor sich ging, Arthur Rich erkannte darin einen notwendigen revolutionären Prozess. Dieser sei dann heilsam, wenn es gelinge, die politische und materielle Abhängigkeit der kolonialisierten Völker möglichst gewaltlos in ein «Partnerschaftsverhältnis»[7] zu den früheren

---

3 Rich, Revolution als theologisches Problem, S. 133; Kirche und Gesellschaft, S. 21 f.
4 Rich, Revolution als theologisches Problem, S. 139; Kirche und Gesellschaft, S. 24.
5 Rich, Revolution als theologisches Problem, S. 135, 138.
6 A. a. O., S. 135; Rich, Kirche und Gesellschaft, S. 52.
7 «Partnerschaft» als Teilkriterium von «Mitmenschlichkeit», vgl. S. 72.

Kolonialmächten umzuwandeln. Eine «ehrliche Proexistenz» zwischen der Ersten und der Dritten Welt hielt Rich für wünschenswert.[8]

9.1.1 «Theologie der Revolution» oder «Theologie des Revolutionären»?

An der Genfer Konferenz «Kirche und Gesellschaft» hatte der amerikanische Theologe Richard Shaull für eine aktive Teilnahme der Christen an einer revolutionären Veränderung der Gesellschaft votiert. Er galt als «eigentlicher Promotor einer Theologie der Revolution». Damit stiess er bei Rich nur zum Teil auf offene Ohren. Zwar begrüsste es Rich, dass die Frage einer strukturell besseren Neuordnung der Gesellschaft und Welt als verantwortliche Aufgabe erkannt und angenommen werde. Doch: «Diese Aufgabe muss nüchtern, realistisch, unromantisch, ohne jeden Anflug eines falschen [...] Radikalismus aufgenommen werden.»[9]

Shaull war überzeugt, dass in der revolutionären Bewegung der Neuzeit der lebendige Gott am Werk sei, dass die revolutionären Prozesse vor allen anderen Prozessen durch die Präsenz Gottes ausgezeichnet seien. Damit gewinne die Revolution sozusagen Offenbarungsqualität. Sie werde zum geschichtlichen Ort, an dem sich Gottes Willen in concreto zeige.[10] Rich bezweifelte dies: «Revolutionen sind vom Menschen gemacht.»[11] Er ortet bei Shaulls progressiver Revolutionstheologie eine fragwürdige «Strukturnachbarschaft» zur konservativen Ordnungstheologie.[12] Beide Richtungen insinuierten, dass Gottes Wille im Menschlich-Geschichtlichen transparent werde: hier in der revolutionären Dynamik, dort in der konservativen Statik. Wichtig sei es hingegen, dass der Christ zum Bestehenden wie zum Revolutionären eine kritische, d. h. prüfende Haltung einnehme.[13] Alles Geschehen in Gesellschaft und Welt müsse auf das Gebot Jesu hin befragt werden.[14]

Arthur Rich hält den Begriff «Theologie der Revolution» für alles andere als glücklich, weil dieser suggeriere, «dass damit eine theologische Rechtfertigung der Revolution gemeint sein könnte». Nicht im Ereignis der Revolution an sich, sondern im Glauben an die kommende Gottes-

---

8 Rich, Kirche und Gesellschaft, S. 35–42.

9 Rich, Revolution als theologisches Problem, S. 140; Kirche und Gesellschaft, S. 14.

10 Shaulls Theologie der Revolution in der Interpretation von Arthur Rich, in: Revolution als theologisches Problem, S. 142. – Shaull vertrat nach Rich eine Geschichtsmetaphysik, ähnlich wie zwanzig Jahre zuvor Hugo Kramer; vgl. S. 41 f.

11 Arthur Rich, Theologie der Revolution – Sinn oder Unsinn, in: Bündner Kirchenbote, Chur, Nr. 7, 1970, S. 1 f. (fortan zit. als: Rich, in: Bündner Kirchenbote).

12 Vgl. Richs Urteil über Emil Brunners Ethik der Schöpfungsordnungen, S. 81 f.

13 Vgl. Richs späteres Kriterium der kritischen Distanz, S. 136.

14 Rich, Revolution als theologisches Problem, S. 143 f., 156; Wirtschaftsethik, Bd. 1, S. 161.

herrschaft entfalte sich die revolutionäre Kraft des Christentums. In diesem Sinne hält es Rich für eher angemessen, von einer «Theologie des Revolutionären» statt von einer solchen der Revolution zu sprechen.[15] Darunter ist eine Theologie zu verstehen, die sich um ein Bewusstsein verantwortlicher Weltveränderung bemüht, nicht aber eine Theologie, welche die Revolution als ein geschichtlich-heilsgeschichtliches Ereignis überhöht.[16]

Rich unterscheidet also zwischen «Revolution» und «revolutionär». Das ist eher unüblich. «Revolution» bedeutet für ihn Bruch mit dem Bestehenden,[17] während er «revolutionär» im Sinne von tiefgreifenden gesellschaftlichen Wandlungen versteht.[18] Revolutionäre Prozesse müssen nicht zwingend diskontinuierlich (via Revolution) erfolgen, sie können ebenso kontinuierlich (via Evolution) geschehen. Der zweite Weg wird von Rich sogar bevorzugt. So kann er von «revolutionärer Weltveränderung»[19], «revolutionärer Existenz»[20] und «revolutionärer Hoffnung»[21] reden, ohne dabei an Revolution im landläufigen Sinn zu denken.

Hinsichtlich der Frage, ob revolutionäre Strukturveränderungen gewaltlos oder gewaltsam anzustreben seien, kommt er zum Schluss, dass die Wahl der Strategie und der anzuwendenden Mittel von der jeweiligen Situation abhänge. «In einem ausgebauten Rechtsstaat werden in der Regel genügend rechtliche bzw. rechtlich zulässige Mittel zur Verfügung stehen, um gebotene Strukturveränderungen vorzunehmen. Hier können auch ausgesprochen revolutionäre Wandlungen legal, also ohne physische Gewaltanwendung vor sich gehen.» Dazu zählt Rich die westlichen Demokratien, nicht aber die lateinamerikanischen (und osteuropäischen[22]) Diktaturen, in denen die privilegierten Klassen zugleich die politische und militärische Macht innehatten. «Da müssen diese Klassen entmachtet werden, sollen die unterdrückten, ausgebeuteten und verelendeten Massen zu ihrem mitmenschlichen Recht kommen. [...] So wie die Dinge heute liegen, wird das kaum ohne Gewalt[23] gehen. [...] Grundsätz-

---

15 Rich, Revolution als theologisches Problem, S. 144; in: Bündner Kirchenbote.

16 Vgl. Martin Honecker, Konzept einer sozialethischen Theorie, Tübingen 1971, S. 179.

17 Rich, Revolution als theologisches Problem, S. 138.

18 Arthur Rich, Zweierlei Kritik. «Die grosse Weigerung ist keine Alternative», in: Volksrecht, Zürich, 12.10.1968, S. 1 f. (fortan zit. als: Rich, Zweierlei Kritik).

19 Rich, in: Bündner Kirchenbote.

20 Rich, Revolution als theologisches Problem, S. 144, 156 f.

21 Rich, Christliche Existenz, 2. Aufl., 1964, S. 242.

22 Rich, Revolution als theologisches Problem, S. 142.

23 Zur allgemeinen Überraschung verlief dann aber gut zwei Jahrzehnte später die revolutionäre Wende in Ostmitteleuropa überwiegend gewaltlos. Aber sie führte zu grausamen Bürger- und Separationskriegen im ehemaligen Jugoslawien, und auch in Rumänien, im Baltikum etc. war viel Gewalt im Spiel.

licher Gewaltverzicht hiesse in einer solchen Situation grundsätzlicher Rechtsverzicht.» Damit würde das Opfer aber an den Täter ausgeliefert. «Es gibt revolutionäre Situationen, wo um des Rechts des Mitmenschen willen Gewaltanwendung verantwortet werden muss.» Dies könne man jedoch nur als «ultima ratio» gelten lassen. Zudem verstricke man sich dabei in Schuld. Deshalb müssten sich die Christen für den Rechtsstaat engagieren, in welchem revolutionäre Veränderungen auf legalem Weg möglich seien.[24]

9.1.2 Die Revolte der 1968er Generation

Nicht zur Revolution, wohl aber zu einer Revolte der Jugend kam es in Zürich mit dem sogenannten Globuskrawall vom 29. Juni 1968. Die Auseinandersetzung zwischen der Polizei und den jungen Aufbegehrern entzündete sich an der Forderung nach einem autonomen Jugendzentrum. Für diesen Zweck erschien den Jugendlichen, nicht aber dem Stadtrat, das seit einiger Zeit leerstehende provisorische Globus-Magazin an der Bahnhofbrücke als geeignetes Objekt. In der Krawallnacht kam es zu Übergriffen seitens der Demonstranten und zu Misshandlungen durch die Polizei.[25]

Der Globuskrawall hatte nur anfänglich einen eher unpolitischen Charakter – entgegen der Meinung eines Teils des Establishments, das den Tumult mit den europäischen Jugend- und Studentenunruhen von 1967/68 in Verbindung brachte und daher Umsturz und Weltrevolution witterte. In Paris, Frankfurt, Berlin, Mailand und weiteren Städten war es zu Ausschreitungen an Universitäten gekommen, weil diese sich als reformfeindlich erwiesen hatten. Die Unrast der Jungen griff auch auf die Schweiz über, wo die Konkordanzdemokratie, der Schulterschluss zwischen den grossen Parteien, erste Ermüdungserscheinungen zeigte. In Genf und Lausanne veranstalteten Studenten Solidaritätskundgebungen für ihre ausländischen Kommilitonen. An der Universität Zürich wurde zwar ein Dialog zwischen Professoren und Studenten angebahnt, doch tauchten Zweifel an der Aufrichtigkeit der Gesprächsbereitschaft der Dozenten und Behörden auf. Vertreter der «Fortschrittlichen Studentenschaft Zürich» nahmen denn auch an der Strassenschlacht beim Globusareal teil.[26]

---

24 Rich, Revolution als theologisches Problem, S. 157 f. – Diese differenzierte Haltung zur Gewaltanwendung weist Ähnlichkeiten mit Richs Unterscheidung zwischen «pragmatischem Pazifismus» und «unbedingtem Antimilitarismus» auf; vgl. S. 20.

25 Fred Luchsinger (Hg.), Wehret den Anfängen! Zur Gewalttätigkeit in der Politik, Zürich 1968, S. 52, 61; Autonome Arbeitsgruppe Kultur + Information (Hg.), Verteidigung der Demonstranten, Zürich [1969], S. 3–5, 17–27.

26 Fred Luchsinger, Wehret den Anfängen!, S. 18, 23, 25 f., 42, 44, 69. – Rich, Zweierlei Kritik.

Arthur Rich war von dieser Unrast lediglich am Rand betroffen. In einem Gespräch mit dem Zürcher Publizisten Alfred A. Häsler hielt er fest, seine Theologiestudenten seien «nicht repräsentativ [...] für die extrem radikale Studentenschaft, obwohl es unter meinen Hörern auch sehr radikale Leute gibt, mit denen jedoch ein Dialog möglich ist». Ihre Kritik – beispielsweise an fehlender Mitbestimmung, grossen Unterschieden zwischen Arm und Reich oder helvetischem Immobilismus – sei sachlich begründet. Beim Begehren nach studentischer Mitsprache differenzierte Rich zwischen dem allen Hörern zustehenden Recht, die Vorlesungen und Übungen der Professoren zu kritisieren, und der Mitbestimmung bei Forschungsprogrammen. Letztere sei auf die hiefür kompetenten Professoren, Assistenten und Studenten höherer Semester einzugrenzen.[27]

Für Rich war keine Gesellschaftsordnung fehlerfrei. Jedes System sei auf Kritik angewiesen. So forderten etwa die Rassendiskriminierung in den USA oder die Fremdenfeindlichkeit in der Schweiz zur Opposition heraus. Doch gelte es zu unterscheiden zwischen relativer und absoluter Gesellschaftskritik. Relative Kritik beinhalte kein pauschales Verdikt gegen das Bestehende. Sie ziele nicht auf Umsturz und Beseitigung, sondern auf Veränderung und Umstrukturierung. Voraussetzung dafür sei, dass die Mächtigen sich als gesprächsbereit erwiesen. Absolute Kritik hingegen sei dort geboten, wo ein System sich uneinsichtig gegenüber seinen eigenen Schwächen zeige und Opponenten mit allen Mitteln zum Schweigen bringen wolle – eine Anspielung auch auf das Scheitern des «Prager Frühlings».[28]

Umgekehrt treibe der deutsch-amerikanische Sozialphilosoph Herbert Marcuse mit seiner Totalopposition ein gefährliches Spiel. Marcuse, der das damalige Unbehagen in der modernen Industrie- und Konsumwelt zu einer radikalen Gesellschaftskritik umformuliert hatte, sei gar nicht daran interessiert, die von ihm kritisierte Gesellschaft zu vermenschlichen. Er verfechte die These, dass es sich «nie darum handeln könne, die Entfremdung (die Entmenschlichung in der gesellschaftlichen Arbeit) aufzuhalten». Marcuse gehe es lediglich darum, die Verelendung auf die Spitze zu treiben, bis es zum Bruch, zur «utopisch erwarteten Totalbefreiung» komme. Unter dieser Voraussetzung gebe es für die Benachteiligten nur das Eine: «die grosse Weigerung, die permanente Negation».[29] Richs Gegen-

[27] Arthur Rich, Die Jungen wollen Verantwortung übernehmen, in: Alfred A. Häsler, Der Aufstand der Söhne, Zürich 1969, S. 285–290, hier: 285 f., 288.

[28] Rich, Zweierlei Kritik. – Kurz zuvor hatten die Warschaupaktmächte, ausser Rumänien, gegen den Reformkommunismus in der Tschechoslowakei militärisch interveniert; vgl. S. 111.

[29] A. a. O.

position lautete: «Vorwärts in der offenen Gesellschaft bringt uns nicht aussergesellschaftliche, sondern innergesellschaftliche Opposition, die sich denn auch in jüngerer und jüngster Zeit als eine wahrhaft revolutionäre Kraft erwiesen hat, wenn man unter ‹revolutionär› nicht einfach gewalttätigen Umsturz versteht, sondern tiefgreifende Wandlungen im Strukturgefüge der Gesellschaft.»[30]

Wenn ein Vierteljahrhundert später das SEK-Vorstandsmitglied Pierre Genton an einer Tagung des Instituts für Sozialethik (ISE) resigniert erklärte, die Kirche sei von den 1968er Unruhen und deren Folgen erschüttert gewesen und habe nicht mehr genau gewusst, «welche Art von Autorität sie ausüben sollte und wie sie sie ausüben sollte»,[31] so trifft diese Klage bestimmt nicht auf das Kirchenglied Arthur Rich zu.

9.2. Zwingli: «Von göttlicher und menschlicher Gerechtigkeit» – weder radikale Verneinung noch blinde Bejahung des Bestehenden

In der Auseinandersetzung mit der «Theologie der Revolution» fand Arthur Rich 1969 zu Huldrych Zwingli zurück. Der Zürcher Reformator habe als sozialpolitischer Denker zu den Entdeckern der «revolutionären Komponente des Evangeliums» gehört. Dies sei aber nicht in dem Sinne zu verstehen, dass das Bestehende einfach verneint und zerstört werden solle. Vielmehr sei es Zwingli – konstruktiv – um jene Kraft gegangen, «die das Bestehende verändert, um einem besseren Recht in der sich wandelnden Welt zum Durchbruch zu verhelfen».[32]

Rich beruft sich in seiner systematisch-theologischen Studie auf Zwinglis dialektischen Umgang mit göttlicher und menschlicher Gerechtigkeit. Unter der göttlichen Gerechtigkeit habe der Reformator jene Gerechtigkeit verstanden, durch die «Gott den Menschen allein aus Glauben [...] gerecht macht und zu einem neuen Leben in der Gottes- und Nächstenliebe[33] befreit». Diese Gerechtigkeit sei die höchste Norm, die «Schnur Christi»,[34] nach der sich alles richten soll – nicht allein der ein-

---

30 A. a. O.; Arthur Rich, Radikalität und Rechtsstaatlichkeit, S. 67–69.

31 Pierre Genton, Eröffnung, in: Hans-Balz Peter et. al., Gesellschaft – Kirche – Ethik. ISE-Studien, Nr. 45, Bern 1993, S. 7.

32 Rich, Revolution als theologisches Problem, S. 152, Anm. 9; Huldrych Zwingli – ein Pionier der Gesellschaftsethik, in: KBRS, Basel 1969, S. 3.

33 Doppelgebot der Liebe gemäss Mt 22, 37–39: «‹Du sollst den Herrn, deinen Gott, lieben mit deinem ganzen Herzen und mit deiner ganzen Seele und mit deinem ganzen Verstand.› Dies ist das grösste und erste Gebot. Das zweite ist ihm gleich: ‹Du sollst deinen Nächsten lieben wie dich selbst.›»

34 Arthur Rich, Göttliche und menschliche Gerechtigkeit, in: Entschluss, Wien, Nov. 1984, S. 14.

zelne Mensch, sondern auch alles in der gesellschaftlichen Welt. Unter dem Gegenpol der menschlichen Gerechtigkeit verstehe Zwingli die staatliche Rechtsordnung, die errichtet worden sei, um Unrecht oder Gewalttat zurückzubinden. Dazu seien auch die vorhandenen politischen und sozialen Einrichtungen zu zählen, die, wären sie auch von idealer Art, nie der göttlichen Gerechtigkeit gleichkämen.[35]

Sei nun die göttliche Gerechtigkeit das Mass, an dem alles Menschliche gemessen werden soll, so liege es auf der Hand, dass dies zur Gesellschaftskritik führen müsse. Daraus hätten in der Reformationszeit die «Radikalen» (Täufer und revoltierende Bauern) den falschen Schluss gezogen, dass an die Stelle der weltlichen Ordnung diejenige der göttlichen zu treten habe.[36] Von dieser Utopie – ebenfalls eine Art Prophetie der «grossen Weigerung» – habe sich der Reformator distanziert. Beide Ordnungen hätten ihre Berechtigung, und es wäre falsch, die eine gegen die andere auszuspielen. Hingegen habe sich die weltliche an der göttlichen Ordnung zu orientieren. Das Gebot der Gottes- und Nächstenliebe sei Richtschnur für eine bessere Ausformung des bürgerlichen Gesetzes. Menschliche Ordnungen seien derart zu gestalten, dass sie unter den gegebenen Bedingungen dem Anspruch der göttlichen Gerechtigkeit so weit wie möglich entsprechen. Wollte man hingegen die «‹arme, prästhaffte [mit Gebrechen behaftete] gerechtigkeit›» der weltlichen Ordnung gering achten oder sie gar unter Berufung auf die erhabene Gerechtigkeit Gottes beseitigen, so hiesse dies, die menschliche Gesellschaft dem Faustrecht überlassen. Damit wäre der Anarchie Tür und Tor geöffnet.[37]

Rich unterscheidet zwischen absoluter und relativer Gesellschaftskritik. Wenn der radikale Täufer-Flügel im reformierten Zürich das staatliche Recht negiert habe, weil es nicht an die göttliche Gerechtigkeit heranreiche, dann laufe dies auf eine Steigerung der Gesellschaftskritik ins Absolute hinaus. Zwingli hingegen sei sozialpolitisch im Bereich des Relativen verblieben. Seine Gesellschaftskritik habe sich zwar am Absoluten orientiert, dem doppelten Liebesgebot als Inbegriff der göttlichen Gerechtigkeit, doch habe sie relativ auf Verbesserung und nicht auf Überwindung der staatlichen (und kirchlichen) Ordnung gezielt.[38]

35 Rich, Wirtschaftsethik, Bd. 1, S. 229 f.; Zwingli als sozialpolitischer Denker, in: Zwingliana, Bd. XIII/1969, S. 67–89, hier: 73, 78 (fortan zit. als: Rich, Zwingli); Die Reformation als politisches Ereignis, in: Kirchenbote, Schaffhausen, Nr. 1, 1980 (fortan zit. als: Rich, Kirchenbote 1, 1980).

36 Rich, Zwingli, S. 73, 76.

37 Rich, Zwingli, S. 73–79; Kirchenbote 1, 1980. – Emidio Campi, Erbe und Wirkung der Zürcher Reformation, in: Erwin Koller/Johannes Fischer (Hg.), Der wirtschaftliche Erfolg und der gnädige Gott, Zürich 2007, S. 49.

38 Rich, Zwingli, S. 82 f. – Absolut kann Gesellschaftskritik nach Rich dann werden, wenn sie sich gegen den reformfeindlichen Totalitarismus wenden muss; vgl. S. 88 ff.

Die Botschaft von göttlicher und menschlicher Gerechtigkeit enthalte aber Zündstoff, nicht nur gegen den Extremismus der «Totalrevolution» («Aufruhr von unten»), sondern auch gegen den «Immobilismus selbstzufriedener Bürgerlichkeit» («Aufruhr von oben»).[39] Die Oberen habe der Reformator besonders scharf ins Visier genommen: Die wahren Aufrührer seien nach Zwingli die geistlichen Herren, ferner die Fürsten, Mächtigen und Reichen dieser Welt. Es seien diejenigen, die ihre Macht im eigenen Interesse missbrauchten, andere unterdrückten, ausnützten und ihren Zielen gefügig machten. Dieser Aufruhr von oben führe vielfach zum Aufruhr von unten.[40]

Aus Zwinglis sozialpolitischen Schriften gehe hervor, dass der Christ sich gegen revolutionär-anarchistische wie gegen konservativ-konformistische Einstellungen abgrenzen müsse.[41] Ins Positive gewendet: Der Christ sei aufgerufen, die bestehenden Rechts- und Sozialverhältnisse auf eine bessere Gerechtigkeit hin in Bewegung zu setzen, sie der göttlichen Gerechtigkeit anzunähern – im vollen Bewusstsein, dass deren Höhe nie zu erreichen sei.[42]

Rich nimmt, sich auf Zwingli berufend, eine mittlere Position zwischen dem Drang nach Veränderung und dem nach Bewahrung des Bestehenden ein.[43] Den Akzent eher auf den ersten Aspekt legend, urteilt Theodor Strohm, Nachfolger von Rich auf dem Zürcher Lehrstuhl: «In der komplementären Zuordnung von ‹göttlicher und menschlicher Gerechtigkeit› bei Zwingli erkannte Rich die fruchtbare Spannung, in der Christen zu vorwärts drängendem Handeln in Kirche und Welt veranlasst werden.»[44]

---

39 Rich, Zwingli, S. 78.

40 A. a. O., S. 78, 80; Kirchenbote 1, 1980. – Inwiefern Zwingli in der Auseinandersetzung mit den Täufern von dieser Kritik an den Mächtigen abgewichen ist, bleibe dahingestellt.

41 Diese doppelte Abgrenzung liegt Rich besonders am Herzen. Bis ins 20. Jahrhundert wurde Zwingli nämlich als gesellschaftspolitisch konservativ eingestuft. Dabei wurde übersehen, dass er nicht nur der utopischen Revolution, sondern auch der zukunftslosen Reaktion den Kampf angesagt hatte; vgl. Ulrich Gäbler, Huldrych Zwingli. Eine Einführung in sein Leben und sein Werk, 3. Aufl., Zürich 2004, S. 71 f.

42 Rich, Kirchenbote 1, 1980; Wirtschaftsethik, Bd. 1, S. 230.

43 Vgl. dazu Richs Kriterien der «kritischen Distanz» und der «relativen Rezeption» (kritische Akzeptanz), S. 136 f.

44 Theodor Strohm, Arthur Richs Bedeutung für die Wirtschafts- und Sozialethik, in: ZEE, 1990, S. 193.

10. Mitbestimmung: sozialethische Reflexion – politische Aktion

Ausgehend von einer Analyse der sozialen Frage im Blick auf die Industriearbeiterschaft erhob Arthur Rich 1964 in der zweiten Auflage von «Christliche Existenz in der industriellen Welt» die Forderung nach einem qualifizierten Mitbestimmungsrecht für Arbeitnehmer.[1] Dieser Problematik schenkte er in der Folge seine besondere Aufmerksamkeit. Mehrmals begab er sich in die Bundesrepublik zu Informationsaufenthalten in Unternehmen mit Mitbestimmung.[2] 1967 referierte er in Zürich an einem Internationalen Evangelisch-sozialen Kongress über «Mitsprache- und Mitbestimmungsrecht in sozialethischer Sicht».[3] Im Sommersemester 1970 veranstaltete er als Auftakt zu einem interdisziplinären Seminar zusammen mit dem St. Galler Betriebsökonom Charles Lattmann in der Aula der Universität Zürich ein zweitägiges Informationsmeeting über «Mitbestimmung in der Industrie».[4] Die Referenten – Unternehmer, Gewerkschaftsführer und Wirtschaftswissenschaftler, nicht aber Industriearbeiter – kamen aus Deutschland und der Schweiz. Einer der Geladenen, Ernst Wüthrich, Zentralpräsident des Schweizerischen Gewerkschaftsbunds, der den kritischen Standpunkt des Schweizerischen Metall- und Uhrenarbeiterverbandes (SMUV) zur Mitbestimmung darlegen sollte, verzichtete auf sein Referat, nachdem Wortführer der Neuen Linken und der Zürcher Sektion der Gewerkschaft Typographia gegen ihn demonstriert und einen Tumult ausgelöst hatten.[5] «Als sich Professor Rich weigerte, eine ‹Umfunktionierung› der Tagung zuzulassen, gingen auch seine Worte in Hohngelächter und im Lärm von Sprechchören unter.»[6] Die Veranstalter mussten, um überhaupt diskutieren zu können, in einen anderen Hörsaal umziehen, in den man die Demonstrierenden nicht einliess.[7]

---

1 Vgl. S. 73 f.
2 Vgl. S. 108 f.
3 Evangelische Arbeiter und Angestellte, in: NZZ, Nr. 3998, 25.9.1967, Blatt 1.
4 Mitbestimmung in der Industrie, Öffentliches Informationsmeeting, 8./9.5.1970 an der Universität Zürich (NL 2.6).
5 An Ernst Wüthrich, Bern, 20.2.1970 und 3.8.1970 (NL 105.10). SMUV-Zeitung, Basel, 13.5.1970, S. 1. – Das, nicht gehaltene, Referat von Ernst Wüthrich erschien gekürzt in: SMUV-Zeitung, 27.5.1970, S. 1–4.
6 Mitbestimmung in der Industrie, in: NZZ, Nr. 212, 11.5.1970, S. 23 (gezeichnet: scr.).
7 Elisabeth Rich, 8.10.1998, S. 6.

1971 erarbeitete Arthur Rich für den Konzern Brown Boveri ein Gutachten zum Thema «Mitwirkung der Arbeitnehmerseite bei der Entscheidungsbildung in der Industrie».[8] Auch trat er als Referent an Mitbestimmungs-Tagungen auf: 1971 im Institut für Betriebswirtschaft der Hochschule St. Gallen, 1972 bei einer Tagung der Paulus-Akademie Zürich und 1973 bei einer gemeinsamen Veranstaltung der Paulus-Akademie und des Studienzentrums Boldern.[9] Den Ertrag seiner Recherchen fasste er 1973 in dem Buch «Mitbestimmung in der Industrie»[10] zusammen. Die mit vielen Beispielen gespickte sozialethische Reflexion mündete schliesslich in eine politische Aktion. 1976 fand ein eidgenössischer Urnengang über eine Mitbestimmungsinitiative der Gewerkschaften und einen Gegenvorschlag des Parlaments statt. In der Abstimmungskampagne hat sich Rich stark exponiert.

10.1 «Mitbestimmung in der Industrie»

Richs Kompendium «Mitbestimmung in der Industrie» ist eine anspruchsvolle und differenzierte Einführung in die Problematik. Sie trug damals wesentlich zur Versachlichung der Auseinandersetzung bei.[11] Der Autor nennt drei Produktionsfaktoren, die in einem Unternehmen zusammenwirken: das «Kapital» (investierende Funktion), das «Management» (planende und leitende Funktion) sowie die «Arbeit» (produzierende Funktion).[12] Problematisch an diesem System sei die Unterordnung der Arbeit unter Kapital und Management.[13] Der Industriearbeiter sei von vielen Entscheidungen, die ihn persönlich betreffen, bis hin zur eventuellen Schliessung der Firma, ausgeschlossen.[14] Nach der Diagnose des deut-

8 Arthur Rich, Exposé zur Frage der Mitwirkung der Arbeitnehmerseite bei der Entscheidungsbildung in der Industrie; erstattet zuhanden der Firma Brown Boveri & Cie, Baden (Schweiz), 3.11.1971 (Typoskr.) (NL 10.17).

9 Arthur Rich, Das Mitbestimmungspostulat in sozialethischer Sicht, in: Aufbau, 1972, S. 37–39, 45–47. – Industrieuntertan oder Industriebürger? Zwei Vorträge zur Frage der Mitbestimmung in der Industrie, Paulus-Akademie Zürich, 27.5.1972 (Typoskr.; NB, Sign. NGbq 4488). – Brigit Keller-Stocker, «Mitbestimmung auf Unternehmensebene», in: Die Ostschweiz, St. Gallen, 16.6.1973.

10 Arthur Rich, Mitbestimmung in der Industrie. Probleme – Modelle – Kritische Beurteilung. Eine sozialethische Orientierung, Zürich 1973 (fortan zit. als: Rich, Mitbestimmung); erschienen auch als Lizenzausgabe bei Ex Libris, Zürich 1974.

11 Walter Biel, Mitbestimmung ist ein Gebot der Menschlichkeit, Gespräch mit Arthur Rich, in: Die Tat, Zürich, 1.9.1973, S. 4.

12 In Kleinbetrieben ohne Aktionäre, die von einem «Eigentümerunternehmer» geleitet werden, fallen die Faktoren Kapital und Management zusammen.

13 Näheres darüber am Schluss dieses Buches in Richs Aufsatz «Marktwirtschaft – Möglichkeiten und Grenzen», S. 182 f.

14 Rich, Mitbestimmung, S. 16–18, 24, 30 f., 49.

schen liberalen Sozialpolitikers Friedrich Naumann Anfang 20. Jahrhundert ist, wie Rich erinnert, der Fabrikarbeiter zu einem «Industrieuntertan» degradiert worden. Darin liege «das eigentliche Kernproblem der sozialen Frage des Industriezeitalters».[15]

Rich machte sich nun auf die Suche nach einem institutionellen Rahmen, der Gewähr dafür böte, dass Kooperation ohne Unterwerfung des einen Faktors unter den andern stattfindet. Ein solcher Rahmen schien ihm in der qualifizierten Mitbeteiligung, Mitbestimmung und Mitverantwortung der Arbeitnehmer gegeben.[16] Die Arbeiterschaft sollte auf drei Ebenen mitreden können: Auf Unternehmensebene[17] (Geschäftspolitik inkl. Kontrolle) sei eine Arbeitnehmervertretung im Verwaltungsrat einzuführen. Allerdings habe sich deren Einfluss auf Kontrolle und grundlegende Weichenstellungen wie z. B. Festlegung der langfristigen Unternehmensziele zu beschränken. Auf Betriebsebene[18] (Belegschaft, Produktionstechnik und -koordination) sei in Firmen mittleren und grösseren Umfangs ein Betriebsrat mit Vertretern aus Arbeiterschaft und Gewerkschaften ins Leben zu rufen. Und auf Arbeitsplatzebene sei den Mitarbeitenden die direkte Mitwirkung zuzugestehen. Ohne diese dritte Komponente würde die Mitbestimmung für den Industriearbeiter zu einer fernen und abstrakten Sache.[19] Rich erläutert sein «integratives Konzept» kenntnisreich anhand zahlreicher bundesdeutscher Modelle, die seit 1950 im Rahmen der sozialen Marktwirtschaft erprobt worden waren.[20] Ähnlich sollte auch in den Schweizer Firmen der Faktor Arbeit aufgewertet werden. Aus Industrieuntertanen sollten Industriebürger werden.[21]

Bei der normativen Fundierung seiner empirischen Untersuchungen bediente sich Arthur Rich des dreistufigen Verfahrens sozialethischer Urteilsbildung, das er bereits in der zweiten Auflage von «Christliche Existenz in der industriellen Welt»[22] entwickelt hatte: vom theologischen Grundansatz «Humanität aus Glauben, Hoffnung, Liebe»[23] über die

---

15 A. a. O., S. 18.

16 A. a. O., S. 32, 43; Rich, Wirtschaftsethik, Bd. 2, S. 28.

17 Der Begriff «Unternehmen» wird in zweierlei Bedeutung verwendet. Einerseits meint er die Firma als Ganzes und andererseits jenen Teilbereich, der für die Geschäftsführung und Kontrolle einer Firma zuständig ist. Rich verwendet den Begriff im zweiten Sinn.

18 Der Begriff «Betrieb» hat ebenfalls eine doppelte Bedeutung. Er kann für die Firma als Ganzes wie für den Teilbereich Produktion verwendet werden. Auch hier meint Rich das Letztere.

19 Rich, Mitbestimmung, S. 44, 74–80, 168 f.; Arthur Rich, Gesellschaftsphilosophische Aspekte zur Mitbestimmungsfrage, [1974], S. 6 (Typoskr.; NL 10.24).

20 Rich, Mitbestimmung, S. 32 f., 83–153, 213–216.

21 A. a. O., S. 32, 79–80, 180.

22 Vgl. S. 71 ff.

23 Rich, Mitbestimmung, S. 52. In «Christliche Existenz», 2. Aufl., war von der «Liebe des Glaubens» die Rede; vgl. S. 71.

daraus abgeleiteten sozialethischen Kriterien für mitmenschliches Handeln bis hin zu praktikablen Beurteilungs- und Handlungsmaximen.[24] Im Vergleich zu dem früheren Ansatz findet nun für alle drei Ebenen eine Erweiterung und Vertiefung des Gedankengangs statt. Bis zum Erscheinen des ersten Bandes seiner «Wirtschaftsethik» zehn Jahre später wird Rich seine Methode nochmals verfeinern[25] – ein Prozess, der sich über insgesamt fünfundzwanzig Jahre erstreckt und sich anhand seiner Publikationen genau verfolgen lässt.

Rich war überzeugt, dass sein Mitbestimmungskonzept positive Folgen für die Wirtschaft habe. Es ersetze das bisherige «konfrontativ-anklagende Gehabe» durch ein «partizipativ-dialogisches Denken».[26] Diesem Anliegen hatte – auf der Ebene der Verbände – bereits das Friedensabkommen von 1937 in der schweizerischen Maschinen-, Metall- und Uhrenindustrie Rechnung getragen. Unter dem Druck der nationalsozialistischen Bedrohung war es damals zu einer Verständigung zwischen den Sozialpartnern gekommen. Eine ähnlich positive Wirkung versprach sich nun Rich von der Mitbestimmung der Mitarbeitenden. Sie sollte den nicht vollständig überwundenen Arbeits- und Klassenkampf durch eine «partizipative Kooperation»[27] ablösen. Die für Kapital und Management Verantwortlichen sollten die Lohnabhängigen zur Mitsprache heranziehen. Mitbestimmung bedeute Zusammenarbeit. Dazu brauche es verbindliche Vereinbarungen in Form einer Unternehmens- und Betriebsverfassung.[28]

Dieses Postulat untermauerte Rich mit sechzehn Maximen,[29] die er anhand seines dreistufigen Verfahrens sozialethischer Urteilsbildung erarbeitet hatte. Die 4. Maxime[30] lautet: «Mitbestimmung ist ein unteilbares Ganzes. Die partizipative Kooperation wird in Frage gestellt, wenn sie nicht auf sämtlichen Ebenen [Arbeitsplatz, Betrieb, Unternehmen] spielt.» Die 9. Maxime[31] hält fest, Voraussetzung einer funktionsfähigen Mitbestimmung sei, dass sich die Arbeitnehmerseite mit den notwendigen Kapitalbildungs- und Rentabilitätsinteressen der Firma anfreunden könne, was durch finanzielle Mitbeteiligung am Produktionseigentum begünstigt werde.

---

24 A. a. O., S. 49–61, 167–169.

25 Rich, Wirtschaftsethik, Bd. 1, S. 105–108, 122–133, 169–200, 222–241. – Vgl. Kap. 13, S. 129 ff.

26 Rich, in: Hommage, S. 30.

27 «Partizipativ» ist eine Kooperation dann, wenn sie auf gegenseitiger Anerkennung und auf gleichberechtigter Teilhabe aller Beteiligten an den grundlegenden Entscheidungen beruht.

28 Rich, Mitbestimmung, S. 64–66, 69–78.

29 A. a. O., S. 167–169.

30 A. a. O., S. 168.

31 Ebd.

Arthur Rich war der Ansicht, dass sein Mitbestimmungskonzept über traditionell bürgerliche wie traditionell sozialistische Wege hinausführe und sich so als zukunftsträchtige Alternative erweisen werde. Aber er übersah auch nicht, dass ihm von rechts wie links Opposition erwachsen konnte.[32]

10.2 Die Mitbestimmungsinitiative in der Schweiz

Am 25. August 1971 hatten fast alle schweizerischen Gewerkschaften[33] zusammen eine Mitbestimmungsinitiative mit 161 160 Unterschriften eingereicht. Der Inhalt war allgemein gehalten. Das Volksbegehren schlug eine Ergänzung der Bundesverfassung mit der folgenden Bestimmung vor: «Der Bund ist befugt, Vorschriften aufzustellen über die Mitbestimmung der Arbeitnehmer und ihrer Organisationen in Betrieb, Unternehmen und Verwaltung.»[34] Nicht erwähnt wird hier die Mitbestimmung am Arbeitsplatz. Dies erübrigte sich nach Rich, da sie in der Verfassung bereits vorgesehen sei.[35]

In seinem Mitbestimmungs-Buch nahm Arthur Rich eine Bewertung der Initiative vor, der er grundsätzlich positiv, wenn auch nicht unkritisch gegenüberstand. Vor allem verteidigte er den Initiativtext gegen den Einwand der Arbeitgeber, dass das Beiziehen der Gewerkschaften bei der Mitbestimmung in den Firmen zu weit gehe. Der Arbeiter bedürfe, so Rich, dieses Rückhalts.[36] Nur auf Grund des gewerkschaftlichen Zusammenschlusses sei er «zu einer ernst zu nehmenden gesellschaftlichen Kraft geworden. Ihn von seinen Organisationen trennen zu wollen, hiesse faktisch seine Entmachtung betreiben.»[37] Rich forderte allerdings, dass die Gewerkschaftsfunktionäre bei der Mitbestimmung auf Belegschafts-, nicht auf Gewerkschaftsziele zu verpflichten seien. In diesem Sinne hatte sich auch der Christlich-Nationale Gewerkschaftsbund geäussert, dem Rich in der späteren Abstimmungskampagne als Berater beistand.[38]

---

32 A. a. O., S. 210.

33 Schweizerischer Gewerkschaftsbund (SGB), Christlich-Nationaler Gewerkschaftsbund (CNG), Schweizerischer Verband Evangelischer Arbeitnehmer (SVEA).

34 Rich, Mitbestimmung, S. 169 f., 247, Anm. 1.

35 Arthur Rich, Zur eidgenössischen Volksabstimmung vom 21. März 1976, in: Sozialarbeit, Bern, März 1976, S. 9. Rich nimmt Bezug auf Art. 34 ter, Abs. 1, lit. b: «Der Bund ist befugt, Vorschriften aufzustellen […] über das Verhältnis zwischen Arbeitgebern und Arbeitnehmern, insbesondere über die gemeinsame Regelung betrieblicher und beruflicher Angelegenheiten.»

36 Rich, Mitbestimmung, S. 168 (2. Maxime).

37 A. a. O., S. 170, 172–174.

38 A. a. O., S. 248, Anm. 15. – Tonks, Faith, Hope, Decision-Making, S. 34.

Nachdem die Mitbestimmungsinitiative verworfen worden war: Forderungen am 1. Mai 1980

Als problematisch erschien Rich, dass die Initiative die Mitbestimmung auf Unternehmensebene nicht präzisierte. Nach schweizerischem Aktienrecht sind sowohl die Aufsichtsbefugnisse (Legislative) als auch die Geschäftsführung (Exekutive) beim Verwaltungsrat in einer Hand vereinigt.[39] Im Interesse der wirtschaftlichen Effizienz habe die Verantwortung für die Geschäftsführung beim Management zu liegen. Einer allfälligen Verwischung der Kompetenzen – wenn Vertreter der Arbeiterschaft im Verwaltungsrat über ihre Kontrollbefugnisse (Legislative) hinaus sich auch am Direktionsrecht (Exekutive) beteiligten – wäre dadurch zu begegnen, dass man entweder auf paritätische Zusammensetzung des Verwaltungsrats verzichte oder aber den Aufgabenbereich neu definiere. Im ersten Fall wäre die Arbeitnehmerschaft nur als Minorität in den Verwaltungsrat aufzunehmen, so dass sie überstimmt werden könnte. Im zweiten Fall wäre das Aktienrecht in dem Sinne zu revidieren, dass das Management aus dem Verwaltungsrat ausgegliedert und verselbständigt werde.

[39] Die Generalversammlung der Aktionäre als oberstes Organ der Kapitaleigner hingegen hat nach schweizerischem Aktienrecht nur geringe Kompetenzen.

Rich gab dieser zweiten Lösung den Vorzug.[40] Ihm schwebte eine Mitbestimmungsordnung vor, in der zwar die Geschäftsführung ihre bisherigen Rechte behalten, die Arbeiterschaft hingegen zu neuen Rechten gelangen konnte.

Aber am Grundsatz, dass die Mitbestimmung das Ganze der Arbeitswelt zu umfassen habe und dass daher auch die Unternehmensebene einzubeziehen sei, liess Arthur Rich nicht rütteln. Wie der Aktionär dem Unternehmen das Kapital leihe, so der Mitarbeiter seine Arbeitskraft. Es sei daher nicht einsichtig, dass in Aktiengesellschaften die Unternehmensleitung nur dem Geldgeber und nicht auch dem Arbeitnehmer Rechenschaft schulde. «Wenn das Management schlecht wirtschaftet, verliert der Geldgeber sein Kapital [...], der Arbeitnehmer aber seinen Arbeitsplatz, und das kann viel mehr bedeuten als Geldverlust.» Daher sollten beide Seiten das Recht haben, das Management zu kontrollieren.[41]

Schliesslich befasste sich Arthur Rich mit dem Argument vieler Arbeitgeber, in der Mitbestimmungsfrage sei der vertragliche Weg einer gesetzlichen Regelung vorzuziehen. Rich empfahl, beide Wege zu gehen. Am Arbeitsplatz und im Betrieb sei dem Vertrag der Vorzug zu geben. Auf Unternehmensebene hingegen müsse die Gesetzgebung zum Zug kommen. Diese sei auf die Verfassung abzustützen, wie es die Gewerkschaftsinitiative vorsehe.[42]

Die hängige Initiative hatte Rich zum Anlass genommen, um in seinem Mitbestimmungs-Buch allgemeine Überlegungen zur betriebswirtschaftlichen Praxis anzustellen. Dies war zugleich ein Beitrag zur Unternehmensethik. Dafür wurde ihm der Literaturpreis der Stadt Zürich verliehen. Aussergewöhnlich an dieser Ehrung war, dass neben kultureller nun auch eine wissenschaftliche Leistung gewürdigt wurde.[43]

10.3 Lebhafte Abstimmungskampagne

Die Studie «Mitbestimmung in der Industrie» erwies sich als politiktauglich. Richs sachliche Argumente bildeten einen Kontrast zu dem bald einsetzenden, emotional geführten Abstimmungskampf um die Gewerkschaftsinitiative. In dieser Auseinandersetzung gab paradoxerweise der

---

[40] Rich, Mitbestimmung, S. 86, 168, 179 f., 249, Anm. 45a.

[41] Ursula Krattiger, Absage an die Alleinbestimmung. Gespräch mit Arthur Rich, in: Basler Nachrichten, 1976, Nr. 43, 21.1.1976, S. 9. – Rich, Zur eidgenössischen Volksabstimmung vom 21. März 1976, in: Sozialarbeit, März 1976, S. 9.

[42] Rich, Mitbestimmung, S. 170, 198 f.

[43] Sigmund Widmer, Stadtpräsident von Zürich, an Arthur Rich, 30.11.1973 (FamA Rich). «Die Stadt [Zürich] ehrt ihre Künstler», in: NZZ, Nr. 588, 18.12.1973, S. 19.

Wunsch der Arbeitnehmer, den sozialen Frieden durch Ausbau der Sozialpartnerschaft zu stärken, Anlass zu scharfen Kontroversen.

Bald zeigte es sich, dass die Arbeitgeber und die bürgerlichen Parlamentarier sich weder mit der Gewerkschaftsinitiative noch mit einem vom Bundesrat erarbeiteten gemässigten Gegenvorschlag anfreunden konnten. Gegen starken Widerstand von links entstand ein zweiter Gegenentwurf, der am 4. Oktober 1974 von den eidgenössischen Räten genehmigt wurde und den Vorschlag des Bundesrates ersetzte: «Der Bund ist befugt, Vorschriften aufzustellen über eine angemessene, die Entscheidungsfähigkeit und Wirtschaftlichkeit der Unternehmung wahrende Mitbestimmung im betrieblichen Bereich. Die Ausübung der Mitbestimmungsrechte [...] steht ausschliesslich den im Betrieb beschäftigten Arbeitnehmern zu.»[44] Von einer Mitbestimmung des Faktors Arbeit auf Unternehmensebene war nicht die Rede, ebenso wenig von einem Mitwirkungsrecht der Gewerkschaften.

Es verblieben noch anderthalb Jahre bis zum Urnengang. Am Abstimmungskampf nahm Arthur Rich aktiv teil. Er verfasste Zeitungsartikel und gab Interviews. «Fast jeden Abend hatte ich über die Mitbestimmung Vorträge zu halten oder an Podiumsdiskussionen teilzunehmen. Mitunter ging es dabei sehr hart her und zu, und man durfte nicht zimperlich sein, weder im Nehmen noch im Geben.»[45] Zusammen mit seinem Kollegen Hans Ruh vom Sozialethischen Institut des Kirchenbunds beteiligte sich Rich namens seines Zürcher Instituts am Vernehmlassungsverfahren zur Initiative.[46] Für die Soziale Kommission des Schweizerischen Evangelischen Kirchenbunds und für die römisch-katholische Nationalkommission Justitia et Pax entwarf er eine Stellungnahme zum bevorstehenden Urnengang.[47] Seine Überlegungen fanden auch Eingang in Texte zur Mitbestimmung der Schweizerischen Katholischen Synode 72, bei der er in der Sachkommission «Die Verantwortung des Christen in Arbeit und Wirtschaft» mitwirkte.[48]

Zugunsten der Gewerkschaftsinitiative spreche – so Rich im Vorfeld der Abstimmung – die Ausdehnung der Mitbestimmung auf die Unternehmensebene. Freilich fehle im Verfassungsentwurf ein Hinweis, dass sich

---

44 Willy Spieler, Kirche und Mitbestimmung, Freiburg i. Ü. 1976, S. 58.

45 An Günter Brakelmann, Bochum, 25.3.1976 (NL 70.30). – Siegfried Karg, Bibliographie Arthur Rich, in: Festgabe Rich, S. 527–530. Rich, Verschiedene Vortragsmanuskripte zur Mitbestimmung, [1974–1976] (Typoskr.; NL 9, 10, 11 und 13).

46 Arthur Rich/Hans Ruh; Stellungnahme zur Mitbestimmungsinitiative der Gewerkschaften, in: Gesellschaft und Entwicklung, Nr. 1, Thun 1973, S. 12–18.

47 Arthur Rich, Die Kirche vor der Mitbestimmungsfrage. Überlegungen zur eidgenössischen Volksabstimmung vom 21.3.1976, Entwurf, 1975 (Typoskr.; NL 11.25).

48 Alfons Sonderegger, Mitbestimmung als Gewerkschaftsforderung, Diessenhofen 1979, S. 321; Pfarrblatt für die Katholiken im Kanton Zürich, 28.1.1990, S. 12.

die Arbeiterschaft nicht in die Belange der Direktion einmischen dürfe. Das müsse bei der Gesetzgebung nachgeholt werden. Bedenken meldete Rich vor allem beim Gegenvorschlag des Parlaments an. Hier werde die Mitbestimmung auf den betrieblichen Bereich eingeschränkt. Das führe kaum über den aktuellen Zustand hinaus. Zu kritisieren sei ferner, dass sich die Belegschaft nicht Unterstützung bei den Gewerkschaften holen dürfe. Rich kam zum Schluss, dass der Gegenvorschlag nicht zu befriedigen vermochte. «Ein Bundesartikel gegen die Mitbestimmung!»[49] Der Gewerkschaftsinitiative hingegen könne man «sozialethisch mehr, aber doch auch nicht hundertprozentig» zustimmen.[50]

Diese abwägende, von intellektueller Redlichkeit zeugende Haltung brachte einige Arbeitgeber gegen ihn auf. Der Präsident der Schaffhauser Industrie-Vereinigung, Bernhard K. Greuter, sonst ein friedlicher Mann, monierte: «Es ist nicht zuletzt das ‹Verdienst› von Professor A. Rich [...], in der Diskussion um die schweizerische Mitbestimmung das Dogma des angeblich fundamentalen Interessengegensatzes zwischen ‹Kapital› und ‹Arbeit› aus der Mottenkiste von Marx wieder hervorgeholt zu haben.»[51] Rich parierte den Angriff mit einem Zitat aus seinem Mitbestimmungs-Buch,[52] wonach «das marxistische Schema vom antagonistischen Gegensatz zwischen ‹Kapital› und ‹Arbeit› viel zu grob geworden» sei. Das Mitbestimmungspostulat stamme nicht aus der marxistischen Küche, sondern gründe in der Menschenrechtsbewegung und nicht zuletzt in der evangelischen und katholischen Soziallehre.

Arthur Rich wusste sich zu wehren. Im Rückblick auf die Mitbestimmungsdiskussion meinte seine Frau Elisabeth: «Er konnte gut argumentieren, solange es um die Sache ging. Schwieriger wurde es, wenn es sich um persönliche Dinge handelte, bei denen man nicht recht wusste, aus welchen Gründen dies geschah.»[53]

Die Volksabstimmung vom 21. März 1976 fiel ernüchternd aus. Die Gewerkschaftsinitiative und der Gegenvorschlag wurden mit Zweidrittelmehrheit verworfen.[54] Der Nullentscheid machte deutlich, dass lange

49 An Walter J. Hollenweger, Birmingham, 14.3.1974 (NL 79.20).

50 Vgl. S. 102, Anm. 46. Arthur Rich, Gesellschaftsphilosophische Aspekte, [1974], S. 8, 19 (Typoskr.) (NL 10.24).

51 «Macht durch Mitbestimmung» und «Prof. Dr. A. Rich und die Mitbestimmung», in: Schaffhauser Nachrichten, 3.2. und 6.2.1976. – Einer ähnlichen Polemik hatte sich Rich an der Zürcher «Goldküste» zu erwehren; vgl. Benno Schmid, Durch Mitbestimmung zum Sozialismus?, und Arhur Rich, «Sozialer Köder für die Kirchen», in: Zürichsee-Zeitung, 12.3. und 18.3.1976.

52 Rich, Mitbestimmung, S. 71.

53 Elisabeth Rich, 8.10.1998, S. 7.

54 Gewerkschaftsinitiative: 441 941 Ja zu 967 946 Nein, Gegenvorschlag: 433 798 Ja zu 973 367 Nein; vgl. Sonderegger, Mitbestimmung als Gewerkschaftsforderung, S. 329.

nicht alle Arbeitnehmer sich für die Mitbestimmung erwärmen konnten.[55] Für Arthur Rich war das Ergebnis enttäuschend.[56] Doch tröstete er sich damit, dass es in der direkten Demokratie manchmal lange währe, bis ein Gerechtigkeitspostulat durchzudringen vermöge. Er verwies dabei auf das Frauenstimmrecht, zu dessen Einführung es mehrerer Anläufe bedurft hatte. «Darum bin ich hinsichtlich der Zukunft der arbeitnehmerischen Mitbestimmung [...] nicht pessimistisch.»[57] Aber fast im gleichen Atemzug widersprach er sich selbst: Es sei «heute zu befürchten, dass die [...] Mitbestimmung nicht nur auf die lange Bank geschoben, sondern um ihre unerlässlichen Voraussetzungen gebracht» worden sei.[58]

Tatsächlich gibt es nichts zu beschönigen. Richs langjähriges Engagement für die Mitbestimmung endete mit einer Niederlage. Weder er noch die Gewerkschaften vermochten die Bevölkerungsmehrheit für den Änderungsvorschlag zu gewinnen. Nach dem Volksverdikt wurden anfänglich einige neue Vorstösse auf Verfassungs- und Gesetzesebene lanciert.[59] Dann aber wurde es still.[60] Drei Jahrzehnte später unterbrach der damalige Präsident der Sozialdemokratischen Partei, Hans-Jürg Fehr, das Schweigen. Am Gründungskongress der Grossgewerkschaft Unia vom Oktober 2004 hielt er fest, man müsse den Faden dort wieder aufnehmen, wo er 1976, nach dem Nein zur Mitbestimmungsinitiative, abgebrochen sei.[61] Einen ersten Schritt in diese Richtung bedeutet das Wirtschaftskonzept 2006–2015 der SPS. Es plädiert für einen «neuen Anlauf in Sachen Mitbestimmung der Lohnabhängigen».[62]

Am Beispiel der Mitbestimmung hat Arthur Rich aufgezeigt, wie sozialethische Überlegungen in den menschlichen Alltag hineinwirken. Mit der Formulierung von sechzehn Maximen hatte er einen Bezug zur gesellschaftspolitischen Praxis hergestellt. Sein Anliegen war es, durch Absage an die Alleinbestimmung auf der einen und Überwindung der

---

55 Mitgliederzahl der drei Gewerkschaftsbünde: 568 775, der Angestelltenverbände: ca. 125 000. Nach: Spieler, Kirche und Mitbestimmung, S. 56 f., Anm. 1.

56 An Günter Brakelmann, Bochum, 25.3.1976 (NL 70.30).

57 Arthur Rich, Arbeiterselbstverwaltung und Sozialethik, in: Neue Wege, 1980, S. 285.

58 Arthur Rich, Mitbestimmung auf der langen Bank?, in: Aufbau, 1979, S. 77.

59 Sonderegger, Mitbestimmung als Gewerkschaftsforderung, S. 339–361.

60 Allerdings trat am 1. Mai 1994 auf Bundesebene das Mitwirkungsgesetz vom 17.12.1993 in Kraft. Es regelt die Mitwirkung der Arbeitnehmenden in der Privatwirtschaft. Die Mitwirkung besteht hauptsächlich in der Information und Anhörung der Arbeitnehmerseite. Mit Mitbestimmung hat das aber nichts zu tun. – www.admin.ch/ch/d/sr/c822_14.html.; www.seco.admin.ch/themen/00385/00420/00422/index.html.

61 Philipp Müller/Adrian Zimmermann, «Wie die Linke in die Offensive kommt», in: Die Wochenzeitung WOZ, Zürich, 21.10.2004.

62 SPS (Hg.), Die Wirtschaft sozial und ökologisch gestalten. Das Wirtschaftskonzept der SP Schweiz für die Jahre 2006 bis 2015, genehmigt von der Delegiertenversammlung am 24. Juni 2006, Bern 2006, S. 69.

Fremdbestimmung auf der anderen Seite zur Humanisierung der industriellen Arbeitswelt beizutragen. Sein Bemühen galt einer «Vermenschlichung, die sich an den Kriterien der in Jesus [...] transparent gewordenen Menschlichkeit Gottes bemisst».[63] Dabei vermied Rich jede Polarisierung. Bei aller Klarheit seines Urteils war er auf Verständigung und Interessenausgleich bedacht.[64]

63 Arthur Rich, Geistlich und weltlich, in: Ex Libris, Nr. 4, Zürich 1974, S. 12.

64 Ins Leere zielt die Kritik von Nils Ole Oermann, Anständig Geld verdienen?, S. 153, Rich fordere «in der Form eines blossen Appells etwas, das Wirtschaft allein nicht leisten kann».Man müsse sich fragen, «ob es nicht vielmehr Aufgabe des Staates ist, [...] Richs Forderung nach betrieblicher Mitbestimmung [...] gesetzlich zu regeln». Oermann ignoriert Richs publizistisches und direktdemokratisches Engagement in der Mitbestimmungsfrage.

11. Ausstrahlung ins Ausland

11.1 Kontakte zur Bundesrepublik

In den einundzwanzig Jahren, als Arthur Rich Systematische Theologie an der Universität Zürich lehrte, hatte er sich als ein Ethiker ausgewiesen, der sachkundig Wirtschaftsanalyse betrieb. Dies konnte nicht verborgen bleiben. Vor allem in der Bundesrepublik Deutschland wurde man bald auf ihn aufmerksam.[1] Bereits 1958, vier Monate nach Erscheinen des sozialethischen Erstlings «Christliche Existenz in der industriellen Welt», hatte sich Heinz-Dietrich Wendland aus Münster (Westfalen) an seinen Kollegen in Zürich gewandt. Er habe Richs Ausführungen mit lebhafter Zustimmung gelesen. «Das Problem des arbeitenden Menschen in der industriellen Gesellschaft sehe ich genauso wie Sie.»[2] Auch der Rheinländer Friedrich Karrenberg, Nationalökonom, Sozialethiker und industrieller Unternehmer, suchte den Kontakt zu Arthur Rich.[3] Gerhard Weisser, Professor für Sozial- und Gesellschaftspolitik in Köln, gesellte sich dazu; er sollte später mit seiner «Normativen Sozialwissenschaft» einen bestimmenden Einfluss auf Arthur Rich ausüben.[4] Neben weiteren Persönlichkeiten[5] wurden auch die deutschen Religiös-Sozialen auf den schweizerischen Gesinnungsfreund aufmerksam. Ihnen war es zu verdanken, dass Rich am Deutschen Evangelischen Kirchentag 1959 in München über «Die Verantwortung des Volkes Gottes für den Menschen in der industriellen Welt» sprechen konnte.[6]

---

1 Vgl. S. 60 f.

2 Heinz-Dietrich Wendland, Münster, an Arthur Rich, 10.1.1958 (FamA Rich). – 1984 widmete Rich den ersten Band seiner Wirtschaftsethik dem Kollegen Wendland.

3 Rich, in: Hommage, S. 27.

4 Ehrung zum 70. Geburtstag von Arthur Rich, [1980] (NL 1.8). Rich, Wirtschaftsethik, Bd. 1, S. 95–100. Vgl. S. 125 f.

5 Z. B. Günter Brakelmann, Ordinarius für Christliche Gesellschaftslehre an der Universität Bochum; Hartmut Weber, Nationalökonom in Münster (vgl. S. 75); ferner Siegfried Katterle, Professor für Volkswirtschaftslehre an der Universität Bielefeld, mit dem Rich kontroverse Diskussionen über das eschatologische Weltbild der Religiös-Sozialen führte, vgl. S. 130 ff.

6 Rich, in: Aufbau, 1959, Nr. 36, S. 281–283; Nr. 37, 289–291. Der Vortrag wurde 1962 im Institut für Arbeiterbildung Essen wiederholt, vgl. Siegfried Karg, Bibliographie Arthur Rich, Nr. 131, in: Festgabe Rich, S. 519.

Auch anhand der wissenschaftlichen Literatur lässt sich nachweisen, wie Arthur Rich in der Bundesrepublik wahrgenommen wurde. Noch nicht in Erscheinung trat er 1960 in einem Heinz-Dietrich Wendland gewidmeten Sammelband.[7] 1963 hingegen ist der Schweizer mit einem Beitrag für die Festschrift zu Ehren von Gerhard Weisser präsent.[8] Im folgenden Jahr wird Rich in einer Gedenkschrift für Friedrich Karrenberg siebenmal zitiert.[9] 1967 widmete der deutsche Theologe Christian Walther, der nach einem Engagement beim Lutherischen Weltbund in Genf an der Hochschule der Bundeswehr in Hamburg lehrte, in einer «Ortsbestimmung der evangelischen Sozialethik» ein Kapitel dem Wirken seines reformierten Kollegen.[10] Rich selber fungiert drei Jahre später als Mitherausgeber einer Festschrift zum 70. Geburtstag von Heinz-Dietrich Wendland.[11] In der Folge ist der Zürcher Sozialethiker nicht mehr aus dem Diskurs der bundesdeutschen Ethiker, Ökonomen und Sozialwissenschaftler wegzudenken.[12]

Rich nahm auch Kontakte zur Praxis auf. 1961 begab er sich mit einer Gruppe von Schweizern auf eine einwöchige Exkursion ins Ruhrgebiet, um Einblick in die deutschen Industrieverhältnisse sowie die Industriearbeit der Evangelischen Kirche Rheinland-Westfalen zu gewinnen. Dort wurde, wie der Gast aus Zürich feststellte, Sozialethik professionell betrieben.[13] 1966 und 1970 folgten weitere Besuche bei bundesdeutschen Betrieben, um Erfahrungen über die Mitbestimmung zu sammeln.[14] Den

---

7 Friedrich Karrenberg/Wolfgang Schweizer (Hg.), Spannungsfelder der evangelischen Soziallehre, Hamburg 1960.

8 Arthur Rich, Institution und Ethos in der Wirtschaft. Ein sozialethischer Beitrag zum Problem der Eigengesetzlichkeit, in: Friedrich Karrenberg/Hans Albert (Hg.), Sozialwissenschaft und Gesellschaftsgestaltung. Festschrift für Gerhard Weisser, Berlin 1963, S. 217–228.

9 Joachim Beckmann/Gerhard Weisser (Hg.), Christliche Gemeinde und Gesellschaftswandel. Festgabe für Friedrich Karrenberg, Stuttgart 1964.

10 Christian Walther, Theologie und Gesellschaft, Zürich 1967; darin das Kapitel: Die strukturelle Ordnung der gesellschaftlichen Institutionen als Gegenstand der Sozialethik bei Arthur Rich, S. 153–165.

11 Trutz Rendtorff/Arthur Rich (Hg.), Humane Gesellschaft. Beiträge zu ihrer sozialen Gestaltung, Festschrift für Heinz-Dietrich Wendland, Zürich 1970. Mit einem Beitrag von A. Rich: Das «Humanum» als Leitbegriff der Sozialethik, S. 13–45.

12 Vgl. auch Martin Honecker, Konzepte einer sozialethischen Theorie. Grundfragen evangelischer Sozialethik, Tübingen 1971. Im Kapitel «Theologie der Revolution» (S. 168–190) befasst sich Honecker u.a. mit Richs «Theologie des Revolutionären»; vgl. S. 87ff.

13 Arthur Rich, Anfänge und Entwicklung des Instituts für Sozialethik an der Universität Zürich, 1977 (NL 8.5); in: Hommage, S. 28; Mein Weg in der Sozialethik, S. 71. – Christian Walther, Velbert (Rheinland), an Arthur Rich, 22.3.1961 (NL 101.18).

14 An Gerhard Weisser, Göttingen, 31.8.1966 (NL 103.1). Günter Sieber, Dortmund, an Arthur Rich, 30.3.1970 und 16.10.1970 (NL 95.33). Rich, in: Hommage, S. 30.

Besuch bei den Hoesch-Hüttenwerken in Dortmund: Arthur Rich unterhält sich mit Arbeitsdirektor Harald Koch (ca. 1970)

engsten Kontakt pflegte Rich zu den Hoesch-Hüttenwerken in Dortmund und deren Arbeitsdirektor Harald Koch.[15]

11.2 Besuche in der DDR

Einige Male bereiste Arthur Rich auch die DDR. 1965 referierte er in Ostberlin an einem Seminar für Pfarrer über die Industriearbeiterfrage. Im letzten Moment verhinderte die Parteizentrale mit einem Veto den geplanten Dialog mit einem marxistischen Gesprächspartner und seinem Assistenten. Immerhin konnte inoffiziell mit Marxisten diskutiert werden.[16] Auch traf Rich einen Pfarrer, der im Wintersemester 1951/52 in Zürich studiert hatte. Bis über den Zusammenbruch der DDR hinaus korrespondierten die beiden miteinander.[17]

[15] Korrespondenz zwischen Arthur Rich und Harald Koch, Dortmund, 1966–1974 (NL 83.1).

[16] Bruno Schottstädt, Berlin, an Arthur Rich, 13.3.1965 (NL 94.11); Rich an Hartmut Weber, Münster, 12.4.1965 (NL 102.9).

[17] Briefwechsel zwischen Arthur Rich und Gotthard Malbrich, anfänglich in Regersdof, später in Reichenbach, 1959–1991 (NL 86.4).

In Ostberlin war es zu einer Begegnung mit Generalsuperintendent Günter Jacob aus Cottbus gekommen.[18] Dieser hatte während des Nationalsozialismus der Bekennenden Kirche angehört. Auch für die DDR-Oberen war er ein unbequemer Zeitgenosse. Im Dezember 1967 referierte Rich in Jacobs Gemeinde über theologische Probleme im Vorfeld der Vollversammlung des Ökumenischen Rats der Kirchen von 1968 in Uppsala, die unter dem Motto «Siehe, ich mache alles neu» stand. Den Vortrag wiederholte er vor Pfarrern und Pfarrfrauen in Frankfurt an der Oder.[19] Elisabeth Rich, die ihren Mann auf dieser Reise begleitete, erinnert sich: «Ich war erstaunt, wie konservativ die Pfarrersleute waren. Das Gespräch verlief irgendwie ganz im wilheminischen Stil. Eine merkwürdige Welt – mitten in der DDR! Wahrscheinlich aus Opposition gegen das Regime hatten diese Leute den Kontakt zur modernen Zeit verloren.»[20]

Schon vor dem Besuch bei Pfarrer Jacob hatte Arthur Rich von Gerald Götting, dem Vorsitzenden der Ost-CDU, eine offizielle Einladung in die DDR erhalten. Rich war bereit, die Einladung unter der Bedingung anzunehmen, «dass ich für alle Aufwendungen selbst aufkommen werde. Etwas anderes wäre für mich unangenehm». Besonders interessiere er sich für die Industrieverhältnisse im Land sowie für Gespräche mit Christen und Marxisten.[21] Das Besuchsprogramm sah unter anderem die Besichtigung eines grossen Industriebetriebs (vermutlich der Textilbranche) und einer landwirtschaftlichen Produktionsgenossenschaft in Halle vor.[22] Diesmal war Elisabeth Rich nicht dabei. Aber über den Verlauf der Reise war sie gut informiert: Als «[mein Mann] mit seinem Begleiter in Richtung Leipzig zur Messe fuhr, verriet ihm dieser, dass Arthur das grosse Glück habe, mit [Staats- und SED-Parteichef[23]] Walter Ulbricht zusammenzutreffen. Das wollte Arthur auf keinen Fall.» Der aufmerksame Chauffeur «sagte in einem unbeaufsichtigten Moment zu ihm: ‹Es scheint Ihnen das nicht zu passen.› ‹Nein, gar nicht›, antwortete Arthur. Worauf der Chauffeur beiläufig bemerkte: ‹Das lässt sich einrichten.› Er manipulierte an seinem Auto herum – und unterwegs nach Leipzig blieb der Wagen stehen. Der Regime-Mensch begann zu schimpfen, worauf der Chauffeur erwiderte: ‹Was wollen Sie! Hätte ich einen Mercedes, würde mir dies nicht passieren. Aber mit diesem Wagen …› So wurde Arthur die Begegnung mit Ulbricht erspart.»[24] Wieder zu Hause, bedankte sich Rich diplo-

---

18 An Günter Jacob, Cottbus, 14.4.1965 (NL 80.9).
19 Günter Jacob an Arthur Rich, 18.10.1967 (NL 80.9).
20 Elisabeth Rich, 8.10.1998, S. 3 f.
21 An Gerald Götting, Berlin, 14.6.1966 und 22.12.1966 (NL 76.51).
22 Carl Ordnung, Berlin, an Arthur Rich, 25.1.1967 und 23.2.1967 (NL 89.5).
23 SED: Sozialistische Einheitspartei Deutschlands.
24 Eilsabeth Rich, 8.10.1998, S. 4.

matisch bei seinen Gastgebern. Die Informationsreise habe ihm geholfen, «die Verhältnisse in Ihrem Land viel differenzierter zu sehen» ...[25]

Anderthalb Jahre später war es dann aus mit der Diplomatie. Nachdem im August 1968 die Warschauer-Pakt-Truppen in die Tschechoslowakei einmarschiert waren und den Reformbestrebungen im dortigen kommunistischen Machtapparat ein Ende gesetzt hatten, erhielt Rich eine Einladung nach Weimar zu einer posthumen Ehrung von Albert Schweitzer. Demonstrativ wies er die Einladung zurück mit der Begründung, er könne ihr nicht Folge leisten, da ostdeutsche Truppen sich an der Invasion beteiligt hätten. Seither war Rich Persona non grata in der DDR.[26]

11.3 Ausweitung des Beziehungsnetzes

Arthur Rich gehörte zu den «Gründungsvätern» der seit 1959 in Gütersloh erscheinenden «Zeitschrift für Evangelische Ethik» (ZEE)[27]. Der Start erfolgte nach Richs Worten in einer Aufbruchszeit der evangelischen Sozialethik, gleichzeitig aber auch in einer Epoche, die durch Aufspaltung der Welt in globale Blöcke, atomare Bedrohung, Emanzipation der Dritten Welt, Umweltkrise und Zerbröckelung überkommener Wertvorstellungen gekennzeichnet war. In dieses Umfeld hinein wollte die Quartalsschrift, wie Rich weiter betonte, Impulse evangelischer Ethik vermitteln auf der Grundlage der seit dem Ersten Weltkrieg in der evangelischen Kirche eingekehrten Besinnung auf die Botschaft der Bibel und die biblische Theologie der Reformatoren.[28] Von 1962 bis 1985 gehörte der Zürcher Professor dem Herausgeberkreis an.[29] In dieser Zeit publizierte er verschiedene Aufsätze und Rezensionen in der ZEE.[30]

Im Herausgeberkreis wurde auch ein Plan zur Gründung der «Societas Ethica» ausgeheckt.[31] Man dachte dabei an einen Verein für christliche Ethik, dem evangelische und katholische Hochschuldozenten von Italien bis Skandinavien, von Grossbritannien bis in einige Ostblockstaaten

25 An Gerald Götting, 23.3.1967 (NL 75.24).
26 An Erika Günter, Zürich, 13.5.1982 (NL 77.26).
27 ZEE, Gütersloh 1993, S. 5.
28 Arthur Rich, Dank an Wolfgang Schweizer, in: ZEE, 1976, S. 165.
29 Bemerkungen des Schriftleiters, in: ZEE, 1962, S. 64. Ab 1986 befand sich Rich nicht mehr auf der Liste der Herausgeber der ZEE.
30 Titel in: Siegfried Karg, Rich, Arthur, in: Biographisch-bibliographisches Kirchenlexikon, Sp. 198–200.
31 Rundschreiben des Herausgeberkreises der ZEE, Basel, Februar 1964 (NL 89.13). Rich gehörte zu den Unterzeichnenden.

25. Jahrestagung der Societas Ethica (1988); v. l. n. r.: Bischof Pierre Mamie, Professor Martin Honecker, Arthur Rich, Pfr. Heinrich Rusterholz

angehörten. Damit eröffnete sich für Rich die Aussicht, die bisher auf Deutschland beschränkten Kontakte zu Fachkollegen auf weitere Länder auszudehnen. 1964 in Basel gegründet, wollte die «Societas» mit ihrem Gedankenaustausch über Grundlagenfragen und Einzelprobleme «der Seelsorge, dem Volk und der Kirche dienen». Das Themenspektrum an den jährlichen Konferenzen erstreckte sich von den Menschenrechten über die Zehn Gebote bis zum Strafvollzug und von der Ökologie bis zur Medizin- und Bioethik. Von 1971 bis 1975 präsidierte Rich den Fachverband. In dieser Eigenschaft setzte er sich, allerdings erfolglos, bei der Regierung des Kantons Freiburg für den katholischen Moraltheologen Stephan Pfürtner ein, dem wegen seiner Kritik an der Enzyklika «Humanae vitae» die Lehrerlaubnis entzogen werden sollte.[32] Auch verwendete sich Rich mehrmals bei den Behörden der DDR für Vereinsmitglieder, die

[32] Gründung einer ökumenischen Gesellschaft für christliche Ethik, in: EPD, Zürich, 14.10.1964, S. 11 f. – Telegramm des Vorstands der Societas Ethica an den Staatsrat Fribourg, in: EPD, 7.12.1972, S. 4. – Bemerkungen des Schriftleiters, in: ZEE, 1969, S. 192. – Mitteilung der Societas Ethica, in: ZEE, 1971, S. 192; 1981, S. 160. – Bericht von der Jahrestagug der Societas Ethica, in: ZEE 1977, S. 78; 1978, S. 80. – Societas Ethica, in: Gesellschaft und Entwicklung, Thun 1975, S. 82–86. – Rich, Curriculum vitae, [ca. 1985] (NL 1.1).

kein Visum für die Teilnahme an den Kongressen im Westen erhalten hatten. Auch hier zeigte man ihm die kalte Schulter.[33]

Ab 1970 beteiligte sich Rich als Nachfolger von Heinz-Dietrich Wendland an den Verhandlungen der «Kammer für Soziale Ordnung». Das Gremium beriet die Evangelische Kirche in Deutschland (EKD) in gesellschaftspolitischen Fragen und war das Pendant zur Sozialen Kommission des SEK, der Rich ebenfalls angehörte. Er war der einzige Ausländer in diesem Fachorgan, dem Spitzenleute der Arbeitgeber- und Arbeitnehmerorganisationen, Bundestagsabgeordnete sowie Vertreter der Wirtschaftswissenschaften und der theologischen Sozialethik angehörten. Rich hatte sich aus der Überlegung heraus zur Mitarbeit bereit erklärt, dass dies «auch für die Bewältigung unserer schweizerischen Probleme hilfreich sein könnte». In den zehn Jahren seines Mitwirkens war er an der Ausarbeitung von Denkschriften zum Bodenrecht, zu «Leistung und Wettbewerb» sowie zu politischen Stellungnahmen der Kirche beteiligt.[34]

1995 wurde in Karlsruhe das Arthur Rich Institut für Consulting und Entwicklungsdiagnostik gegründet. Die Bezugnahme auf Arthur Rich geht auf eine Idee von H. Christian Lüling zurück, der in den 1970er Jahren in Zürich studiert hatte.[35] 1998 fand im Institut ein Symposium über die Bedeutung der Wirtschaftsethik von Arthur Rich statt. Die Teilnehmenden – Ethiker, Ökonomen, Theologinnen und ein Unternehmer – kamen aus Deutschland und der Schweiz.[36]

So sehr Rich im deutschen Sprachraum – von Österreich abgesehen – bekannt war, so wenig galt dies für den angelsächsischen Sprachbereich. Im Herbst 1975 wandte sich jedoch Walter J. Hollenweger, Professor für Missionswissenschaft an der Universität Birmingham, an seinen einstigen Lehrer Rich: «Einer der Pfarrer der hiesigen Reformierten Kirche (United Reformed Church) möchte gerne bei mir eine [...] Dissertation schreiben über einige Aspekte des theologischen Denkens von Arthur Rich.»[37] Es handelte sich um Reverend Harold Tonks, der in der Folge nach Zürich kam, im Sozialethischen Institut recherchierte und bei Rich wohnte. Später korrespondierte er mit seinem Gastgeber. Er stellte Fragen und Rich

---

33 An Erika Günter, Zürich, 13.5.1982 (NL 77.26).

34 Rich, in: Hommage, S. 29. Horst Echternach, Geschäftsführer der Sozialen Kammer der EKD, in einer Ansprache zum Gedenken an Arthur Rich, Universität Zürich, 8.12.1992, S. 1 f. (Typoskr.; FamA Rich).

35 H. Christian Lüling, Berlin, an Arthur Rich, 27.4.1979 (NL 71.2). – Elisabeth Rich, 14.1.1997, S. 4.

36 H. Christian Lüling, Arthur-Rich-Symposium 1998, Karlsruhe 2000 (Typoskr.; beim Verf.).

37 Walter J. Hollenweger, Birmingham, an Arthur Rich, 17.10.1975 (NL 79.20).

antwortete ihm, indem er sein Werk interpretierte.[38] Im Dezember 1981 wurde Tonks promoviert. Seine Dissertation[39] beschreibt den persönlichen und theologischen Werdegang von Arthur Rich und orientiert über dessen Methode ethischer Urteilsbildung.[40] Rich spendete dem Verfasser Lob: «Mit Erstaunen erfüllt mich die breite und einfühlsame Verarbeitung meiner Werke. [...] Sie kennen [...] mein Schrifttum fast besser als ich.» Allerdings komme die Bedeutung von Zwingli für das sozialethische Denken von Rich etwas zu kurz.[41] Vergeblich bemühten sich Tonks und Hollenweger, einen britischen Verleger zu finden.[42] Die Arbeit erschien schliesslich auf Englisch in den Frankfurter «Studien zur interkulturellen Geschichte des Christentums».[43] Arthur Rich war um eine Erfahrung reicher. Er hatte zur Kenntnis nehmen müssen, dass deutschsprachige Wirtschaftsethiken es schwer hatten, im anglophonen Bereich rezipiert zu werden.[44]

Rich beherrschte Englisch nur ungenügend, was von seinem ältesten Sohn Georg, der sich während vierzehn Jahren in den USA und in Kanada aufhielt, bedauert wird: «Wer nicht auf Englisch publiziert, wird nicht gelesen. Wohl hatte mein Vater Kontakte zu Deutschland, Holland und Schweden, nicht aber zur angelsächsischen Welt.»[45]

38 Harold Tonks an Arthur Rich, 13.9.1977; Rich an Harald Tonks, 3.4.1979 und 2.12.1980 (NL 99.8).

39 Harald Tonks, Faith, Hope and Decision-Making. The Kingdom of God and Social Policy-Making. The Work of Arthur Rich of Zürich, Frankfurt a.M., 1984, 333 S.

40 Vgl. Kap. 13, S. 129 ff.

41 An Harold Tonks, Birmingham, 30.4.1982 (NL 99.8).

42 Harald Tonks an Arthur Rich, 17.12.1982 und 14.12.1983 (NL 99.8).

43 Vgl. S. 114, Anm. 39.

44 Vgl. Nils Ole Oermann, Anständig Geld verdienen?, S. 277. – Der schwedische Theologe Carl-Henric Grenholm befasst sich in einer auf Englisch erschienenen Abhandlung mit den arbeitsethischen Reflexionen von sechs theologischen Ethikern des 20. Jahrhunderts, darunter Emil Brunner und Arthur Rich; vgl. Protestant Work Ethics. A Study of Work Ethical Theories in Contemporary Protestant Theology, Uppsala 1993.

45 Georg Rich, S. 5.

Zwischenbetrachtung: Humanisierung der Arbeitswelt

Die Wirtschaft ist für die Menschen da

Arthur Rich gehört zu den Wegbereitern der jungen Disziplin «Sozialethik», die sich erst in der Nachkriegszeit so richtig zu entfalten begann. Nach seinem eigenen Bekunden sass er dabei nicht einem Modetrend oder einer Liebhaberspezialität auf, sondern folgte einer inneren Verpflichtung. Diese war aus seiner Lebensgeschichte erwachsen, aus der Erfahrung als Fabrikarbeiter in früher Jugendzeit.[1] Von da ist es gegeben, dass sich Rich vorwiegend der industriellen Arbeitswelt zuwandte. Er wollte sie vermenschlichen. Was er anstrebte, sind mehr Chancengleichheit bei der Suche nach Arbeit und eine gerechtere Verteilung ihres Ertrags sowie eine stärkere Mitwirkung aller Beteiligten am Produktionsprozess. Dies sollte jedoch nicht auf Kosten der Effizienz geschehen. In Abwandlung des bekannten Jesus-Wortes über den Sabbat[2] hätte Rich sagen können: Die Wirtschaft ist um des Menschen willen da und nicht der Mensch um der Wirtschaft willen.[3]

Hohes Menschenbild

Rich hatte ein hohes Menschenbild, auch wenn er nicht übersah, dass jede Person mit Schwächen behaftet ist. Bei der Mitbestimmungsfrage beispielsweise wird deutlich, dass er mit leistungsfähigen und leistungswilligen Staats- und Wirtschaftsbürger/-innen rechnete, denen die gesellschaftlichen Probleme am Herzen liegen und die sich für Lösungen stark machen. Rich zählte auf eine qualifizierte Arbeiterschaft, die bereit ist, Verantwortung zu übernehmen.

Aber entspricht dieses Menschenbild dem Durchschnitt der Bürger und Arbeiterinnen? Gibt es nicht immer auch Menschen, die sich nicht

---

1 Arthur Rich, Anfänge und Entwicklung des Instituts für Sozialethik an der Universität Zürich, 1977 (NL 8.5).

2 Mk 2,27. – Vgl. auch Wolfgang Huber, Christliche Moral und ökonomische Vernunft – ein Widerspruch? Referat vor der Deutschen Industrie- und Handelskammer am 10.1.2005 in Düsseldorf, in: Evangelischer Pressedienst, Frankfurt a.M., S. 3, www.epd.de/dokumentation/print/dokumentation_index_32924.html (14.4.2007).

3 Vgl. Rich, Wirtschaftsethik, Bd. 2, S. 22 f.

gerne für Leitungsaufgaben in Pflicht nehmen lassen, solche, die unter der Last der Verantwortung leiden und vor ihr fliehen, sowie jene, die von ihren persönlichen Sorgen so in Beschlag genommen sind, dass sie weder Kraft noch Zeit haben, in Politik und Wirtschaft mitzubestimmen? Sie fühlen sich schlicht überfordert, wenn sie für Privates und Gesellschaftliches verantwortlich sein sollen.

Im Gegensatz zum Autonomie-Ideal der Aufklärung, dem Richs Menschenbild ziemlich nahe kommt, ziehen manche Menschen Unmündigkeit einer basisdemokratischen Mitbestimmung vor. Diesen Sachverhalt blendet Rich nicht aus: «Die durchschnittlichen Arbeiter sind offenbar nur schwer zur Übernahme von Mitbestimmungsverantwortung zu bewegen. Dahinter kann Interesselosigkeit, Trägheit, wenn nicht noch Schlimmeres stecken. [...] Wer der Verantwortung entwöhnt ist, scheut sich vor [ihr ...]. Verantwortungen kann willentlich nur übernehmen, wer sich ihnen gewachsen glaubt. Im Blick auf die betriebliche Mitbestimmung besagt dies nun, dass der zur Mitverantwortung Gerufene auf die Ausübung seiner Verantwortlichkeiten vorbereitet werden muss. [...] Hier stellt sich das überaus wichtige erzieherische Problem einer Industrieschulung für Arbeiter und Angestellte im Rahmen der Mitbestimmungspraxis.»[4]

Worauf Rich hier seine Hoffnung setzt, ist – wiederum in Anlehnung an die Aufklärung – Erziehung und Bildung des Menschengeschlechts. Als Pädagoge plädiert er für gezielte Fort- und Weiterbildung. Dahinter verbirgt sich in etwa der Optimismus eines Erasmus von Rotterdam, der zum realistischen Pessimismus Zwinglis bei dessen reformatorischen Wende im Gegensatz steht.[5] Die beiden Betrachtungsweisen beruhen zwar auf gegensätzlichen Wahrnehmungen,[6] brauchen sich aber nicht unbedingt auszuschliessen. Sie können – im Sinne des «Relationalitäts»-Kriteriums[7] – auf je eigene Weise eine gewisse Berechtigung für sich in Anspruch nehmen. Dies bedeutet: Obwohl wir als unvollkommene Wesen immer wieder an Grenzen stossen und so ein allzu hochstehendes Menschenbild in Frage stellen, sollten wir uns hinsichtlich des aufklärerischen Projekts der Moderne nicht irreleiten lassen. Wir sollten – mit Arthur Rich – auf jene Citoyens setzen, die willens und fähig sind, Verantwortung zu übernehmen – zum Nutzen von Demokratie und Mitbestimmung. In der Politik hat sich dieses Prinzip zum Teil bewährt;[8] weshalb sollten wir ihm nicht auch in der Wirtschaft eine Chance geben?

---

4 Arthur Rich, Den Arbeitnehmer auf die Mitbestimmung vorbereiten, in: Der Arbeiterbrief, Nr. 62, April 1966, Offenbach a. M., S. 6. Vgl. auch S. 74.

5 Vgl., S. 33 ff.

6 «Vérités opposées» gemäss Blaise Pascal; vgl. S. 47 f.

7 Vgl. S. 137 f.

8 Allerdings macht sich in der Politik vermehrt ein oberflächlicher Populismus breit.

Ende und Neubeginn

Nach der Verwerfung der Mitbestimmungsinitiative war Arthur Rich an einem End- und Anfangspunkt angelangt. Endpunkt insofern, als seine Bemühungen zur Vermenschlichung der Situation der Industriearbeiterschaft zum Abschluss gekommen waren. Und Anfangspunkt deswegen, weil Rich sich nun einer «Klärung der theologischen und ökonomischen Grundlagen für eine zeitbezogene evangelische Wirtschaftsethik» zuwandte.[9] Die Klärung der theologischen Grundlagen bestand zunächst einmal darin, dass er eine Methode entwickelte, die es ermöglichen sollte, zu ethischen Urteilen in der Wirtschaft zu gelangen. Diese Aufgabe war freilich nicht neu. Rich hatte sich ihr in seiner ganzen mittleren Lebensphase – von der Erarbeitung der Studie «Christliche Existenz in der industriellen Welt» bis zum Erscheinen des Buchs «Mitbestimmung in der Industrie» – gewidmet.[10] Aber zum Abschluss gelangte das Konzept erst in Richs letzter Lebensphase, mit dem ersten Band seiner «Wirtschaftsethik».[11] Die Klärung der ökonomischen Grundlagen für eine evangelische Wirtschaftsethik bestand aber auch in der Erörterung des Ordnungsproblems, das heisst in der Beantwortung der Frage, ob die Wirtschaft plan- oder marktwirtschaftlich verfasst sein solle.[12] Diese Aufgabe hielt Rich bis zu seinem Lebensende in Bann. Ihren Abschluss fand sie erst beim Erscheinen des zweiten Bands der «Wirtschaftsethik»[13] zwei Jahre vor seinem Tod.

9 Rich, Wirtschaftsethik, Bd. 1, S. 11.
10 Vgl. S. 71 ff. und S. 97 f.
11 Vgl. Kap. 13, S. 129 ff.
12 Rich, in: Hommage, S. 30 f.
13 Vgl. Kap. 15, S. 151 ff.

Lebensreife: Wirtschaftsethiker (1975–1992)

12. Unterwegs zu einer evangelischen «Wirtschaftsethik»

12.1 Abschied von der Universität

Als 1976 über die Mitbestimmung abgestimmt wurde, hatte Arthur Rich bereits seine Demission als Theologieprofessor eingereicht.[1] Beim Rücktritt war er 65. Er konnte auf ein fruchtbares Wirken zurückblicken. «Pädagogische Hingabe und Erfahrung, wissenschaftliche Gründlichkeit, bedächtiges und ausgewogenes Urteil, Erzähltalent und Humor» seien seine Stärken gewesen, lautete das Urteil der übergeordneten Hochschulinstanzen.[2]

Bei der Verabschiedung durch die Dozenten der Theologischen Fakultät konnte sich Gerhard Ebeling einer ironischen Anspielung auf das protestantische Arbeitsethos des Demissionärs nicht enthalten: «Dass nun vielleicht doch einmal bei Dir selbst – Deiner eigenen Theorie gemäss – das Verhältnis von Arbeitszeit und Freizeit etwas ausgewogener wird [...] und diejenigen Seiten des Lebens stärker zur Geltung kommen, die der innerweltlichen Askese mehr oder minder zum Opfer fielen, das mag man Dir gönnen und sollst Du Dir gönnen.»[3] Ein frommer Wunsch! Den Lebensabend ruhig zu geniessen, entsprach nicht der Art des Scheidenden. Zur Enttäuschung von Elisabeth Rich, die sich die Pensionierung ihres Mannes etwas anders vorgestellt hatte, kehrte dieser regelmässig in sein Sozialethisches Institut zurück. Dort konnte er die Infrastruktur und die Bibliothek weiter benützen und Fachkollegen, Journalisten und Gäste zum Gespräch empfangen.[4]

Mehrere Gründe sprachen dafür, dass er wie bis anhin im Institut arbeitete. Gemäss Verfügung der Erziehungsdirektion des Kantons Zürich musste Arthur Rich die Leitung des Sozialethischen Instituts weiterführen, bis im Frühjahr 1977 in Theodor Strohm ein Nachfolger gefunden werden konnte. Zudem übernahm Rich an der ETH Zürich einen Lehrauftrag für Wirtschaftsethik, den er erst 1978 zurückgab.[5] Vor allem

1 Arthur Rich, Gesuch an Regierungsrat Kt. ZH betr. Demission als Professor für Systematische Theologie und Leiter des Instituts für Sozialethik per 15.10.1975 (NL 2.6).

2 Peter Stadler, Die Universität Zürich, 1933–1983, S. 261.

3 Gerhard Ebeling zur Emeritierung von Arthur Rich als Ordinarius an der Theologischen Fakultät der Universität Zürich, 30.6.1975 (NL 5.3).

4 Elisabeth Rich, 19.11.1998, S. 4, 10; Georg Rich, 16.6.2008, S. 2.

5 Verfügung Erziehungsdirektion Kt. ZH, 27.5. und 22.12.1975 (NL 2.6). – Verfügung ETH ZH, 9.7.1976 und 8.7.1977 (NL 8.1).

aber trieb ihn ein neues Vorhaben um. Bei seiner Demission als Hochschullehrer hatte er enthüllt, er beabsichtige ein weiteres Buch zu schreiben. Er wollte die Summe seines Wissens, seiner Gedankenwelt und seiner Grundüberzeugungen in einer theologischen «Wirtschaftsethik» darlegen. «Vielleicht ein vermessenes Ansinnen, von dem ich nicht weiss, ob ich ihm gewachsen sein werde.»[6] Er war es: Aus dem einen Buch, wie ursprünglich geplant, wurden schliesslich zwei Bände.[7]

Noch bevor er sich ans Werk machte, durfte Arthur Rich eine Ehrung[8] entgegennehmen. Zu seinem 70. Geburtstag am 21. Januar 1980 wurde ihm in seinem Sozialethischen Institut eine Festschrift überreicht. Das Buch enthält neben einem Beitrag des Geehrten selbst und einer Bibliographie seiner Werke einundzwanzig Aufsätze von evangelischen und katholischen Theologen, Ökonomen und Historikerinnen aus der Schweiz und Deutschland.[9] Darin werden «unerledigte Aufgaben der Sozialethik» im Geist von Arthur Rich aufgegriffen.[10] Der Herausgeber der Festschrift, Theodor Strohm, hält einleitend fest, «dass ethische Argumente nur dann überzeugen, wenn sie begleitet werden vom vorgelebten Leben».[11] Auch in dieser Hinsicht hat sich der Jubilar als vorbildlich erwiesen. Wort und Tat stimmten bei ihm überein.[12]

12.2 «Sachgemässes» und «Menschengerechtes»

Als 1980 die Festschrift erschien, bestand noch Unsicherheit über das Zustandekommen von Richs grossem wirtschaftsethischen Werk. Die Zeit sei noch nicht reif dafür, meinte Strohm.[13] Immerhin, die Arbeit am Projekt schritt trotz krankheitsbedingten Unterbrüchen stetig voran. Rich konzentrierte sich auf zwei Schwerpunkte: theologische Grundlagen[14]

---

6 Vgl. S. 121, Anm. 1. – An Gerhard Weisser, Göttingen, 18.6.1973 (NL 103.1).

7 Rich, Wirtschaftsethik, Bd. 1: Grundlagen in theologischer Perspektive; Bd. 2: Marktwirtschaft, Planwirtschaft, Weltwirtschaft aus sozialethischer Sicht, Gütersloh 1984 und 1990.

8 Schon früher waren ihm Ehrungen zuteil geworden; vgl. S. 45, Anm. 58, und S. 101.

9 Theodor Strohm (Hg.), Christliche Wirtschaftsethik vor neuen Aufgaben. Festgabe für Arthur Rich zum 70. Geburtstag, Zürich 1980. Mit einem Beitrag von Arthur Rich, Sozialethische Kriterien und Maximen humaner Gesellschaftsgestaltung, S. 17–37.

10 Theodor Strohm, Wegweisung christlicher Humanität, in: NZZ, Nr. 16, 21.1.1980, S. 17.

11 Theodor Strohm, Vorwort, in: Festgabe Rich, S. 12.

12 Ursula Rich, 9.8.2008, S. 1, 5. Vgl. auch Harold Tonks: «The life of the man himself is somehow a paradigm of his written work.», in: Faith, Hope, Decision-Making, S. 22.

13 Theodor Strohm, Vorwort, in: Festgabe Rich, S. 9.

14 Vgl. S. 129.

Arthur Rich im Gespräch mit seinem Kollegen Gerhard Ebeling (um 1975)

und ordnungspolitische Grundfragen.[15] Es war ihm vergönnt, sein Alterswerk zu Ende zu führen – eine harte Arbeit, wie er rückblickend konstatierte.[16]

Mit diesem Standardwerk von 1984 und 1990 konnte eine empfindliche Lücke in der deutschsprachigen protestantischen Wirtschaftsethik geschlossen werden. Die «Evangelische Wirtschaftsethik» von 1927 des gleichfalls im Religiösen Sozialismus verwurzelten Georg Wünsch war veraltet und in Vergessenheit geraten.[17] Dies rief nach neuer Bearbeitung der Thematik. Rich verstand seine Untersuchung, wie bereits erwähnt, als «Beitrag zur Klärung der theologischen und ökonomischen Grundlagen für eine zeitbezogene evangelische Wirtschaftsethik». Mit dieser Absichtserklärung stellte er einen Bezug her zwischen dem Theologisch-Ethi-

[15] Vgl. S. 151.

[16] Rich, in: Hommage, S. 30f. – Allerdings gelangte Rich im Verlauf seiner Arbeit zur Erkenntnis, dass er seiner Wirtschaftsethik noch einen dritten Band über Unternehmensethik beifügen sollte, was ihm dann aber nicht mehr möglich war; vgl. S. 161ff.

[17] Georg Wünsch, Evangelische Wirtschaftsethik, Tübingen 1927. Eine knappe Zusammenfassung der «Wirtschaftsethik» von Georg Wünsch bietet: Günter Meckenstock, Wirtschaftsethik, Berlin 1997, S. 122–124.

schen und dem Sozialwissenschaftlich-Ökonomischen. Das entspricht bei ihm der Verbindung des «Menschengerechten»[18] mit dem «Sachgemässen». Das «Menschengerechte» wirft die Frage nach der Qualität humaner Gesellschaftsgestaltung und nach dem Gehalt einer guten Lebenspraxis (Empathie und Mitmenschlichkeit) auf. Bei der Beantwortung dieser Frage stützte sich Rich auf die Theologie, deren Aufgabe es ist, das christliche Glaubensgut und die damit verbundenen ethischen Implikationen – das Sollen – darzustellen und zu interpretieren. Das «Sachgemässe» führt zur Frage nach den Bedingungen der ökonomischen Sachlogik (Deckung des Bedarfs an Gütern durch Planung, Wettbewerb und effiziente Produktionsverfahren). Hier war Rich auf die Sozialwissenschaften angewiesen, deren Aufgabe darin besteht, die komplexe gesellschaftliche Wirklichkeit – das Sein im Sinne der Soziologie[19] – zu beschreiben und zu analysieren. Zentral ist für Rich die Erkenntnis: «Es kann nicht wirklich menschengerecht sein, was nicht sachgemäss ist, und nicht wirklich sachgemäss, was dem Menschengerechten widerspricht.»[20] Ins Positive gewendet: «Man muss die Ökonomen möglichst ethisch und die Ethiker möglichst ökonomisch machen.»[21] Rich schwebt vor, eine Brücke zwischen der Wirtschaftsethik und der Wirtschaftswissenschaft zu schlagen. Damit will er dem Umstand Rechnung tragen, dass wirtschaftliches Handeln sowohl «effizient» als auch «lebensdienlich» zu sein hat.[22]

12.3 Ethik im Kontext der Sozialwissenschaften

Was Arthur Rich über das Verhältnis von Wirtschaftsethik und empirischer Wirtschaftswissenschaft sagt, gilt – auf der übergeordneten Stufe des Gesellschaftlichen – auch für die Beziehung der Sozialethik zu den praxisorientierten Sozialwissenschaften. Analog zur wirtschaftsethischen

[18] Nicht zu verwechseln mit den «Menschenrechten» gemäss UNO-Deklaration vom 10.12.1948; ebenfalls nicht identisch mit Zwinglis «menschlicher Gerechtigkeit», vgl. S. 91 ff. Die inhaltliche Bestimmung des «Menschengerechten» nimmt Rich bei der Explikation der Kriterien für menschengerechtes Handeln vor; vgl. S. 135 ff.

[19] Das Sein im Sinne der Soziologie ist zu unterscheiden von dem «von Gott geschenkten Sein» im Sinne der Theologie, vgl. S. 35.

[20] Rich, Wirtschaftsethik, Bd. 1, S. 81; Wirtschaftsethik, Bd. 2, S. 174.

[21] Arthur Rich laut Protokoll der Gesprächsrunde «Wirtschaft und Ethik» im Boldernhaus Zürich, 26.8.1987 (NL 65.11).

[22] Den Begriff «lebensdienlich» hat Rich von Emil Brunner übernommen; vgl. Jehle, Emil Brunner, S. 253. – Rich, Wirtschaftsethik, Bd. 1, S. 76–82; Wirtschaftsethik, Bd. 2, S. 22, 141, 272; Die Spannung zwischen Wirtschaft und Theologie, [ca. 1990] (NL 15.23). – Zur kritischen Auseinandersetzung der Fachliteratur mit Richs Begriffspaar «menschengerecht» und «sachgemäss» vgl. Edel, Wirtschaftsethik im Dialog, S. 121–125.

Besinnung, die mit den ökonomischen Tatbeständen zu konfrontieren ist, gilt es, die sozialethische Reflexion auf die sozialwissenschaftlichen Erkenntnisse abzustützen und beides miteinander zu vermitteln.[23] Deshalb führt Rich bei der theologischen Grundlegung seiner Wirtschaftsethik einen intensiven Dialog mit den Gesellschaftswissenschaften.[24] Wegleitend sind dabei zwei sich gegenseitig bedingende Wahrheiten: «Die Sozialethik [ist] auf die Erkenntnisse und Einsichten der theoretischen und empirischen Sozialwissenschaften angewiesen.»[25] Und: «Die Sozialwissenschaften [...] kommen bei ihrer Bestimmung des sachgemäss Richtigen nie ohne Wertnormen aus.»[26]

Nun hatte sich aber seit Anfang des 20. Jahrhunderts – wenn nicht schon früher – die Ansicht durchgesetzt, dass ethische Werte nicht objektiv-wissenschaftlich begründet werden können,[27] weil Werturteile auf Grundüberzeugungen und Glaubensgewissheiten rekurrieren, welche sich nicht wissenschaftlich belegen lassen. Im Zeitalter des weltanschaulichen Pluralismus divergieren sie zudem. Heisst das nun, dass sich die Sozialwissenschaften als wertfrei deklarieren sollen? Dass sie sich ausschliesslich auf die Explikation des Sachgemässen konzentrieren sollen und sich um das Menschengerechte nicht kümmern müssen? Dies wäre dem Grundanliegen von Arthur Rich diametral entgegengesetzt.[28]

Um einen Ausweg aus diesem Dilemma zu finden, griff Rich auf den Ansatz der «Normativen Sozialwissenschaften» zurück, den der Kölner Soziologe Gerhard Weisser Mitte des 20. Jahrhunderts entwickelt hatte.[29] Auch Weisser ging davon aus, dass Grundüberzeugungen wissenschaftlich nicht belegbar sind. Sie können nicht Anspruch auf Allgemeingültigkeit erheben. Aber die Existenz des Menschen erschöpfe sich nicht im Wissenschaftlich-Begründbaren. «Le cœur a ses raisons, que la raison ne connaît point» (Blaise Pascal).[30] Deshalb haben auch Überzeugungsgewissheiten ihre Existenzberechtigung. Zwar soll keineswegs suggeriert werden, dass sie sich als wissenschaftlich-objektiv ausweisen lassen; doch ist es durchaus möglich, in wissenschaftlicher Verantwortung und Red-

---

23 Rich, Christliche Existenz, 2. Aufl., S. 9.

24 Rich, Wirtschaftsethik, Bd. 1, S. 71–102.

25 A. a. O., S. 72.

26 A. a. O., S. 74.

27 Arthur Rich verweist auf Max Webers «Postulat der Wert[urteils]freiheit der Sozialwissenschaften»; a. a. O., S. 73, 95.

28 A. a. O., S. 75 f.

29 Ich schildere im Folgenden den Ansatz von Gerhard Weisser aus der Sicht von Arthur Rich; a. a. O., S. 94–102.

30 Zit. nach a. a. O., S. 94, Anm. 53. – In Anlehnung an Pascal unterscheidet Rich zwischen «gläubiger Gewissheit» und «dogmatischer Sicherheit».

lichkeit damit umzugehen.[31] Das bedingt jedoch, dass sie nicht dogmatisch-autoritär, sondern bekenntnismässig-argumentativ in den gesellschaftspolitischen Diskurs eingeführt werden. Sie sind zu erläutern, zu interpretieren und der Kritik zu unterwerfen.[32] Wenn jemand so seine innere Bindung offenlegt, kann dies beim anderen zu der Erkenntnis führen, dass er eine ähnliche innere Bindung hat. Und sollten jene Wertprämissen bei einem Dialogpartner auf geringe Resonanz stossen, so könnten sie ihm gleichwohl als plausibel erscheinen.

Der von Gerhard Weisser «entwickelte Ansatz [...] macht es dem Theologen möglich, [...] auf Glaubensüberzeugung stehende und insofern verbindliche Grundwertentscheidungen zu treffen, die wissenschaftlich zwar nicht begründbar sind, doch in kritischer Relation zu den empirischen Fakten vertretbar sind. Das erlaubt einen Dialog zwischen Ethik und Sozialwissenschaft.»[33] Voraussetzung dafür sei, dass beide Seiten bereit sind, die eigenen – oft versteckten – Wertprämissen, von denen auch die Sozialwissenschaften nicht frei seien,[34] offen zu deklarieren. Das ist von Bedeutung für Richs «integrative Wirtschaftsethik». Zwar lässt sich das normativ zu Sollende nicht im Sinne wissenschaftlicher Rationalität begründen. Doch kommt ihm ein Mass an Evidenz zu, das im ökonomisch Seienden wirksam werden kann.[35]

12.4 Wirtschaftsethische Urteilsfindung auf drei Ebenen

Im Anschluss an Weisser, der den «schmalen Weg zwischen Relativismus und Dogmatismus» als begehbar bezeichnet hat,[36] entfaltet Rich im ersten Band seiner evangelischen «Wirtschaftsethik» eine Methode, mit der man zu ethischen Urteilen in der Wirtschaft gelangen kann. Der Prozess spielt sich auf drei Ebenen ab.[37]

---

31 A. a. O., S. 100.

32 A. a. O., S. 101–103. – Dies ist «nur auf dem Boden eines kommunikationsfähigen Argumentierens möglich»; vgl. S. 138 f.

33 An Gerhard Weisser, Göttingen, [o. D., 1988] (NL 15.7). – Zum Rekurs auf Grundwerte, obwohl sie wissenschaftlich nicht begründbar sind, vgl. Ernst-Wolfgang Böckenförde: «Der freiheitliche, säkularisierte Staat lebt von Voraussetzungen, die er selbst nicht garantieren kann.» Böckenförde ist der Ansicht, dass «auch der säkularisierte, weltliche Staat letztlich aus jenen inneren Antrieben und Bindungskräften leben muss, die der religiöse Glaube [...] vermittelt», in: Staat, Gesellschaft, Freiheit, Frankfurt a.M. 1976, S. 60 f.

34 Rich, Wirtschaftsethik, Bd. 1, S. 74.

35 Arthur Rich, Die Spannung zwischen Wirtschaft und Theologie, [ca. 1990] (NL 15.23); Wirtschaftsethik, Bd. 2, S. 173.

36 An Gerhard Weisser, 29.1.1980 (NL 115.1).

37 Für das Folgende: Rich, Wirtschaftsethik, Bd. 1, S. 169–171.

Erste Ebene: Fundamentalprämisse. Fundamental für Arthur Rich ist die Dimension des Humanen, die er in der christlichen Magna Charta «Glaube, Hoffnung, Liebe»[38] verankert sieht. Hier handle es sich um eine Überzeugungsgewissheit im Horizont des christlichen Glaubens, die für alle Bereiche des menschlichen Lebens relevant ist.[39]

Zweite Ebene: Kriterien für menschengerechtes Handeln. Aus der Fundamentalprämisse gewinnt Rich konstitutive Kriterien, mit deren Hilfe er das Menschengerechte im Bereich des Personalen wie des Gesellschaftlichen zu konkretisieren versucht.[40]

Dritte Ebene: Sozialethische Maximen. Erst die zu entwickelnden praktikablen Maximen machen es möglich, Handlungsorientierungen für bestimmte Sachfragen zu erarbeiten. Ihre Gültigkeit ist relativ und veränderbar, entsprechend der dem steten Wandel ausgesetzten Situation, auf die die Maximen Bezug nehmen.[41]

Dieses Prozedere, das über die Wirtschaftsethik hinaus ganz allgemein in der Sozialethik Anwendung finden kann, hat Rich ab 1960 entwickelt.[42] Im Verlauf eines Vierteljahrhunderts hatte er seine Methode verfeinert. Ursprünglich hatte er sein Verfahren bei Überlegungen zur Humanisierung der industriellen Arbeitswelt angewendet.[43] Später dehnte er es auf weitere Wirtschaftsbereiche[44] sowie auf ordnungspolitische Fragestellungen aus.[45]

Methodisch geht Rich den Weg vom Menschengerechten zum Sachgemässen. Auf der Ebene des Fundamentalprinzips wie auf derjenigen der Kriterien bleibt seine Argumentation stark dem Theologischen verhaftet. Bei den Maximen hingegen beginnt das Zusammenspiel zwischen dem Menschengerechten und dem Sachgemässen, zwischen der theologisch begründeten Ethik und der empirischen Wirtschaftswissenschaft.[46] Durch die Berücksichtigung beider Disziplinen soll vermieden werden, dass die Ethik dem Wirklichkeitsverlust und die Ökonomie dem Moralverlust anheimfallen.

[38] 1Kor 13,13. – Vgl. Rezension des Hessischen Rundfunks zu: Wirtschaftsethik, Bd. 1, Frankfurt a.M., 10.9.1985 (NL 59.5).

[39] Vgl. S. 129 f.

[40] Vgl. S. 134 ff.

[41] Vgl. S. 139 f.

[42] Erste Ansätze in: Arthur Rich, Die institutionelle Ordnung der Gesellschaft als theologisches Problem, in: ZEE, 1960, S. 233–244; neu aufgelegt in: Glaube in politischer Entscheidung, Zürich 1962, S. 113–131.

[43] Vgl. S. 71 ff., und S. 97 f.

[44] Vgl. Kap. 14, S. 141 ff.

[45] Vgl. Kap. 15, S. 151 ff.

[46] Arthur Rich, Voraussetzungen und Grundlagen meiner Wirtschaftsethik, [ca. 1985] (NL 16.24).

13. «Wirtschaftsethik 1»: Theologische Grundlagen

13.1 Fundamentalprämisse

13.1.1 Humanität aus Glauben, Hoffnung, Liebe

Arthur Rich folgte dem Rat Gerhard Weissers: Er legt im ersten Band seiner Wirtschaftsethik die Karten offen auf den Tisch, indem er sich über die Glaubensprämissen ausweist, die seiner Sozial- und Wirtschaftsethik zugrunde liegen. Als Christ fühlte er sich getragen von der Gnade Gottes und wusste sich gebunden an den göttlichen Willen, der in der Bibel bezeugt wird.[1]

Aus dieser Erfahrungsgewissheit gelangte Rich zur einprägsamen Formel «Humanität aus Glauben, Hoffnung, Liebe». Sie dient ihm als Grundgerüst seiner Ethik. Gleichzeitig will er deutlich machen, dass christliche Ethik mehr als Verpflichtung auf Moral und Sittlichkeit ist.[2]

Das christliche Ethos gründet in Gottes Gabe – das Geschenk der Gnade –, die jeder Aufgabe – dem Gehorsam gegenüber Gottes Willen – vorangeht. Das bedeutet: Menschen tun das Gute nicht in erster Linie, weil ein Gebot oder Gesetz solches von ihnen verlangt, sondern weil sie getrieben sind von der Liebe Gottes, die sie erfahren haben.[3] Sie fühlen sich nicht nur gefordert, sie sind vor allem motiviert und inspiriert.

Humanität aus Glauben, Hoffnung, Liebe sieht Arthur Rich zunächst im Christentum begründet. Die drei Stichworte enthüllen das Menschenbild und Weltverständnis des Evangeliums: christliche Existenz im Glauben als menschliches Vertrauen in Gottes Treue, christliche Existenz in der Hoffnung als Erwartung der Zukunft Gottes im Kommen seines

---

1 Rich, Wirtschaftsethik, Bd. 1, S. 102. – Gerhard Weisser, Glaubensgewissheit und heutige Wertens- und Erkennenskritik, in: Festgabe Rich, S. 111–124, hier: 112.

2 Vgl. Hans-Balz Peter: «Das Besondere christlicher Ethik ist […], dass das Ethische zwar verbindlich, aber nicht ‹das letzte ist, was zählt›. Dem Ethischen geht etwas Entscheidendes voraus, was ich als eine der Kernbotschaften des christlichen Glaubens […] bezeichnen möchte: dass die Heiligung und Rechtfertigung des Menschen nicht auf ‹Werken›, also nicht auf seinem moralischen Tun und seiner eigenen Leistung beruht, sondern allein aus Glauben als Gottes Geschenk kommt. Diese Rechtfertigung ist mir gerade auch dann zugesagt, wenn ich an den an mich gestellten moralischen Anforderungen scheitere.», ders./Pascal Mösli (Hg.), Suizid …? Aus dem Schatten eines Tabus, Zürich 2003, S. 81.

3 Rich, Wirtschaftsethik, Bd. 1, S. 40, 243. – Vgl. auch S. 35 f.

Reichs, christliche Existenz in der Liebe[4] als «Energie Gottes», die für das Recht eintritt und Gemeinschaft mit den Geringen pflegt.[5]

Aber «Humanität aus Glauben, Hoffnung, Liebe [...] ist in ihrer ethischen Konkretion nicht ausschliesslich ans Christentum als religiöses Bekenntnis gebunden».[6] Sie gehört zur Grundverfassung menschlichen Daseins. Das bedeutet, dass sie auch für Menschen anderer Anschauung Verbindlichkeit erlangen kann. So entwickelte Rich für diejenigen, die sich nicht als Christen verstehen, eine neue Lesart: Glaube als grundlegendes Selbst- und Weltvertrauen, Hoffnung als Vertrauen in die Zukunft, Liebe als Inbegriff der Menschlichkeit.[7] Mit Hilfe dieser modifizierten Lesart lassen sich «Glaube, Hoffnung, Liebe» auch unter dem religiös neutralen Begriff «Menschenwürde» einordnen. Indem Rich den Geltungsanspruch der christlichen Fundamentalprämisse auf das allgemein Menschliche ausweitete, versuchte er, «die Welt in ihrer Säkularität ernst zu nehmen und sie zugleich [als] offen für das Wirken Gottes [...] zu verstehen».[8] So nahm er die spätere Entwicklung der abendländischen Welt zu einer teilweise postchristlichen Gesellschaft vorweg, ohne den christlichen Glauben preiszugeben.[9]

13.1.2 Reich-Gottes-Theologie in der Kritik

Eine zentrale Bedeutung bei der christlichen Fundierung seiner Sozial- und Wirtschaftsethik hat für Arthur Rich die eschatologische Hoffnung auf das verheissene Reich Gottes als eine Welt der Gerechtigkeit, des Friedens und der Freude. Diese Hoffnung sei nicht nur auf das Künftige aus-

---

4 Die Liebe ist nicht ein Beurteilungskriterium, aus dem deduktiv Werte und Normen abgeleitet werden. Sie ist Beurteilungsinstanz, die prüft, «was recht und unrecht ist». Sie ist Subjekt und nicht Objekt. Der oder die Liebende ist mit der Liebe eins; vgl. Rich, Institutionelle Ordnung, S. 124. – Johannes Fischer, Theologische Ethik, Stuttgart 2002, S. 64, 135.

5 Rich, Wirtschaftsethik, Bd. 1, S. 122–127.

6 A. a. O., S. 127.

7 A. a. O., S. 105–107. – Edel, Wirtschaftsethik im Dialog, S. 209, Anm. 8.

8 Susanne Edel, Arthur Rich: Integrative Wirtschaftsethik mit Vorbehalt, in: Handbuch der Wirtschaftsethik, Bd. 1, Gütersloh 1999, S. 871–876, hier: 872. – Zur Säkularisierung bzw. Entkirchlichung des modernen Menschen vgl. Arthur Rich, Krisis der Volkskirche, S. 29–55; Die Weltlichkeit des Glaubens. Diakonie im Horizont der Säkularisierung, Zürich 1966.

9 Johannes Fischer hält in Bezug auf die Wirkungsgeschichte kritisch fest, dass «Rich mit seiner theologischen Grundlegung der Sozialethik relativ einsam in der ethischen Landschaft steht» und «innerhalb der allgemeinen Ethik-Diskussion kaum Resonanz gefunden hat», vgl. Humanität aus Glaube, Hoffnung, Liebe. Überlegungen zur Konzeption einer evangelischen Sozialethik im Anschluss an Arthur Rich, Antrittsvorlesung an der Universität Zürich, 3.5.1999, S. 4, www.unizh.ch/sozialethik/forum/Fi_glaube_d.html (17.9.1999).

gerichtet, sondern schliesse Vergangenes und Gegenwärtiges mit ein. Das Reich Gottes sei bereits Wirklichkeit geworden im Erscheinen von Jesus, dem Sohn Gottes. Zur Vollendung gelangen werde es freilich erst bei dessen Wiederkunft am Ende der Zeiten. In beidem, dem bereits Geschehenen und dem erst noch Kommenden, gehe es um das Eine: das Zu-uns-Kommen dessen, der im Gekreuzigten und Auferstandenen gehandelt habe.[10]

Wichtig ist dabei die Dialektik zwischen dem Schon-Jetzt und dem Noch-Nicht. Sie lehre die Christenheit, zwischen dem Vorletzten und dem Letzten zu unterscheiden. Im Vorletzten dieser verkehrten, von der Realität des Bösen mitgeprägten Welt werde man es ertragen müssen, dass Politik und Wirtschaft unvollkommen seien und es auch blieben. Aus der Verheissung des Letzten, der absolut guten Gerechtigkeit des Reiches Gottes,[11] hingegen schöpfe der Christ die Kraft, die Gesellschaft auf eine relativ bessere Gerechtigkeit hinzuführen.[12] Dass Rich «zwischen dem Relativen der Welt und dem Absoluten göttlicher Gerechtigkeit zu vermitteln» versucht, macht «das spezifisch Christliche» seiner Ethik aus.[13]

Dieses Denkmodell, das auf den Religiösen Sozialismus Ragaz'scher Prägung[14] und auf Zwinglis Dialektik von «göttlicher und menschlicher Gerechtigkeit»[15] zurückgeht, wurde von dem ebenfalls religiös-sozialen Bielefelder Sozialwissenschaftler Siegfried Katterle in Zweifel gezogen. Zwar attestiert er Rich Aufgeschlossenheit gegenüber den Sozialwissenschaften.[16] Aber das von ihm vertretene eschatologische Weltbild biete keinen Anknüpfungspunkt an eine moderne Sozialethik.[17] Katterle konzentriert sich in seiner Argumentation auf das Noch-Nicht des kommenden Reichs Gottes. Gegen Rich ist er der Ansicht, Jesu Naherwartung eines überirdischen Gottesreiches lasse kaum Raum für aktive Gesellschaftsgestaltung. Sie sei apolitisch, vertröste die Menschen auf das Jenseits und verleite dazu, die Hände bis zum Jüngsten Gericht in den Schoss zu legen. Zudem hätten Jesus und das Neue Testament ihre Vorstellung,

---

10 Arthur Rich, Die Spannung zwischen Wirtschaft und Theologie, [ca. 1989] (NL 15.23); Wirtschaftsethik, Bd. 1, S. 124.

11 2Petr 3,13 (Zürcher Bibel 2007): «Wir warten aber auf Grund seiner Verheissung auf einen neuen Himmel und eine neue Erde, in denen Gerechtigkeit wohnt.»

12 Arthur Rich, Die Bedeutung der Eschatologie für den christlichen Glauben, Zürich 1954; neu aufgelegt in: Aufrisse, S. 127–156, hier: 133 f. (fortan zit. als: Rich, Eschatologie); Verantwortung für Staat und Politik, S. 141; Wirtschaftsethik, Bd. 1, S. 110–113, 132 f., 166 f.

13 Nils Oele Oermann, Anständig Geld verdienen?, S. 150.

14 Vgl. S. 21.

15 Vgl. S. 91 ff.

16 Siegfried Katterle, Sozialwissenschaft und Sozialethik, Göttingen 1972, S. 8, 165 (fortan zit. als: Katterle, Sozialwissenschaft).

17 A. a. O., S. 8 f., 177.

dass die Wiederkunft Christi (Parusie) unmittelbar bevorstehe, aus der Apokalyptik des Spätjudentums bezogen. Diese Annahme sei durch den Gang der Geschichte – das Ausbleiben der Parusie – widerlegt.[18] Die Endzeithoffnung habe sich als Fehlrechnung erwiesen. Erst wenn die Christenheit sich von diesem Irrtum löse, werde sie reif für eine moderne Sozialethik, wie Rich sie in verdienstvoller Weise anstrebe.[19]

Aber auch Katterle gewinnt sein Leitbild für Weltgestaltung aus dem christlich-jüdischen Glauben. Dieses entlehnt er – von der Hoffnung auf das Reich Gottes gar nicht so weit entfernt – der altprophetischen «Hoffnung auf ein messianisches Friedensreich», das eher irdische Züge trage und sich daher besser für die Entfaltung einer Sozial- und Wirtschaftsethik eigne.[20]

Diese Kritik war Rich nicht fremd. Sie deckt sich teilweise mit derjenigen Albert Schweitzers, auf den sich Katterle ausdrücklich beruft.[21] Mit Schweitzer hatte sich Rich schon früher auseinandergesetzt.[22] Es fiel ihm daher nicht schwer, auch gegen Katterle zu argumentieren.[23]

Albert Schweitzers Verdienst ist es nach Ansicht des Betheler Systematikers Wolfgang Schweitzer, dass er «das liberale Jesusbild zerstört [hat], dem vor allem die eschatologischen Züge in den Evangelien nur als unwesentliche Zusätze gegolten hatten». Er habe richtig erkannt, «dass die eschaologischen Vorstellungen [...] einen integrierenden Bestandteil der zentralen Verkündigung Jesu und des Apostels Paulus – und ebenso der Urchristengemeinde – gebildet» hatten. Hingegen sei Albert Schweitzer überzeugt gewesen, dass die eschatologischen Erwartungen der Bibel und die moderne Weltsicht miteinander im Widerspruch stünden. Deshalb habe er in dieser Frage «die systematische Besinnung völlig unabhängig von den Ergebnissen der biblischen Theologie» geführt. Schweitzer habe sich von der biblischen Eschatologie entfernt.[24]

Rich stimmt mit Siegfried Katterle[25] und Albert Schweitzer darin überein, «dass Jesus den unmittelbar bevorstehenden Anbruch der Got-

[18] A. a. O., S. 175–177, 179; Siegfried Katterle, Die Kooperation von Sozialwissenschaft und Sozialethik auf der Grundlage einer kritischen Philosophie, in: Festgabe Rich, S. 125–143, hier: 140 f. (fortan zit. als: Katterle, Kooperation)

[19] Katterle, Sozialwissenschaft, S. 9, 180; Katterle, Kooperation, S. 142 f.

[20] Katterle, Sozialwissenschaft, S. 179 f.

[21] A. a. O., S. 176, 178–180; Katterle, Kooperation, S. 141 f.

[22] Rich, Eschatologie, S. 127, 136–140.

[23] Rich, Wirtschaftsethik, Bd. 1, S. 130 f.

[24] Wolfgang Schweitzer, Biblische Theologie und Ethik in der Gegenwart, in: ders./Alan Richardson (Hg.), Die Autorität der Bibel heute, Zürich 1952, S. 157–173, hier: 160 f.

[25] Rich und Katterle haben über diese Kontroverse auch miteinander korrespondiert: Rich an Siegfried Katterle, 10.4.1973 und 22.12.1980; Siegfried Katterle an Arthur Rich, 30.5.1973 und 27.5.1980 (NL 81.24).

tesherrschaft verkündet» habe. Auch räumt er ein, dass «die Vorstellungsmaterialien in den eschatologischen Aussagen des Neuen Testaments [...] aus der obsolet gewordenen [...] Geschichtstheologie der spätjüdischen Apokalyptik» stammten.[26] Aber für Jesus sei die apokalyptische Vorstellungswelt nicht von zentraler Bedeutung gewesen. Er habe sie hingenommen, wie er sie vorgefunden habe. Bedeutsam hingegen sei für ihn die Verheissung des Reiches Gottes gewesen. Dieses habe er, wie erwähnt, nicht nur als Zukunftsvision, sondern auch als Gegenwartsgeschehen verstanden. Deshalb habe Jesus auf die Frage der Pharisäer, wann das Reich Gottes komme, geantwortet, es sei mitten unter ihnen.[27] Für die Moderne bedeute dies, dass eschatologische Existenz auch ohne dogmatische Übernahme der spätjüdischen Apokalyptik möglich sei. Deshalb brauchten Eschatologie und Moderne sich keineswegs auszuschliessen.[28]

Arthur Rich verstand eschatologische Existenz als Existenz in der glaubenden Hoffnung auf das Kommen der Gerechtigkeit des Reiches Gottes, das im Ereignis Jesus von Nazaret gegenwärtig geworden sei. Sie sei Existenz im Vorletzten, aber so, dass sie sich vom Letztanspruch des Gottesreiches bewegen lasse. Diese theologische Grundorientierung – er nennt sie die «existential-eschatologische»[29] – biete einen tauglichen Begründungspunkt für eine moderne Sozialethik. Denn sie erlaube es, die profane Welt in ihrer Vorläufigkeit und Unvollkommenheit auszuhalten, ohne einem moralistischen Maximalismus zu verfallen. Und sie inspiriere gleichwohl dazu, energisch für gerechtere Verhältnisse in dieser Welt einzustehen, weil «das Reich Gottes als Metapher für Gottes absoluten Endwillen ‹im Himmel wie auf Erden›» ein gesellschaftskritisches und weltveränderndes Potenzial in sich berge.[30]

---

26 Rich, Wirtschaftsethik, Bd. 1, S. 131; Eschatologie, S. 136.

27 Lk 17,21.

28 Rich, Eschatologie, S. 137–140; Wirtschaftsethik, Bd. 1, S. 131; an Harold Tonks, Birmingham, 6.10.1977 (NL 99.8). – Kritisch dazu der Luzerner katholische Moraltheologe Franz Furger unter Bezugnahme auf Arthur Rich: «Die theologischen Impulse, die unter den Stichworten vom schon angebrochenen, aber im Vollzug noch ausstehenden Gottesreich vor allem in der protestantisch-theologischen Sozialethik [...] angedacht worden waren, fanden [...] wenig Echo. Der Eindruck einer zu dünnen theologischen Begründung konnte so nicht ausbleiben.», Christliche Sozialethik in pluraler Gesellschaft, S. 78 f.

29 Rich, Wirtschaftsethik, Bd. 1, S. 162.

30 A. a. O., S. 132, 165 f. – Analog zu dieser Dialektik entfaltet Rich die ethischen Kriterien «relative Rezeption» (kritische Akzeptanz) und «kritische Distanz», vgl. S. 136 f.

13.2 Kriterien

13.2.1 Eine Brücke zwischen Bibel und Moderne

Von der «Humanität aus Glauben, Hoffnung, Liebe» ausgehend muss sich der nach Gerechtigkeit strebende Mensch fragen, ob die persönlichen Beziehungen wie auch die Institutionen (Familie, Staat, Wirtschaft) so beschaffen seien, dass sie vor dem Anspruch des Menschengerechten bestehen können. Bei der Suche nach gültigen Antworten kann mindestens für den gesellschaftlichen Bereich nicht direkt auf die Bibel zurückgegriffen werden, da in der Heiligen Schrift das Wort Gottes sich an die Gläubigen persönlich richtet, jedoch kein Muster für eine Sozialordnung abgibt.[31] Hingegen können aus der biblisch begründeten Fundamentalprämisse Kriterien gewonnen werden, die das Grundanliegen des Humanen als ein Bindeglied zwischen der Bibel und der modernen Welt verbindlich zu artikulieren vermögen. Kriterien sagen aus, «was im prinzipiellen Sinn ethisch zu gelten hat».[32] Sie halten fest, woran sich ethische Urteilsfindung und menschengerechtes Handeln orientieren können. Aber sie sind keine Handlungsrichtlinien.[33]

13.2.2 Sieben Kriterien als ethische Grundprinzipien

Hatte sich Rich anfänglich auf das «Hauptkriterium» der «Mitmenschlichkeit» konzentriert,[34] so entfaltet er in seiner «Wirtschaftsethik» einen Katalog von sieben Kriterien.[35] Einige sind für jedermann leicht verständlich, andere hingegen muten eher fremd an. Zu unterscheiden ist zwischen «inhaltlichen Kriterien», die einen bestimmten Wert umschreiben, und «formalen Kriterien», die darlegen, wie man mit vorgefundenen Werten umgehen soll.[36] Obwohl die Kriterien primär auf das gesellschaftspolitische Engagement Bezug nehmen, sind sie auch für die unmittelbaren Beziehungen zwischen Personen relevant.

---

31 Rich, Institutionelle Ordnung, S. 118. – Allerdings ist der Mensch im Alten Testament nicht nur als Individuum, sondern auch als Teil einer Sozietät – des Volkes Gottes – angesprochen; vgl. Hans-Balz Peter, Auf der Suche nach Kriterien für die Wirtschaftsethik, ISE Diskussionsbeiträge, Nr. 34, 2. Aufl., Bern 1997, S. 40.

32 Rich, Wirtschaftsethik, Bd. 1, S. 222.

33 A. a. O., S. 102 f.

34 Vgl. S. 72.

35 Rich, Wirtschaftsethik, Bd. 1, S. 172.

36 Diese Unterscheidung macht Helmut Kaiser, Die Berggebietsförderung des Bundes – Ethische Interpretation und Handlungsorientierung, Zürich 1987, S. 147 (fortan zit. als: Kaiser, Berggebietsförderung). Susanne Edel (Wirtschaftsethik im Dialog, S. 342) wiederum unterscheidet zwischen «Kriterien» und «Metakriterien».

Die sieben Kriterien lauten:

Geschöpflichkeit: Dieses Kriterium weist darauf hin, dass der Mensch, wie alle Kreatur, seine Existenz nicht sich selbst, sondern einem Schöpfer verdankt. Aber als Einziger ist er sich seiner Geschöpflichkeit auch bewusst. Denn ihm allein hat sich Gott offenbart. Auf den Anruf Gottes folgt die mündige Antwort des Menschen. Dieser ist zu Freiheit und schöpferischer Verantwortung berufen. Er ist zwar nicht Herr der Schöpfung, wohl aber Mandatar, Statthalter des Schöpfers,[37] der ihm die Erde als ein Lehen zur Gestaltung und Bewahrung anvertraut hat.[38]

Mitgeschöpflichkeit: Während Geschöpflichkeit den vertikalen Bezug zu Gott betont, steht Mitgeschöpflichkeit für die horizontale Vernetzung. Der Mensch steht in Schicksalsgemeinschaft mit der belebten und unbelebten Um- bzw. Mitwelt. Er ist ins Ganze der Schöpfung eingebunden. Gleichwohl kommt ihm eine Sonderstellung zu: Gott setzte den Menschen in den Garten Eden, damit er ihn bebaue und bewahre.[39] Dies ist kein Freibrief für ökologiefeindliche Ausbeutung der Natur. Zwar soll er als «homo faber» Natur und Umwelt nutzen. Aber als «homo conservator» soll er dies lebensfördernd und lebensdienlich tun. Wirtschaftlich kommt die ökologische Dimension unter anderem durch Übernehmen der Umweltkosten nach dem Verursacherprinzip zum Tragen (anstatt sie auf die Gesamtgesellschaft abzuwälzen) oder durch Erhebung einer Emissionsabgabe mit Lenkungscharakter.[40] Hier wird deutlich, dass das ökonomische Prinzip der Rentabilität an das ethische Kriterium der Mitgeschöpflichkeit angeschlossen werden muss.[41]

Mitmenschlichkeit, das heisst «gelebtes Menschsein mit den andern und für die andern»,[42] ist für Rich ein fundamentales Kriterium. Das Verhältnis zum Mitmenschen (horizontale Beziehung) entspricht der Bundesgenossenschaft mit Gott (vertikale Beziehung). Mensch und Mitmensch stehen (wie die Mitwelt) unter dem Zuspruch und Anspruch des Schöpfers. Daher gilt: Du sollst den Herrn, deinen Gott, lieben und deinen Nächsten wie dich selbst.[43] Die Gottesliebe inspiriert zum mitmensch-

[37] Rich, Wirtschaftsethik, Bd. 1, S. 173–179, 195; Wirtschaftsethik, Bd. 2, S. 21. – Kaiser, Berggebietsförderung, S. 493, Anm. 436.

[38] Vgl. das Kriterium Mitgeschöpflichkeit.

[39] Gen 2,15.

[40] Rich, Wirtschaftsethik, Bd. 1, S. 193–196; Wirtschaftsethik, Bd. 2, S. 32–35, 162 f., 168.

[41] Über die Ansprüche an eine ökologiegerechte Marktwirtschaft vgl. am Schluss dieses Buches Richs Aufsatz, «Marktwirtschaft – Möglichkeiten und Grenzen», S. 187 f.

[42] Rich, Wirtschaftsethik, Bd. 1, S. 192.

[43] Nach Mt 22,37.39.

lichen Umgang mit dem Du wie mit dem Ich.[44] Dem Mitmenschlichkeitskriterium kommt über die Glaubensgewissheit hinaus Evidenz auch im allgemein-menschlichen Erfahrungshorizont zu: Alle, ob Christen oder Nichtchristen, wissen grundsätzlich, dass Humanität mit der Achtung vor der Würde des andern steht und fällt.[45]

Partizipation: Während Mitmenschlichkeit im Bereich der unmittelbaren Person-Beziehungen «das Teilhabenlassen anderer an dem, was man ist, hat und tut», bedeutet, ist Partizipation «das Teilhabenkönnen aller Beteiligten oder Betroffenen an den [...] Rechten, Befugnissen und Gütern» der politischen und wirtschaftlichen Institutionen. Zur Partizipation gehört ferner die gerechte Verteilung des Sozialprodukts und der Arbeit.[46]

Kritische Distanz: «Fügt euch nicht ins Schema dieser Welt.»,[47] so versteht Rich das Kriterium der kritischen Distanz. Die Erzählung vom Sündenfall lehre uns, dass die ursprünglich gute Schöpfung verdorben ist. Mensch und Gesellschaft sind mit Mängeln behaftet. Rich nennt dies das «personal Böse» und das «strukturell Böse».[48] Kritische Distanz bewahrt davor, den Status quo unbesehen hinzunehmen und blindem Konformismus zu verfallen. Auf die Wirtschaft bezogen bedeutet das etwa, dass keines ihrer Ordnungssysteme – weder Marktwirtschaft noch Planwirtschaft – Anspruch auf Letztgültigkeit erheben kann. Beiden gegenüber ist eine gewisse Skepsis geboten.[49]

Relative Rezeption: Rich will nicht nur das Relative unserer geschichtlichen Welt vom Absoluten der göttlichen Schöpfung[50] her der Kritik unterziehen, er will das Relative auch zu seinem Recht kommen lassen. Das Kriterium «Kritische Distanz» bedarf daher eines Gegenpols in Gestalt einer «kritischen Akzeptanz» oder – in Rich'scher Terminologie – des Kriteriums «Relative Rezeption», relative Annahme des Bestehenden. Sonst verfalle man einer extrem negativen Einstellung, einem radikalen Nonkonformismus gegenüber der real existierenden Welt.[51] Das Krite-

44 Mit Recht wirft Susanne Edel (Wirtschaftsethik im Dialog, S. 257, 347) die Frage auf, warum Rich neben «Mitgeschöpflichkeit» (Ich-Es-Beziehung) und «Mitmenschlichkeit» (Ich-Du-Beziehung) nicht auch ein Kriterium «Selbstachtung» (Ich-Ich Beziehung) eingeführt habe.

45 Rich, Wirtschaftsethik, Bd. 1, S. 192 f.; Wirtschaftsethik, Bd. 2, S. 143.

46 Rich, Wirtschaftsethik, Bd. 1, S. 196–200, hier besonders: 197; Wirtschaftsethik, Bd. 2, S. 146.

47 Röm 12,2 (Zürcher Bibel 2007).

48 Rich, Wirtschaftsethik, Bd. 1, S. 111–115.

49 A. a. O., S. 179–181; Rich, Wirtschaftsethik, Bd. 2, S. 41 f. Vgl. auch S. 153 ff.

50 «Und siehe, es war sehr gut.» (Gen 1,31).

51 Vgl. Richs Kritik an der «Totalopposition» eines Herbert Marcuse, S. 90 f.

rium der relativen Rezeption misst Bestehendes daran, ob und wie weit es in seiner Unvollkommenheit geeignet ist, eine möglichst gerechte Ordnung zu befördern. Die Rezeption ist insofern relativ, als sie Optionen für eine noch bessere Gerechtigkeit offen hält. In diesem Sinn empfehle schon Paulus eine relative Rezeption der Staatsgewalt. Er ermahne die Christen, «der Obrigkeit untertan» zu sein. So wenigstens lautet Römer 13,1 in der Übersetzung der Luther-Bibel von 1912. Die Perikope (Röm 13,1–7) ist oft missverstanden worden. Viele haben sie in dem Sinn gedeutet, dass die geltende Staatsordnung als Ordnung Gottes zu verstehen sei, der unbedingt Gehorsam gebühre. Das wäre absolute und nicht relative Rezeption des Bestehenden. Um diesem Missverständnis zu begegnen, ersetzt Rich «untertan sein» mit «sich unterstellen» beziehungsweise «sich unterordnen».[52] Diese etwas weniger strenge Version ist auch für die Zürcher Bibel 2007 verwendet worden: «Jedermann ordne sich den staatlichen Behörden unter.»

Relationalität: Nach Luther ist der Christ «zugleich freier Herr und dienstbarer Knecht».[53] Freiheit und Dienstbarkeit sind gegensätzliche Werte, die aber in Relation, in Beziehung zueinander stehen. Anhand dieser Aussage erörtert Rich das Kriterium der Relationalität. Relationale Werte sind komplementär, sie ergänzen sich gegenseitig. Der eine Wert ist ohne den anderen nicht zu haben; sonst wird eine Teilwahrheit ins Extreme gesteigert. Freiheit ohne Dienstbarkeit entartet zu Willkür, und Dienstbarkeit ohne Freiheit pervertiert zu Sklaventum. In Relation zueinander stehen im Weiteren Autonomie und Abhängigkeit, Anpassung und Widerstand, Gemeinwohl und Eigennutz, Selbstachtung und Nächstenliebe, individuelle Freiheit und solidarische Bindung. Das «Metakriterium» der Relationalität beinhaltet – wie dasjenige der kritischen Distanz und der relativen Rezeption – keine neuen Werte, geht aber mit den vorgefundenen Werten in einer neuen Weise um. Relationalität bedeutet: Wer Position bezieht, soll sich auch um die Gegenposition bemühen.[54] Er soll also in grösseren Zusammenhängen denken. Das hat mit Relativismus nichts zu tun. «Das Kriterium der Relationalität wäre [...] gründlich missverstanden, wenn man es zu einem dubiosen Mittel der Versöhnung des Unversöhnbaren oder gar der Verwischung der Grenzen zwischen Recht und Unrecht [...] machen wollte.» Es geht nicht um ein Vermitteln

---

52 Rich, Verantwortung für Staat und Politik, S. 142–149; Wirtschaftsethik, Bd. 1, S. 181–184.

53 In Anlehnung an Gal 5,13.

54 Rich, Wirtschaftsethik, Bd. 1, S. 184–192; Wirtschaftsethik, Bd. 2, S. 168 f.

zwischen Wert und Unwert, sondern um ein sorgfältiges Abwägen zwischen gleichrangigen «verités opposées» (Blaise Pascal).[55]

Neben diesen sieben Kriterien sind durchaus noch weitere Kriterien denkbar. Zum Beispiel: Auf Freiheit, Gerechtigkeit und Solidarität kann nicht verzichtet werden, wenn ethisch gehandelt werden soll. Aber Rich erhebt diese Werte, die über den Horizont des Christentums hinaus auf allgemeine Anerkennung stossen, nicht in den Rang von Kriterien, wie es der Bonner Theologe Martin Honecker tut.[56] Immerhin hat Rich ursprünglich «Freiheit» und «Solidarität» als Bestandteile des Kriteriums Mitmenschlichkeit bezeichnet.[57] Was die «Gerechtigkeit» anbelangt, so entfaltet er im ersten Band seiner Wirtschaftsethik «Richtlinien der gesellschaftlichen Gerechtigkeit».[58] Diese sind nach Karl Ernst Wenke im Zwischenfeld zwischen den Kriterien und den Maximen anzusiedeln.[59]

Die sieben Kriterien beanspruchen als ethische Grundprinzipien Gültigkeit für den personalen und gesellschaftlichen Bereich. Sie sind aber nicht dogmatisch fixiert, sondern müssen erläutert und begründet werden. Sie stehen auch nicht ein für alle Mal fest, sondern unterliegen dem geschichtlichen Wandel. Es können neue Kriterien hinzukommen; ihre Zahl ist variabel.[60]

Arthur Rich hat denn auch seine Kriterien in einem langen Prozess ausgearbeitet und umgestaltet. Er hat sie zum Teil umbenannt («Relativität» in «Relative Rezeption»), umgruppiert (das «Sachgerechte» bzw. «Sachgemässe» aus dem Kriterienkatalog herausgenommen und in Relation zum «Menschengerechten» gesetzt) sowie neue Kriterien hinzugefügt («Geschöpflichkeit» und «Mitgeschöpflichkeit» in der Folge der ins öffentliche Bewusstsein getretenen Umweltproblematik).[61]

Die Kriterien sind christlich geprägt, sollen aber – analog zur Fundamentalprämisse – über den christlichen Glauben hinaus das allgemein Humane erfassen. Um sie auch Nichtchristen zugänglich zu machen, müssen sie sich vernünftig begründen lassen, «was nur auf dem Boden eines

---

55 Rich, Wirtschaftsethik, Bd. 1, S. 191 f.; Wirtschaftsethik, Bd. 2, S. 233. Vgl. S. 47 f.

56 Laut Arthur Rich, Wirtschaftsethik, in: Evangelisches Soziallexikon, Stuttgart 1980, Sp. 1447.

57 Vgl. S. 72.

58 Rich, Wirtschaftsethik, Bd. 1, S. 217–221.

59 Karl Ernst Wenke, Menschengerechte Ordnung. Erörterungen zu Arthur Richs sozialethischem Ansatz, in: ders. (Hg.), Probleme sittlichen Urteilens, Bochum 1986, S. 183–221, hier: 204.

60 Rich, Wirtschaftsethik, Bd. 1, S. 102 f., 172; Kriterien und Maximen, in: Festgabe Rich, S. 22.

61 Vgl. z. B. den Kriterienkatalog in: Rich, Mitbestimmung, S. 52–61, mit demjenigen in: Rich, Wirtschaftsethik, Bd. 1, S. 173–200.

kommunikationsfähigen Argumentierens möglich ist».[62] Hier wird Richs Bestreben deutlich, seine theologische Ethik an andere ethische Ansätze[63] anschlussfähig und sie auch für Agnostiker und Andersgläubige einsichtig zu machen. Das spezifisch Christliche soll zugleich das allgemein Menschliche zum Ausdruck bringen.

13.3 Maximen

Sozialethische Maximen, wie sie von Arthur Rich für den Bereich der Wirtschaft entwickelt wurden, zeichnen sich durch eine doppelte Ausrichtung aus: Einerseits lassen sie sich von den ethischen Kriterien für menschengerechtes Handeln herleiten. Andererseits berücksichtigen sie die sachgemässen Erkenntnisse der theoretischen und angewandten Sozialwissenschaften. Auf der Maximen-Ebene findet ein Ineinandergreifen ethischer und empirischer Argumentationsschritte, eine Vermittlung der «idealen Welt der Prinzipien» mit der «realen Welt der Fakten» statt. Maximen geben Antwort auf die Frage, nach welchen ethischen und sachlichen Gesichtspunkten Familie, Staat und Wirtschaft einzurichten seien. Sie sind allgemeine Handlungsrichtlinien für bestimmte Sachfragen, situationsgebundene «Normen voller Erdgeruch», jedoch noch keine konkreten Handlungsanweisungen. Maximen dienen als Orientierungshilfen, können aber niemandem das Sich-Entscheiden abnehmen. Auch sind sie nicht unwiderruflich. Sie bedürfen der periodischen Überprüfung und Anpassung, da Situationen sich verändern können und neue, bessere Lösungsansätze denkbar sind.[64]

Maximen lassen sich nicht deduktiv aus den Kriterien ableiten, sondern sind zirkulär zu gewinnen, indem man sachliche Lösungsvorschläge und ethische Kriterien wechselseitig in Beziehung zueinander setzt.[65] Zu diesem Zweck hat Rich ein fünfteiliges Verfahren der Maximenbildung[66] entwickelt: 1. Situationsanalyse und Problemfeststellung: Analyse der konkreten Situation und Klärung der relevanten Probleme; 2. Auslegeordnung: Sichtung der bestehenden und der sich neu anbietenden Gestaltungskonzepte zwecks Bewältigung der erkannten Probleme; 3. Normen-

[62] Rich, Wirtschaftsethik, Bd. 1, S. 103.
[63] Z. B. philosophische Ethik, «Weltethos» usw.
[64] Rich, Wirtschaftsethik, Bd. 1, S. 103, 222 f., 227–229, 233, Anm. 16; Wirtschaftsethik, Bd. 2, S. 43, 226.
[65] Rich, Wirtschaftsethik, Bd. 1, S. 103, 222, 233, Anm. 15.
[66] Für das Folgende: a. a. O., Bd. 1, S. 224–228. – Ähnliche Maximenbildung bei: Heinz Eduard Tödt, Versuch zu einer Theorie ethischer Urteilsbildung, in: ZEE, 1977, S. 83; Perspektiven theologischer Ethik, München 1988, S. 29–42. Auch bei: Hermann Ringeling, Ethische Normativität und Urteilsfindung, in: ZEE, 1984, S. 419–423.

kritische Klärung: Offenlegung der ethischen Implikationen der Gestaltungskonzepte und Klärung der Frage, nach welchen ethischen und sachlichen Gesichtspunkten eine Option zu erarbeiten ist; 4. Maximenbildung: Formulierung von normenkritisch geklärten Richtpunkten und Leitlinien für ein modifiziertes Gestaltungskonzept; 5. Adäquanzkontrolle: ethische und sachliche Nachprüfung der erarbeiteten Maximen. Diese fünf Schritte werden von Rich im zweiten Band der «Wirtschaftsethik» bei der Beurteilung von Marktwirtschaft und Planwirtschaft durchexerziert.[67]

Anders als bei den sieben Kriterien, die Rich inhaltlich klar umrissen hat, unterlässt er es im ersten Band seiner Wirtschaftsethik, die Maximen mit Inhalt zu füllen. Er beschränkt sich darauf, formal die Methodik der Maximenbildung darzulegen. Will man Konkretes über deren Gehalt in bestimmten Situationen erfahren, muss man auf frühere[68] oder spätere[69] Publikationen zurückgreifen. Ferner zieht Rich die Möglichkeit des Scheiterns mit in Betracht. Es könne nämlich bei der Maximenbildung der Fall eintreten, dass die sachbezogenen Erfordernisse mit dem ethischen Imperativ nicht in Übereinstimmung zu bringen sind. Dann müsse das Prozedere offen bleiben, bis neue Argumente sachlicher und/oder ethischer Art zu einem neuen, interdisziplinär angelegten Anlauf ermuntern.[70]

67 Vgl. Edel, Wirtschaftsethik im Dialog, S. 260 f.
68 Vgl. S. 73 f., Maximen zur Humanisierung der industriellen Arbeitswelt; ferner S. 98 f., Maximen zur Mitbestimmung.
69 Maximen zur Beurteilung von Marktwirtschaft und Planwirtschaft in: Wirtschaftsethik, Bd. 2; vgl. Kap. 15, S. 151 ff.
70 Rich, Wirtschaftsethik, Bd. 1, S. 222, 227.

14. Umsetzung in die Praxis

Hauptbestandteil des ersten Bandes von Arthur Richs «Wirtschaftsethik», die überraschend gut aufgenommen wurde,[1] ist die Erarbeitung eines Instrumentariums zur Gewinnung von ethischer Urteils- und Handlungskompetenz im Bereich der Wirtschaft. Das Instrumentarium, das über die Wirtschaftsethik hinaus ganz allgemein in der Sozialethik angewendet werden kann, umfasst die drei Ebenen Fundamentalprämisse,[2] Kriterien,[3] Maximen.[4] Parallel zur Entfaltung dieses Konzepts setzt sich Rich in einem kursorischen Überblick mit neueren Strömungen der Sozialwissenschaften[5] und der protestantischen Ethik[6] auseinander.

Sein Instrumentarium hat Rich sowohl für Wirtschaft und Politik als auch für Theologie und Kirche entwickelt. Was Letztere betrifft, wollte er verhindern, dass sie einer doppelten Gefahr erliegen. Einerseits seien theologische Wissenschaft und kirchliche Praxis nicht dagegen gefeit, sich auf die Innerlichkeit zurückzuziehen und dabei die Wirtschaft als Teil der modernen Gesellschaft ihren eigenen Gesetzen zu überlassen. Andererseits erlägen sie manchmal der Versuchung, ihre ethischen Einsichten in dogmatischer Engführung und unter Vernachlässigung des Wirklichkeitsverständnisses der Wirtschaftswelt überzustülpen. Das wäre «sozialethische Kurpfuscherei», mit der sich die kirchlich-theologische Zunft den berechtigten Vorwurf der Inkompetenz einhandeln würde.[7]

Um einer solchen Kritik den Boden zu entziehen, begnügt sich Rich nicht mit der Devise, dass «nicht wirklich menschengerecht sein könne, was nicht sachgemäss ist».[8] Vielmehr zeigt er konkret Mittel und Wege auf, wie Kirche und Theologie zu methodisch sorgfältig erarbeiteten Urteilen in sozialethischen Fragen gelangen können. Zu diesem Zweck hat er sein Drei-Ebenen-Modell entwickelt. Er hat ein Instrumentarium

---

1 An Gunhild Bätjer, Leipzig, 8.1.1986 (NL 68.12).

2 Rich, Wirtschaftsethik, Bd. 1, S. 105–128.

3 A. a. O., S. 172–200.

4 A. a. O., 222–241.

5 A. a. O., S. 71–102.

6 A. a. O., S. 129–169.

7 Kaiser, Berggebietsförderung, S. 8–10. – Das Gegenstück zur dogmatischen Engführung der Ethik ist die «ökonomistische Engführung» der Wirtschaft, wonach die ökonomische Theorie und Praxis der ethischen Dimension entbehren könne, vgl. Rich, Wirtschaftsethik, Bd. 2, S. 15–19, 170–173.

8 Rich, Wirtschaftsethik, Bd. 1, S. 81; Wirtschaftsethik, Bd. 2, S. 174. Vgl. S. 124.

konzipiert, das sich dafür eignen sollte, aus der Perspektive des christlichen Glaubens zu sowohl sachkundigen als auch sozialethisch verantwortbaren Handlungsrichtlinien zu kommen.[9]

14.1 Raumplanung und Bodenrecht

Der Ball, den Arthur Rich mit seinem Drei-Ebenen-Modell den Kirchen und Christen zugespielt hat, ist aufgenommen worden. Am gründlichsten geschah dies in der umfangreichen Dissertation «Die Berggebietsförderung des Bundes» von Helmut Kaiser,[10] dem damaligen theologischen Mitarbeiter am Institut für Sozialethik (ISE) des Schweizerischen Evangelischen Kirchenbundes (SEK). Seit Inkrafttreten des Bundesgesetzes über die Investitionshilfe für Berggebiete am 1. März 1975[11] unterstützt der Bund Infrastrukturvorhaben zur Förderung der Bergregionen. Unter anderem geht es darum, die oft kargen, ungenügenden Existenzbedingungen zu verbessern. Bei dieser Art von regionaler Entwicklungshilfe wurden laut Kaiser die ethischen Bezüge weitgehend ausgeblendet. Deshalb setzte er sich zum Ziel, ein Leitbild der Berggebietsförderung für die kantonalen und eidgenössischen Instanzen zu erarbeiten und es auf seinen ethischen Gehalt hin zu befragen. Gleichzeitig versuchte er, den Auftrag der Kirche in Bezug auf die Berggebietsproblematik zu konkretisieren. Für dieses Unterfangen war Richs Methode sozialethischer Urteilsbildung von konstitutiver Bedeutung.[12]

Eingehend erläutert und würdigt Helmut Kaiser das Drei-Ebenen-Modell,[13] dem er trotz etlicher Kritik ein hohes Mass an Rationalität, Transparenz und praktischer Relevanz attestiert.[14] Der Doktorand stützt sich auf die Fundamentalprämisse «Humanität aus Glauben, Hoffnung, Liebe»[15] und wendet bei der Erarbeitung des Leitbildes Richs Kriterien für menschengerechtes Handeln an.[16] Dann formuliert er achtundzwanzig Maximen für die Berggebietsförderung. Entsprechend dem Rich'schen

---

9 Arthur Rich, Die Spannung zwischen Wirtschaft und Theologie, [ca. 1990] (NL 15.23). – Kaiser, Berggebietsförderung, S. 12.

10 Helmut Kaiser, Die Berggebietsförderung des Bundes – Ethische Interpretation und Handlungsorientierung, Zürich 1987, 820 Seiten. – Die Dissertation wurde am 1. August 1986, zwei Jahre nach Erscheinen von Richs erstem Band der Wirtschaftsethik, abgeschlossen.

11 Kaiser, Berggebietsförderung, S. 224, 340 f.

12 A. a. O., S. XXIII f., XXX, XXXIV, XXXVI, 101.

13 A. a. O., S. 103–149.

14 A. a. O., S. 142.

15 A. a. O., S. 111–115.

16 A. a. O., S. 115–131, 493–498, 507 f., 516–520.

Konzept, wonach keine pfannenfertigen Rezepte anzubieten seien,[17] sind die von Kaiser erarbeiteten Maximen allgemein gehalten. Unter anderem fassen sie eine Verbesserung der Existenzverhältnisse und Lebenschancen der Bergbevölkerung unter Berücksichtigung des Anliegens einer intakten Umwelt ins Auge sowie eine Revision der ordnungspolitischen Grundlagen des Investitionshilfegesetzes unter dem Gesichtspunkt einer «humanen Wirtschaftsdemokratie».[18] In Bezug auf das Handeln der Kirche regt Kaiser die Erarbeitung von Zielvorstellungen an und sucht nach Alternativen zur herkömmlichen Berggebietsförderung. Zu den Aufgaben der Kirchen gehörten ferner helfende Begleitung in Krisensituationen, Initiierung eines Dialogs in Konfliktfällen sowie Vermittlung von Sinn- und Wertsystemen.[19]

Bei der Beurteilung ähnlicher Sachfragen hat auch die Kirche auf das Rich'sche Instrumentarium zurückgegriffen. Dies war schon vor Erscheinen der «Wirtschaftsethik» möglich, da Rich sein Modell bereits seit Mitte der 1960er Jahre entwickelt und durch Vorlesungen,[20] Publikationen[21] und Vorträge öffentlich gemacht hatte. An der Ausarbeitung von kirchlichen Stellungnahmen wirkte Rich teilweise als Experte mit. So war er als Mitglied der interdisziplinären SEK-Kommission für Raumplanungs- und Bodenrechtsfragen am Entstehen der ISE-Studie «Teilnahme an der Planung unseres Bodens»[22] beteiligt, die im März 1976, drei Monate vor dem Urnengang über ein schweizerisches Raumplanungsgesetz, der Öffentlichkeit zugänglich gemacht wurde. Rich hatte das Kapitel «Raumplanung und Bodenrecht in sozialethischer Sicht» verfasst, in welchem «Kriterien» und acht «maximenhafte Grundsätze» für eine Reform des Bodenrechts entfaltet werden.[23] Die Maximen enthalten keine vorfabrizierten Antworten, sondern wollen «nur auf die Grundrichtung verweisen, die es in der Bodenrechts- und Raumplanungsfrage einzuhalten» gelte. Im 7. Grundsatz beispielsweise plädiert Rich nicht für eine Sozialisierung, wohl aber für die Sozialpflichtigkeit des Bodeneigentums. Das könne eine gewisse Einschränkung der Eigentumsrechte zur

17 Vgl. S. 139.

18 Kaiser, Berggebietsförderung, S. XXXI, 131–136, 706–729.

19 A. a. O., S. 733–736.

20 Seit 1970 zirkulierten Zusammenfassungen und Nachschriften von Vorlesungen, vgl. z. B. Arthur Rich, Sozialethik im Industriezeitalter, Teile I–III, 1974/75 (NL 47.3, 49.1–3).

21 Rich, Christliche Existenz, 1964; Mitbestimmung in der Industrie, 1973, usw.

22 Teilnahme an der Planung unseres Bodens. Erarbeitet von der Kommission für Raumplanungs- und Bodenrechtsfragen des SEK. ISE-Studien, Nr. 17/18, 1976.

23 A. a. O., S. 17–27. – In teilweise anderer Fassung bereits drei Jahre früher: Arthur Rich, Eigentum ist nur ein relatives Recht, in: nz am wochenende (National-Zeitung, Basel), 17.3.1973, S. I, VI.

Folge haben. Exemplarisch sei an den Waldbesitz zu erinnern, der auf Grund von gesetzlichen Bestimmungen nur für forstwirtschaftliche Zwecke genutzt werden dürfe. Als Erholungsraum hingegen müsse der Wald allen Menschen offen stehen.[24] Dem Autor wurde selbst von gegnerischer Seite attestiert, dass die durch sein Verfahren gewonnenen Einsichten eine sorgfältige Analyse verdienten.[25]

Um die Auswirkungen der Raumplanung an Ort und Stelle zu erforschen, initiierte die gleiche SEK-Kommission drei Jahre später eine Fallstudie zu zwei konkreten Projekten. Untersucht wurden Planungsarbeiten im mittleren und oberen Goms sowie im Genfer Stadtquartier «Les Grottes». Für den Kommissionsbericht lieferte Rich wiederum die sozialethische Begründung. Von der «hoffenden Liebe des Glaubens» gelangte er über die Kriterien zu acht Maximen. Die Kommission kam unter anderem zum Schluss, grundsätzlich dürfe keine der betroffenen Gruppierungen von der Planung ausgeschlossen werden. Für das Goms im Speziellen wurde die Einführung eines sanften Tourismus als Ergänzung zur traditionellen Landwirtschaft empfohlen.[26]

14.2 Lebensstil, Bankengesetzgebung, Friedensbewahrung

Wie schon bei Kaisers Studie zur «Berggebietsförderung» wurde das Drei-Ebenen-Modell auch ohne Mitwirkung von Arthur Rich angewendet. 1979 publizierte der Ethiker und spätere ITE-Leiter[27] Christoph Stückelberger die Arbeit «Aufbruch zu einem menschengerechten Wachstum». Er knüpfte an die Debatten der 1970er Jahre an, die der «Club of Rome» mit seinem Bericht über «Die Grenzen des Wachstums»[28] initiiert hatte.

---

24 ISE-Studien, Nr. 17/18, S. 25 f.

25 Rudolf Rohr, Privateigentum – Hindernis der sozialen Gerechtigkeit? Diskussion einer kirchlichen Bodenrechtsstudie, in: NZZ, Nr. 158, 9.7.1976, S. 31. Der gleichen Methode bediente man sich elf Jahre später – nun ohne Mitarbeit von Arthur Rich – in der interkonfessionellen Publikation: Ökumenische Arbeitsgruppe für Raumplanungs- und Bodenrechtsfragen (Hg.), Welches Bodenrecht ist für Mensch und Boden recht? ISE-Studien, Nr. 38, und Publikationsreihe der Schweizerischen Nationalkommission Justitia et Pax, Nr. 15, 1987.

26 Kommission für Raumplanungs- und Bodenrechtsfragen des SEK (Hg.), Entwicklung im Stadtquartier und in der Bergregion. Wer plant für wen? ISE-Studien, Nr. 28/29, 1979, S. 9 f., 86–102. – Heute sind entgegengesetzte Tendenzen zu erkennen, wonach aus dem Goms ein «Refugium für Superreiche» gemacht und Luxusbetriebe anstelle von Mittelklasshotels errichtet werden sollen; vgl. Richard Diethelm, Langlaufparadies sucht die richtige Spur, in: Tages-Anzeiger, 28.2.2009, S. 5.

27 ITE = Institut für Theologie und Ethik, das Nachfolgegremium des ISE ab 2004; vgl. S. 63. – Stückelberger war von 2004 bis 2007 Leiter des ITE.

28 Dennis Meadows et. al., Die Grenzen des Wachstums. Bericht des Club of Rome zur Lage der Menschheit, Stuttgart 1972.

Kriterien für die Wirtschaftsethik

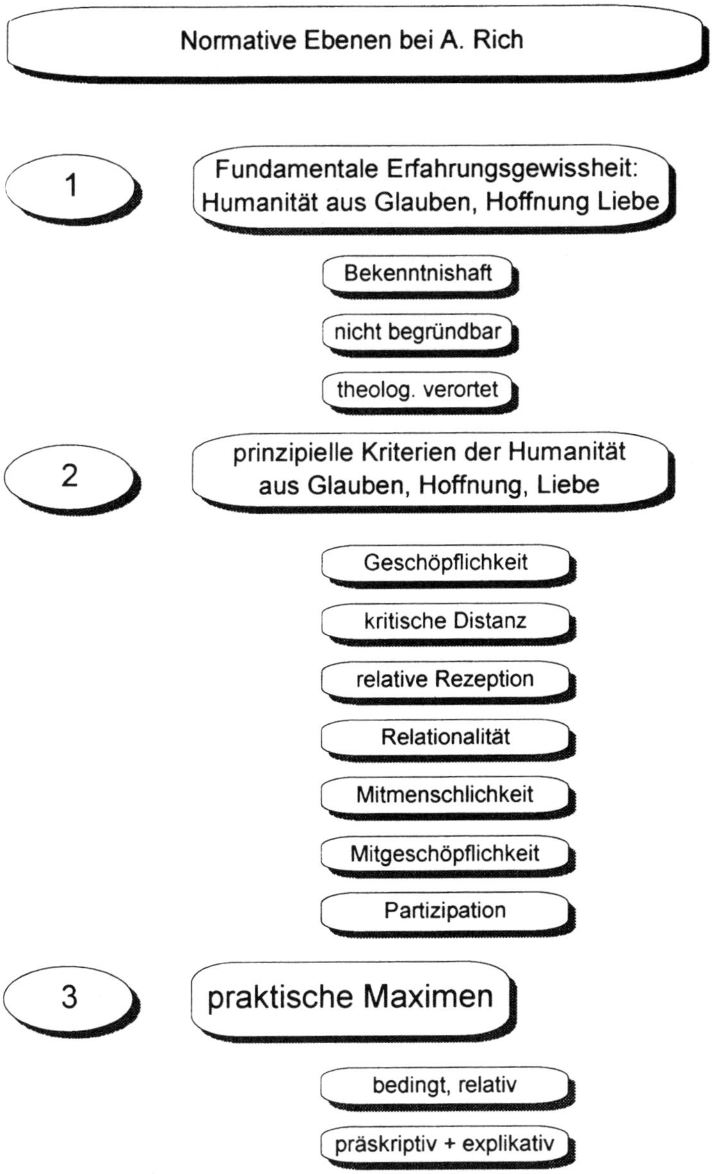

Arthur Richs Drei-Ebenen-Modell (bei Hans-Balz Peter, Auf der Suche nach Kriterien für die Wirtschaftsethik, 1997)

Stückelberger griff auf die Seligpreisungen in der Bergpredigt[29] als Fundamentalprämisse zurück, um elf «Kriterien einer sanften Lebenshaltung» zu entfalten. Daraus leitete er dreizehn sozialethische «Richtlinien» («Maximen») zur «Veränderung des Konsumverhaltens» ab.[30] Sie waren als Anreiz zu einem einfacheren Lebensstil gedacht.[31]

Ethische Grundkriterien und situationsbedingte Maximen nach der Vorgabe von Arthur Rich sind auch in der interdisziplinär erarbeiteten Banken-Studie des ISE von 1981 enthalten,[32] welche sich mit der damaligen Revision der Bankengesetzgebung sowie einer Bankeninitiative der Sozialdemokratischen Partei[33] befasst. Der Anstoss zu dieser Untersuchung war aus den Kantonalkirchen und dem Kirchenbund gekommen. Als Autoren zeichneten Hans-Balz Peter als Projektverantwortlicher sowie Hans Ruh als theologischer Experte und Rudolf Höhn als ökonomischer Mitarbeiter.[34] Ihre Analyse mündet nicht nur in allgemeine Handlungsrichtlinien, sondern in konkrete Handlungsanweisungen zur Modifikation des schweizerischen Bankgeheimnisses. Auf Kritik stiess unter anderem die bis heute gängige Praxis, wonach zwischen Steuerbetrug und Steuerhinterziehung unterschieden wird. Nicht nur die Fälschung von Steuerunterlagen (Steuerbetrug), sondern auch die Verheimlichung von Einkommen und Vermögen (Steuerhinterziehung) sei fiskalpolitisch und ethisch fragwürdig. Einerseits würden dadurch der Öffentlichkeit Gelder entzogen, auf die sie rechtlich Anspruch habe. Andererseits würden die ehrlichen Steuerzahler benachteiligt, weil sie eine proportional höhere Steuerleistung zu erbringen hätten. Würden alle ihre Wertschöpfung ehrlich deklarieren, könnten die Steuern generell gesenkt werden. Die Studie macht den Vorschlag, anstatt wie bisher zwischen Steuerhinterziehung und Steuerbetrug zu unterscheiden, die Grenze zwischen vorsätzlicher und fahrlässiger Steuerhinterziehung zu ziehen. Als vorsätzlich sei das absichtliche, wiederholte «Vergessen» von grossen

---

29 Mt 5,3–10.

30 Über die Notwendigkeit einer «Ökonomie des Genug» vgl. am Schluss dieses Buches Richs Aufsatz «Marktwirtschaft – Möglichkeiten und Grenzen», S. 187 f.

31 Christoph Stückelberger, Aufbruch zu einem menschengerechten Wachstum. Sozialethische Ansätze zu einem neuen Lebensstil, Zürich 1979, S. 1, 46–48, 51–55, 61, 71–76, 115, Anm. 4, S. 119, Anm. 35, S. 120 f., Anm. 51 und 57. – Ähnlich: ders., Recht auf Nahrung ist erstes Menschenrecht, in: Tages-Anzeiger, 17.4.2008. In diesem Beitrag über die Verarbeitung von Nahrungsmitteln zu Biotreibstoffen und die damit verbundene Verschärfung der Hungerproblematik in Drittweltländern reflektiert Stückelberger zunächst das Grundrecht auf Nahrung, formuliert dann Kriterien zur Sicherstellung der Versorgung und entwickelt Maximen für eine vernünftige Welternährungsordnung.

32 Hans-Balz Peter/Hans Ruh/Rudolf Höhn, Schweizer Bankwesen und Sozialethik. ISE-Studien, 1981, Nr. 31, Teil I, und Nr. 32, Teil II.

33 Am 20.5.1984 mit Dreiviertelmehrheit verworfen.

34 Mitgeteilt von Hans-Balz Peter, 17.4.2009.

Einkommens- oder Vermögensteilen zu taxieren, während als fährlässig das einmalige Nichtdeklarieren von kleineren Beträgen zu gelten hätte. Vorsätzliche Hinterziehung sei künftig analog zum Steuerbetrug strafrechtlich zu verfolgen, während fahrlässiges Handeln durch eine administrativ verordnete Busse zu ahnden sei. Parallel dazu seien die Banken bei vorsätzlicher Steuerhinterziehung zu einer schärferen Auskunftspflicht anzuhalten.[35]

Die Studie nimmt auch Stellung zur Kapitalflucht, welche durch die Handhabung des Bankgeheimnisses gefördert werde. Der Zufluss von steuerpflichtigem Kapital aus dem Ausland habe in jenen Fällen, in denen das Geld am Fiskus vorbei in die Schweiz geschmuggelt wird, eine Verminderung des Steuersubstrats im Herkunftsland zur Folge. Damit setze sich die Schweiz international dem Vorwurf aus, als Steueroase die Steuerflucht zu protegieren. Im Sinne einer Korrektur empfiehlt das Dokument, es sei die schweizerische Gesetzgebung der Rechtssituation in vergleichbaren Industriestaaten anzugleichen, was unter anderem ebenfalls den Verzicht auf eine Unterscheidung zwischen Steuerbetrug und vorsätzlicher Steuerhinterziehung zur Folge hat.[36] Hätten damals Volk und Behörden diesen Empfehlungen Folge geleistet, wäre die Schweiz später von manchem Ungemach verschont geblieben.

Ohne mit Begriffen wie «Kriterien» und «Maximen» zu operieren, griff 1983 die ISE-Studie «Frieden schaffen, Frieden schützen» auf das dreigliedrige Argumentationsprozedere von Arthur Rich zurück. Den Anstoss gab ein Postulat der Berner Kirchensynode, die befürchtete, das nukleare Wettrüsten zwischen Ost und West könnte der menschlichen Kontrolle entgleiten und das Leben auf dem Planet Erde gefährden. Hinter dieser Angst verbarg sich das ethische Dilemma des Westens, sowohl die Freiheit bewahren als auch das Überleben sichern zu müssen. Die Expertise gelangte, von alt- und neutestamentlichen Kriegs- und Friedensvorstellungen ausgehend, über «theologisch-ethische Orientierungspunkte» zu «Postulaten», wie Friede zu schaffen und zu schützen sei.[37] Sie kam zum Schluss, einerseits sei durch Fortführung der Verteidigungsanstrengungen zu vermeiden, dass ein militärisches Vakuum entstehe (keine einseitige Abrüstung!), und andererseits sei über alle ideologischen

---

[35] A.a.O, Teil II, S. 194–196. – Vgl. auch Hans-Jürg Fehr, So muss das Bankgeheimnis reformiert werden, in: schaffhauser az, 5.3.2009.

[36] Peter/Ruh/Höhn, Schweizer Bankwesen und Sozialethik, Teil I, S. 63; Teil II, S. 160, 196 f.

[37] SEK-Kommission für Fragen der Sicherheit und Abrüstung (Hg.), Frieden schaffen, Frieden schützen. ISE-Studien, Nr. 33, Bern und Lausanne 1983, S. 7, 13, 36–39, 44–47, 61–64, 76–87.

Gräben hinweg ein dichtmaschiges Netz von internationalen Beziehungen zu knüpfen, damit der Friede bewahrt werden könne.[38]

14.3 Vom Himmel auf die Erde geholt

Diese Beispiele, von denen es noch mehr gäbe, gründen wesentlich auf dem von Arthur Rich entwickelten Instrumentarium ethischer Urteilsbildung. Sie alle haben einen Bezug zum Institut für Sozialethik, dem Braintrust des SEK zur Beurteilung aktueller sozialethischer Fragen. Der Rückgriff auf Richs Methode ist kein Zufall. Denn das ISE fühlte sich – wie dessen langjähriger Leiter Hans-Balz Peter im November 1996 an der Jubiläumstagung zum 25-jährigen Bestehen des Instituts feststellte – «der methodischen Klarheit wegen» dem Rich'schen Ansatz verpflichtet.[39] Dasselbe war ab 2004 bei der Nachfolge-Institution ITE unter Christoph Stückelberger der Fall.[40] Die sittlichen Zumutungen und Ansprüche, die nach dieser Methode erarbeitet würden, seien – wie Peter weiter ausführte – in christlichen Grundüberzeugungen verankert, könnten aber von Menschen unterschiedlicher Weltanschauung akzeptiert werden. Die regulativen Kriterien, die an das biblische Zeugnis erinnerten, seien je nach Zeit- und Sachumständen neu zu begründen. An der Erarbeitung von Maximen seien Akteure aus unterschiedlichen Fachrichtungen zu beteiligen. Auf diese Weise werde, so Peter, «die Ethik gewissermassen vom ‹Himmel› oder aus den Wolken der Weltfremdheit auf die Erde in die konkret gelebte Wirklichkeit» geholt.[41]

Auch die Sozialkammer der Evangelischen Kirche in Deutschland (EKD) hat in einigen ihrer Denkschriften Richs Methode angewendet und den theologischen Grundüberlegungen Kriterien und Maximen zugeordnet. Rich, selbst Mitglied der Kammer, instruierte das Gremium darüber, wie man mit Hilfe seines Modells zu Handlungsoptionen gelangen kann.[42]

In weit geringerem Masse ist ein ähnliches Interesse am Rich'schen Ansatz in der Gegenwart auszumachen. Dies einerseits deshalb, weil, wie

---

[38] A.o.O., S. 64.

[39] Hans-Balz Peter, Sozialethik zwischen «Street Parade»-Kultur und neuem Gemeinschaftsethos, in: ders. et. al., Gesellschaftlicher Zusammenhalt – in Frage gestellt. ISE-Studien, Nr. 54, 1998, S. 63–117, hier: 98.

[40] Mitgeteilt am 9.11.2008.

[41] Vgl. Anm. 39, S. 98–105.

[42] Theodor Strohm, Arthur Richs Bedeutung für die Wirtschafts- und Sozialethik, in: ZEE, 1990, S. 196. – Arthur Rich, Aspekte der künftigen Arbeit der Sozialkammer der EKD, Votum vom 31.10.1974 (NL 9.4).

Hans-Balz Peter sagt,[43] die theologische Ethik im Bereich der Wirtschaftsethik allmählich von der philosophischen und sozialwissenschaftlichen Ethik verdrängt worden sei,[44] und andererseits deswegen, weil sich die Kirchen trotz der Warnung von Arthur Rich[45] immer stärker aus der grundlegenden Arbeit zu sozialethischen Themen zurückgezogen hätten. Ob und inwiefern die Ökonomie Interesse für den Rich'schen Ansatz bekundet, ist eine Frage, die im Rahmen des vorliegenden Buches nicht beantwortet werden kann.

43 Mitgeteilt am 17.4.2009.

44 Hans-Balz Peter erwähnt als Beispiel: Peter Ulrich, Integrative Wirtschaftsethik. Grundlagen einer lebensdienlichen Ökonomie (1. Aufl., Bern/Stuttgart/Wien 1997, 4. umgearbeitete Aufl. 2008).

45 Vgl. S. 84.

15. «Wirtschaftsethik 2»: Ordnungspolitische Grundfragen

Der erste Band der «Wirtschaftsethik», der innert acht Jahren vier Auflagen erfuhr, brachte dem 75-jährigen Verfasser den ökonomischen Ehrendoktor der Hochschule St. Gallen (HSG) ein. Die Ehrung galt einem Mann, so die Laudatio, «der sich seit Jahrzehnten aus sozialethischer Sicht intensiv mit zentralen Fragen der Wirtschaft auseinandergesetzt hat und der mit seinem Lebenswerk wegweisend ist für die Gestaltung eines offenen Dialogs zwischen Ethik und Wirtschaft».[1] In seiner Dankesrede attestierte Rich der HSG, sie berücksichtige in Lehre und Forschung die ethische Dimension. Damit wirke sie der Entfremdung zwischen einer falsch verstandenen Wirtschaftsethik (im Sinne eines «realitätsfremden Utopismus») und einer einseitig konzipierten Wirtschaftswissenschaft (im Sinne eines «trivialen Pragmatismus») entgegen.[2] Mit dieser Aussage machte Rich sein ureigenes Anliegen – die Verknüpfung von Ökonomie und Ethik – zu dem der St. Galler Bildungsstätte.[3]

Zu jenem Zeitpunkt hatte er bereits den zweiten Band seiner «Wirtschaftsethik»[4] in Angriff genommen. Aber die Arbeit zog sich in die Länge. Die komplexe Materie bot mehr Schwierigkeiten als ursprünglich angenommen. Zudem stellten sich bei Arthur Rich, der sich lange einer robusten Konstitution erfreut hatte, gesundheitliche Störungen ein.[5] Bereits 1982, noch während der Arbeit am ersten Band, war er, vom Sozialethischen Institut herkommend, auf der Fraumünsterbrücke zusammengebrochen. War es eine Ohnmacht oder Herzinsuffizienz? Zu allem Unglück wurde er noch von einem Auto angefahren. Er erlitt Fuss- und Handfrakturen und schmerzhafte Quetschungen. «Aber er war nicht

---

1 «Ehrenpromotion für [...] Arthur Rich», in: EPD, 20.6.1985, S. 4. – Die gleiche Auszeichnung erhielt gleichzeitig der Zürcher ETH-Professor Jean François Bergier «als international anerkannter Gelehrter auf dem Gebiet der Wirtschaftsgeschichte»; vgl. «Der Entfremdung entgegenwirken», in: St. Galler Tagblatt, 17.6.1985.

2 St. Galler Tagblatt, 17.6.1985. – «Vernetztes und praxisorientiertes Denken», in: NZZ, Nr. 137, 17.6.1985, S. 13.

3 Rich widmete den zweiten Band seiner Wirtschaftsethik der Hochschule St. Gallen «als Dank für die Verleihung des Titels eines Ehrendoktors der Wirtschaftswissenschaften»; Wirtschaftsethik, Bd. 2, S. 5.

4 Arthur Rich, Marktwirtschaft, Planwirtschaft, Weltwirtschaft aus sozialethischer Sicht, 1. Aufl., Gütersloh 1990.

5 Arthur Rich, Wirtschaftsethik, Bd. 2, 1. Aufl., Vorwort, S. 13.

Ehrendoktor der Wirtschaftswissenschaften: Alois Riklin, Rektor der Hochschule St. Gallen, überreicht Arthur Rich die Urkunde.

wehleidig.»[6] Und er verlor den Humor nicht. Gemäss einer Anekdote, die damals dem Verfasser dieses Buches zugetragen wurde, habe der Patient bei der Spitalaufnahme in Zürich von «Kantonsspital» gesprochen. «Universitätsspital» habe ihn die Sekretärin schnippisch korrigiert. Als sie sich dann nach dem Beruf des Unfallopfers erkundigte, habe dieses geantwortet: «Professor.» «Kantonsschulprofessor?», habe die Sekretärin zurückgefragt. «Universitätsprofessor!», habe er schmunzelnd erwidert.

Damals hatte Arthur Rich Glück gehabt: «Von den Folgen meines Unfalls habe ich mich besser erholt, als man erwarten konnte. Es sind keine nennenswerte Nachteile zurückgeblieben, und ich kann wieder voll arbeiten.»[7] Aber im Frühjahr 1988 – während der Arbeit am zweiten Band der «Wirtschaftsethik» – erlitt Rich einen weiteren Zusammenbruch. Es war dies die Folge eines Herzleidens. Schon seit einem halben Jahr hatte er sich unwohl gefühlt. Lange hatte er sich gesträubt, zum Arzt zu gehen. «Es war einfach nichts zu machen», klagt seine Frau Elisabeth.[8]

6 Elisabeth Rich, 19.11.1998, S. 8. – An Harold Tonks, Birmingham, 15.8.1982 (NL 99.8).
7 An Harold Tonks, 4.1.1984 (NL 99.8).
8 Elisabeth Rich, 19.11.1998, S. 6.

Später litt er an Nervenschmerzen im linken Arm, von der Achsel bis zu den Fingerspitzen. Als Ursache wurde eine Halswirbel-Deformation eruiert, welche das Rückenmark reizte.[9] Diese Schmerzen, diagnostizierte der Alttestamentler Victor Maag, «verhindern etwas, was Dir bei aller Friedfertigkeit ohnehin nie lag: nach allen Seiten zu nicken».[10] Der Chirurg riet zu einer Operation. Aber die Anästhesistin hielt den Eingriff für zu riskant. Fortan trug Rich seinen Arm in einer Schlinge. «Einerseits waren wir deprimiert, dass die ärztliche Kunst versagt hatte; und andererseits waren wir froh, kein Risiko eingegangen zu sein.»[11] Bei jedem Geburtstag fragte sich Arthur Rich: «Wie lange noch? Für mich ist es manchmal eine bange Frage, weil ich den zweiten Band meiner ‹Wirtschaftsethik› noch vollenden sollte und möchte und jetzt alles länger geht als früher [...]. Da kann ich nur [...] bitten, dass Gott Geduld mit mir hat und mir die Zeit und Kraft gibt, um mein Vorhaben – das für mich eine innere Verpflichtung ist – doch noch zu einem guten Ende zu bringen.»[12]

15.1 Die Systemfrage:[13] Markt- oder Planwirtschaft?

«Ohne seinen starken Lebenswillen hätte Arthur den zweiten Band seiner ‹Wirtschaftsethik› nicht vollenden können.»[14] Unter anderem ging es ihm darum, die im ersten Band entwickelten theologischen Grundlagen zur Gewinnung von Beurteilungs- und Entscheidungsmaximen auf ihre Tauglichkeit hin zu erproben.[15] Als Experimentierfeld bot sich dem engagierten Betrachter des Ost-West-Konflikts der Systemgegensatz zwischen Markt- und Planwirtschaft an.[16] Die ersten Anregungen dazu hatte er ein

---

9 An Trudi Christen, Zollikon, 24.10.1989 (NL 72.18).

10 Victor Maag, Zürich, an Arthur Rich, 4.3.1990 (NL 85.31).

11 Elisabeth Rich, 19.11.1998, S. 2, 6 f.

12 An Trudi Christen, 24.2.1987 (NL 72.18).

13 Rich versteht unter «Systeme» die Grundsysteme Markt- bzw. Planwirtschaft. Als «Ordnungen» bezeichnet er die unterschiedlichen Ordnungsstrukturen innerhalb der Marktwirtschaft (Wirtschaftsethik, Bd. 2, S. 176 f.). Das Adjektiv «ordnungspolitisch» hingegen bezieht sich in Richs Diktion sowohl auf die System- als auf die Ordnungsfrage.

14 Elisabeth Rich, 19.11.1998, S. 10.

15 Rich, Wirtschaftsethik, Bd. 2, S. 13.

16 Ich beschränke mich im Folgenden auf Richs Behandlung der System- und Ordnungsfrage im 2. Band der «Wirtschaftsethik» (S. 176–344) und übergehe das Kapitel über die ökonomische Sinnfrage (S. 15–43) sowie die «einschlägigen wirtschaftswissenschaftlichen Lehrbuchdarstellungen» (S. 44–175; Zitat aus: Hans G. Nutzinger, Anmerkungen zu Arthur Richs Wirtschaftsethik, in: Hans Ruh et. al., Zu Arthur Richs Wirtschaftsethik, in: ZEE, 1991, S. 231). – Zu Richs ökonomietheoretischen Überlegungen bietet Helmut Kaiser ein konzises Resümee in: ebd., S. 234 f.

Jahrzehnt früher in der Sozialkammer der EKD erhalten.[17] Jetzt nahm er den Faden wieder auf. Abgeschlossen hat er seine Untersuchung noch vor dem Kollaps der kommunistischen Gesellschaftsordnung. Es handelt sich also bei diesem Buch um ein Zeitdokument der späten 1980er Jahre, als kaum jemand ahnte, dass die Wende, das Ende der kommunistischen Herrschaft in Osteuropa, so nahe bevorstand.[18]

In einer sorgfältigen Analyse[19] beschreibt Arthur Rich die Grundsysteme Marktwirtschaft und Planwirtschaft[20] unter dem Gesichtspunkt des Menschengerechten und des Sachgemässen. Das bestimmende Element für marktwirtschaftliche Aktivität ist die individuelle Entscheidung der am Markt teilnehmenden Anbieter und Konsumenten, während in der Planwirtschaft die Produktion und der Konsum zentral durch den Staat gelenkt werden.[21] Rich wägt zwischen Vor- und Nachteilen ab, nennt die Probleme beim Namen und verwirft den sogenannten dritten Weg,[22] der sich bei näherem Zusehen nicht als Sonderfall, sondern als modifizierte Gestalt des marktwirtschaftlichen Systems entpuppe.[23] Dann formuliert er Maximen zur Systemfrage in der Wirtschaft.[24] Er kommt dabei zum Schluss, dass hinter jedem der beiden Systeme Humanwerte stünden: Freiheit, Selbstverantwortlichkeit und Eigeninteresse bei der Marktwirtschaft – Sozialpflichtigkeit, Solidarität und Kollektivinteresse bei der Planwirtschaft. Als menschengerecht erwiesen sich diese Werte aber nur dann wenn sie nicht verabsolutiert, sondern relativiert würden, indem man sie in Relation zueinander bringe.[25] Auch auf der Sachebene hält Rich Relativierungen für unumgänglich: Die Marktwirtschaft sei, um funktionstüchtig und menschenwürdig zu sein, auf eine übergreifende Rahmenordnung angewiesen; die Planwirtschaft habe, um effizient und

17 Rich, in: Hommage, S. 31.

18 Das Manuskript war Anfang Oktober 1989 fertig erstellt (an Hans Christoph Binswanger, St. Gallen, 9.10.1989, NL 69.21), erschienen ist der Band aber erst im Juni 1990, also nach der Wende.

19 Rich, Wirtschaftsethik, Bd. 2, S. 176–255.

20 Rich sprach lieber von «Zentralverwaltungswirtschaft» als von «Planwirtschaft». Planung gebe es in beiden Systemen, wenn auch auf unterschiedliche Weise: hier marktwirtschaftlich-dezentral, dort staatswirtschaftlich-zentral (Wirtschaftsethik, Bd. 2, S. 178). Ich ziehe den geläufigeren Begriff «Planwirtschaft» vor, der übrigens auch im Untertitel zum 2. Band der Wirtschaftsethik erscheint.

21 Vgl. Nils Ole Oermann, Anständig Geld verdienen?, S. 32.

22 Im Gegensatz zu seiner früheren Auffassung; vgl. S. 38. – Einen «dritten Weg neben […] Laissez-Faire-Kapitalismus und totalitärer Zentralverwaltungswirtschaft» strebte auch der Ökonom und Kulturphilosoph Wilhelm Röpke an; vgl. Helge Peukert, Wilhelm Röpke, in: Nils Goldschmidt/Michael Wohlgemuth (Hg.), Grundtexte zur Freiburger Tradition der Ordnungsökonomik, Tübingen 2008, S. 470.

23 Rich, Wirtschaftsethik, Bd. 2, S. 255, 296 f.

24 A. a. O., S. 255–258.

25 A. a. O., S. 256 (2. Maxime), ferner S. 41, 201.

unternehmerisch zu werden, den Wettbewerb als marktwirtschaftlichen Impuls nötig.[26] Fraglich sei nur, ob hüben und drüben entsprechende Modifizierungen möglich seien.[27] Während Rich dies für die Marktwirtschaft bejaht[28] – «alle bestehenden Marktwirtschaften praktizieren [...] eine vom Staat getragene, sie regulierende Wirtschaftspolitik»[29] –, kommt er für die dirigistische Planwirtschaft zu einem negativen Befund.[30] Eine allfällige Liberalisierung sei dort entweder zum Scheitern verurteilt oder habe einen Systembruch zur Folge.[31] Rich stützt sich unter anderem auf eine Analyse der russischen «Perestroika»[32] und des ungarischen «Gulaschkommunismus»[33] – zwei damals aktuelle, in Richs Augen aber wenig taugliche Experimente zur Modernisierung der Planwirtschaft. Fazit: «Erweist sich aber die Zentralverwaltungswirtschaft im Unterschied zum Marktsystem als nicht wirklich relativierbar, dann kann prinzipiell die ordnungspolitische Option auch nur zugunsten der Marktwirtschaft ausfallen.»[34] Rich hat – der St. Galler Betriebsökonom Charles Lattmann bestätigt dies – die Nichtreformierbarkeit der kommunistischen Wirtschaft vorausgesehen, bevor diese zusammenbrach.[35]

15.2 Die Ordnungsfrage: Welche Art von Marktwirtschaft?

Die Option zugunsten der Marktwirtschaft kann aber nicht dahin interpretiert werden, dass Rich sich unkritisch mit diesem System identifiziert hätte. Wichtig ist ihm die Unterscheidung zwischen verschiedenen Aus-

26 A. a. O., S. 256 (4. Maxime).
27 A. a. O., S. 257 (6. Maxime).
28 A. a. O., S. 257 f. (8. Maxime).
29 A. a. O., S. 250.
30 Über die Vorzüge der Marktwirtschaft gegenüber der Planwirtschaft vgl. am Schluss dieses Buches Richs Aufsatz «Marktwirtschaft – Möglichkeiten und Grenzen», S. 175 ff.
31 Rich, Wirtschaftsethik, Bd. 2, S. 257 (7. Maxime).
32 Gemäss Michail Gorbatschow, a. a. O., S. 242–249.
33 Gemäss János Kádár, a. a. O., S. 290–296.
34 Rich, Wirtschaftsethik, Bd. 2, S. 258 (9. Maxime). – Kritisch mit Richs Analyse der Systemfrage befasst sich der St. Galler Ökonom Georges Enderle in: Handlungsorientierte Wirtschaftsethik, Bern 1993, S. 266 f., 269 f. Enderle hält Richs Analyse für zu wenig umfassend.
35 Charles Lattmann, Rezension «Wirtschaftsethik II», in: Die Unternehmung, Bern 1990, S. 476. – Neben diesen ökonomischen Gründen erwähnt Rich als weiteres «Handikap» ein politisches Moment: die «strukturbedingte Affinität [...] der zentralverwalteten Planwirtschaft zu einer politisch totalitären Macht- und Zwangsordnung mit ihrer für den Bürger unzumutbaren Beschränkung oder gar Aufhebung der demokratischen Freiheitsrechte», Sozialethische Kriterien und Maximen, in: Festgabe Rich, Zürich 1980, S. 34.

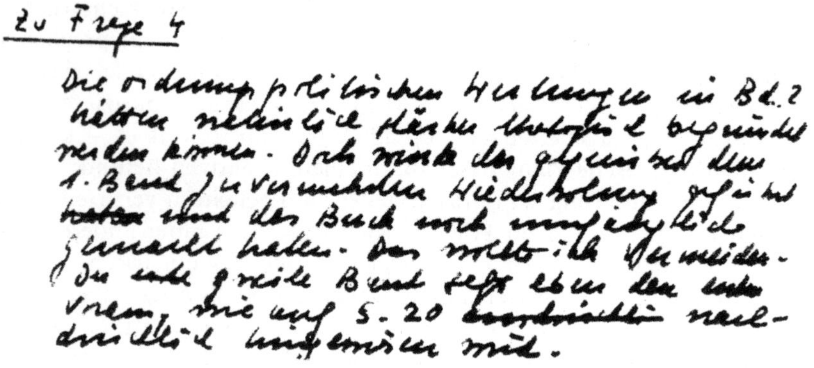
zu Frage 4

Die ordnungspolitischen Wertungen in Bd. 2 hätten natürlich stärker theologisch begründet werden können. Doch [illegible] 1. Band zu vermeiden Wiederholung [illegible] und das Buch noch umfänglicher gemacht haben. Das wollte ich vermeiden. Der erste zweite Band setzt eben den ersten voraus, wie auf S. 20 [illegible] nachdrücklich hingewiesen wird.

Notiz Arthur Richs zu einer Lehrveranstaltung von Peter Ulrich an der Hochschule St. Gallen zum 2. Band der «Wirtschaftsethik» (3. Juli 1991). Die Frage des Studierenden lautete: «Hätten die gewichtigen ordnungspolitischen Wertungen im Band 2 nicht stärker theologisch begründet werden können/sollen?»

prägungen der Marktwirtschaft. Der wirtschaftpolitische Diskurs, wie er heute, Jahre nach dem Zerfall des Kommunismus, häufig geführt wird, greift nach der Meinung des Verfassers zu kurz, wenn er von einer einzigen Marktordnung ausgeht, die es gegen sozialisierende Tendenzen zu verteidigen gelte. Rich differenziert denn auch – um nur drei Beispiele zu nennen – zwischen der «kapitalistischen», der «sozialen» und der «ökologisch regulierten Marktwirtschaft». Insgesamt unterzieht er sechs[36] marktwirtschaftliche Modelle einer kritischen Prüfung. Dabei lautet die Grundfrage: Welche Ordnungsstrukturen vermögen am ehesten den Ansprüchen des Menschengerechten zu genügen, ohne die Anforderungen des Sachgemässen zu vernachlässigen?[37]

Ein weiteres Mal entfaltet Rich Maximen[38], die jedoch nicht zugunsten eines der sechs marktwirtschaftlichen Modelle sprechen, sondern lediglich den normativen Rahmen abstecken, innerhalb dessen ein allfälliger Entscheid zu treffen ist.[39] Immerhin steht für Rich fest, dass die «kapitalistische Marktwirtschaft» inakzeptabel ist. Denn hier triumphiere das gewinnmaximierende Selbstinteresse der Kapitaleigner und Kapital-

---

[36] Zusätzlich zu den drei genannten Modellen beschreibt Rich die «demokratische Marktwirtschaft» (schwedisches Konzept), die «sozialistische Marktwirtschaft» östlichen und westlichen Typs sowie die «human reformierte Marktwirtschaft» von Ota Šik; Rich, Wirtschaftsethik, Bd. 2, S. 260–318.

[37] A. a. O., S. 325.

[38] A. a. O., S. 338–344.

[39] A. a. O., S. 343 f. (16. Maxime), ferner S. 325, 337.

verwerter über die Kollektivinteressen der Gesellschaft.[40] Das vertrage sich nicht mit dem Kriterium der Relationalität,[41] d. h. mit der erforderten Balance zwischen gegensätzlichen Werten wie Selbstverantwortung und gesellschaftlicher Mitverantwortung.[42] Dem Relationalitätskriterium misst Rich hohe Bedeutung bei.

Rich lehnt den marktfundamentalistischen[43] Standpunkt ab, wonach der Markt an sich in der Lage sei, den ethisch geforderten Ausgleich zwischen Individual- und Allgemeininteressen zu verwirklichen. Für Rich ist es unvorstellbar, dass ein dem Markt innewohnender Selbstregulierungsmechanismus automatisch diesen Ausgleich zustande bringe, wenngleich anzuerkennen sei, dass der Wettbewerb tendenziell zu einem Interessenausgleich zwischen den Wirtschaftssubjekten führe und mithin den allgemeinen Wohlstand fördere. Aber die erstrebenswerte Balance zwischen Eigeninteresse und Gemeinwohl[44] sei in der Marktwirtschaft nicht von vorneherein gegeben. Vielmehr sei ihr die Herstellung eines solchen Gleichgewichts als Verpflichtung aufgegeben. Im Postulat «Harmonisierung der konträren Interessen» erblickt Rich die ethische Herausforderung an die Marktwirtschaft.[45]

Er steht für eine Marktordnung ein, in welcher eine gerechte Verteilung von Arbeit, Produkt und Ertrag zwischen den Sozialpartnern sowie ein schonender Umgang mit der Natur möglichst gewährleistet sind. Deshalb entscheidet er sich zugunsten einer sozial und ökologisch regulierten Marktwirtschaft.[46] Regulierung sei nicht mit Reglementierung zu verwechseln.[47] In acht[48] Punkten erläutert Rich stichwortartig das marktkonforme Regulativ. Er sieht staatliche Massnahmen vor: 1. für eine Zügelung der Monopole, 2. für Minimierung der konjunkturellen Instabilitäten, 3. für eine Tiefhaltung der Inflationsrate, 4. für die Gestaltung humaner Arbeitsbedingungen, 5. für umweltgerechte Nutzung der Natur, 6. für Schaffung eines sozialen Netzes zwecks Sicherung des Lebensunter-

---

40 A. a. O., S. 342 (13. Maxime), ferner S. 262.

41 Vgl. S. 137 f.

42 A. a. O., S. 328, 371.

43 Man kann den Markt für richtig halten, ohne ihn zu einer Glaubensfrage zu machen.

44 Darauf hat Eduard Wildbolz während der Finanzkrise 2008 unter Berufung auf Arthur Rich hingewiesen; vgl. Vorwort, S. 9.

45 A. a. O., S. 338 f. (3.–6.Maxime), ferner S. 192, 231 f., 346 f., 362. Rich, Mein Weg in der Sozialethik, in: ISE-Studien, Nr. 45, Bern 1993, S. 78. – Edel, Wirtschaftsethik im Dialog, S. 289 f.

46 Rich: Wirtschaftsethik, Bd. 2, S. 342 f. (14. und 15. Maxime); Wirtschaftsethik, Band 2. Kurzvotum des Autors an der Buchpressekonferenz vom 28.6.1990, S. 6 (NL 19.2); in: Hommage, S. 43.

47 Rich, Wirtschaftsethik, Bd. 2, S. 327.

48 Sieben Punkte in der 8. Maxime (a. a. O., S. 340), ein weiterer Punkt auf S. 192.

halts aller Sozialgruppen, 7. für die Mitbestimmung der Arbeitnehmer in Unternehmen und Betrieb und 8. für Gewinn- und Verlustbeteiligung der Mitarbeitenden.[49] Die Intention, die hinter diesen Regulierungsvorschlägen steckt, lässt sich auf den einfachen Nenner bringen: «Es soll Marktleistung und nicht Marktmacht gefördert werden, und es dürfen sich Interessen Einzelner nicht verabsolutieren.»[50]

Unübersehbar ist, dass Arthur Rich eine Deregulierung ablehnt, wie sie in Zeiten prosperierender Wirtschaft und starker Finanzmächte häufig propagiert worden ist: «Meine Grundthese ist, dass [...] auf dem Boden der Marktwirtschaft [...] Alternativen zu deren spezifisch kapitalistischen Ordnungsstruktur bestehen. [...] Daran werden die Ultraliberalen,[51] die auf die Deregulierung des Marktes setzen, keine Freude haben.»[52] Bei der Präsentation des zweiten Bandes im Juni 1990 appellierte der Autor an die Verantwortung der Wirtschaftsakteure: «Gesamthaft will sich meine Wirtschaftsethik als eine Herausforderung an den Westen verstehen, sich angesichts des Zusammenbruchs des Wirtschaftssystems in der Welt des sogenannten realen Sozialismus mit dem Erreichten nicht zu begnügen.» Mit einem blossen Systemwechsel sei es nicht getan. Auch die Marktwirtschaft habe einen einschneidenden Reformbedarf, wenn sie den Forderungen der Menschlichkeit und der Nachhaltigkeit gerecht werden wolle.[53] Richs Ruf nach einer «gelingenden» Marktwirtschaft hat seit 2008 wieder an Aktualität gewonnen.

Unter den vielen Rezensenten des zweiten Bandes der «Wirtschaftsethik» figurieren nur wenige Ökonomen. Der St. Galler Ordinarius für angewandte Volkswirtschaftslehre, Alfred Nydegger, bedauert in seiner

---

49 Dieses Regulativ entspricht in etwa der Rahmenordnung für die «Soziale Marktwirtschaft»; vgl. am Schluss dieses Buches Richs Aufsatz «Marktwirtschaft – Möglichkeiten und Grenzen», S. 185 ff.

50 Edel, Wirtschaftsethik im Dialog, S. 363, in Anlehnung an Rich, Wirtschaftsethik, Bd. 2., S. 339 (6. Maxime).

51 Mit Rich ziehe ich die Bezeichnung «Ultraliberale» dem heute gängigen Schlagwort «Neoliberale» vor. «Neoliberalismus» ist missverständlich, da sich dieser Begriff auf zwei unterschiedliche Strömungen bezieht: einerseits auf die solide (Freiburger) Schule eines Constantin von Dietze, Alexander Rüstow, Walter Eucken, Ludwig Erhard usw., die in der Nachkriegszeit den wettbewerbsorientierten Markt mit fairer Verteilung des Wohlstands zu verbinden versuchte; und andererseits auf die Verheissungen des «Thatcherismus» und der «Reaganomics», die in den 1980er Jahren mit fragwürdigen ökonomischen Anreizen wie Deregulierung und einseitiger Förderung von «Shareholder Value» die Gesellschaft entsolidarisierten.

52 An Johannes Anderegg, St. Gallen, 5.1.1990 (NL 67.19). – Neben der Regulierung als exogene Steuerung des Marktes gewinnt die «ethische Selbstbindung wirtschaftlicher Unternehmen» als endogene Steuerung vermehrt an Bedeutung, vgl. Hans Ruh/Thomas Gröbly, Die Zukunft ist ethisch – oder gar nicht, Frauenfeld 2006, S. 157.

53 Rich an der Buchpressekonferenz vom 28.6.1990, S. 7 (NL 19.2).

Buchbesprechung[54] die Eingrenzung des Themas auf die Industriegesellschaft. Gerne hätte er «etwas mehr [...] über ordnungspolitische Probleme im Bereich der Landwirtschaft, der Dienstleistungen inklusive der öffentlichen Verwaltung aus ethischer Sicht erfahren». Positiv hingegen würdigt er den ökonomischen Sachverstand des Theologen. «Um Richs Leistung zu ermessen, muss man sich einmal den umgekehrten Ansatz vorstellen: Wer unter den Ökonomen hätte mit analoger Einsicht in die Theologie ein Buch über die Ethik der Wirtschaftsordnungen schreiben können?»[55]

54 Alfred Nydegger, Marktwirtschaft und Planwirtschaft aus sozialethischer Sicht, in: KYKLOS, Internationale Zeitschrift für Sozialwissenschaften, Basel 1991, S. 249.

55 Der Abschnitt «Weltwirtschaftlicher Ausblick» am Schluss des 2. Bandes der «Wirtschaftsethik» (S. 345–368) wird hier nicht behandelt. Er befasst sich unter dem Aspekt des Nord-Süd-Konflikts skizzenhaft mit dem «internationalen Regelungs- und Ordnungsbedarf angesichts zunehmender Globalisierung» (Zitat aus: Peter, Arthur Rich, S. 171). Was Rich hier angetippt hat, bedarf heute einer vertieften Betrachtung. Ansätze zu einer evangelischen Wirtschaftsethik in globaler Perspektive bieten: Christoph Stückelberger, Ethischer Welthandel. Eine Übersicht, Bern 2001; Schweizerischer Evangelischer Kirchenbund SEK (Hg.), Globalance. Christliche Perspektiven für eine menschengerechte Globalisierung, Bern 2005; Helmut Kaiser, Ökologische Wirtschaftsdemokratie. Wege zu einem lebensdienlichen Wirtschaften im Kontext der Globalisierung, Aachen 2007; Nils Ole Oermann, Anständig Geld verdienen?, Protestantische Wirtschaftsethik unter den Bedingungen globaler Märkte, Gütersloh 2007.

16. Die letzten Lebensjahre

16.1 Ein unvollendetes Werk

Arthur Rich atmete sichtlich auf, nachdem ihm trotz gesundheitlicher Beeinträchtigung der Schlussakkord seines Lebenswerks, die zweibändige «Wirtschaftsethik», gelungen war. Sie wurde bald ins Französische,[1] Italienische,[2] Tschechische und Russische und später auch ins Englische[3] übersetzt. Kurz nach Vollendung der deutschen Fassung widmeten die Kollegen Peter Ulrich und Georges Enderle je eines ihrer wissenschaftlichen Werke dem Altmeister.[4] Aber Richs Wirtschaftsethik blieb ein «Torso», wie der Autor selbst bekannte: «Die spezifisch betriebswirtschaftlichen, dem Praktiker vor allem auf den Nägeln brennenden Fragen [...] kommen [...] höchstens am Rande zur Sprache. Um ihnen hinreichend gerecht zu werden, bedürfte es eines weiteren Bandes. Doch das zu schaffen, dazu ist der Verfasser, schon aus gesundheitlichen Gründen, kaum mehr in der Lage.»[5]

Ohnehin beschränkte sich Arthur Rich bei der Konzeption seiner Wirtschaftsethik aufs Grundsätzliche. Zwar bezog er die ökonomische Praxis in seine Überlegungen mit ein, doch hat er den Schritt zum konkreten Handeln nur selten getan.[6] Das kritisiert Nils Ole Oermann in seinem

---

1 Arthur Rich, Ethique économique, Genève 1994. – Unmittelbar vor seinem Tod erfuhr Rich, dass die Übersetzung seiner zweibändigen Wirtschaftsethik ins Französische abgeschlossen sei; vgl. Roland J. Campiche/Denis Müller, Présentation de l'édition française, in: ebd., S. 17, Anm. 2. – Die französische Fassung sollte Rich in der Romandie besser bekannt machen. Demselben Zweck diente die Publikation: Denis Müller, Les lieux de l'action. Éthique et religion dans une société pluraliste, Genève 1992 (Kurzfassung in: ders. La morale, Genéve 1999).

2 Arthur Rich, Etica economica. Appendice: Arthur Rich (1910–1992): maestro del dialogo fra etica e economia, di Siegfried Karg, Brescia 1993.

3 Arthur Rich, Business and Economic Ethics. The Ethics of Economic Systems. With an Indroduction by Georges Enderle, Leuven/Paris/Dudley, MA 2006.

4 Peter Ulrich (Hg.), Auf der Suche nach einer modernen Wirtschaftsethik, Bern 1990, S. 13: «Dieses Buch sei Arthur Rich gewidmet [...]: dem Vordenker einer modernen Wirtschaftsethik, der durch Sachverstand, kritisches Engagement und menschliche Ausstrahlung gleichermassen Vorbild für eine Generation von Wirtschaftsethikern bleiben wird.» – Georges Enderle, Handlungsorientierte Wirtschaftsethik, Bern 1993, S. 6.

5 Rich, Wirtschaftsethik, Bd. 2, S. 13.

6 Helmut Kaiser hält fest, dass Richs «Grundlegung von Wirtschaftsethik [...] darauf wartet, praxiswirksam zu werden», in: Hans Ruh et. al., Zu Arthur Richs Wirtschaftsethik, in: ZEE, 1991, S. 235.

Elisabeth und Arthur Rich vor ihrem Haus an der Limmattalstrasse 333 (um 1985)

2007 erschienenen wirtschaftsethischen Standardwerk.[7] Wirklich virulente Probleme habe Rich als Appendix zu seinen wesentlich ausführlicheren fundamentalethischen Betrachtungen verhandelt. Dies habe zur Folge gehabt, dass komplexe wirtschaftsethische Probleme bei ihm oft zu wenig konkret beantwortet worden seien. Rich dürfte sich dieser Tatsache bewusst gewesen sein. Er setzte seine Hoffnung in jüngere Kräfte, von denen er erwartete, dass sie sein Werk weiterführen würden: «Es wird Aufgabe der neuen Generation der Wirtschaftsethiker sein, dem integrativen Konzept seine umfassende, ganz ins Konkrete gehende Gestalt zu geben.»[8] Immerhin ist Rich zugute zu halten, dass er keine Kasuistik, kein Rezeptbuch anbieten wollte, sondern «Orientierungs- und Methodenwis-

7 Nils Ole Oermann, Anständig Geld verdienen?, S. 154.
8 Arthur Rich, Die Spannung zwischen Wirtschaft und Theologie, [ca. 1990] (NL 15.23).

sen», welches die Menschen in die Lage versetzen sollte, diesen Fundus selber in ihre Praxis einzubringen.[9]

Was Desiderat bleiben musste, war – wie Rich selbst einräumt[10] – eine theologische Unternehmensethik. Zwar kommt das Thema fragmentarisch in früheren Werken zur Sprache.[11] Aber eine systematische Ethik für den unternehmerischen Alltag zu erarbeiten, überstieg die Kraft von Arthur Rich. Als ehemaliger Fabrikarbeiter hätte er freilich einige Voraussetzungen für die Bearbeitung dieses Themas mitgebracht.

Die Lücke wurde später wenigstens zum Teil geschlossen. 1997 reichte der Theologe Thomas Röhr an der Kirchlichen Hochschule Bethel bei Alfred Jäger – einst Student bei Arthur Rich, später wie dieser Ordinarius für Systematische Theologie – die Dissertation «Personalpolitik aus Sach- und Menschengerechtem»[12] ein. Auf der Grundlage der Rich'schen Konzeption entwickelte Röhr eine theologische Ethik der unternehmerischen Personalpolitik. Er formulierte personalpolitische Maximen und leitete daraus ein Rahmenmodell für ein Personalmanagement ab, das geeignet sei, den wirtschaftlichen Zielsetzungen wie den humanitären Ansprüchen gerecht zu werden. Rich konnte diesen Beitrag zur Konkretisierung seines Ansatzes nicht mehr erleben.

16.2 Abschied von Arthur Rich

Auf Einladung von Hans Ruh versammelte sich am 19. Januar 1990 eine illustre Gästeschar im Theologischen Seminar der Universität Zürich, um den 80. Geburtstag von Arthur Rich zu feiern. Hans Christoph Binswanger, Professor für Volkswirtschaftslehre an der Hochschule St. Gallen, und Hans-Balz Peter, Leiter des Sozialethischen Instituts des SEK in Bern, würdigten die Bedeutung des Jubilars für die Sozial- und Wirtschaftsethik. Rich habe mit seinem Werk eine tragfähige Brücke zwischen Theologie und Ökonomie geschlagen. Es sei zu hoffen, dass diese Brücke von beiden Seiten her genutzt werde.[13]

Rich konnte noch während einer gewissen Zeit in Seminaren und an Tagungen mit Studenten und Kirchenleuten über seine wirtschaftsethi-

---

9 Mitgeteilt von Hans-Balz Peter, 17.4.2009.

10 Vgl. S. 161, Anm. 5.

11 Vor allem in «Christliche Existenz in der industriellen Welt» und «Mitbestimmung in der Industrie»; vgl. Kap. 7, S. 67 ff. und 10, S. 95 ff.

12 Thomas Röhr, Personalpolitik aus Sach- und Menschengerechtem. Unternehmensethik in theologischer Perspektive, Gütersloh 1998.

13 «Zum 80. Geburtstag: Ehrung für den Zürcher Sozialethiker Arthur Rich», in: Tages-Anzeiger, 22.1.1990; Hans-Balz Peter, Zum 80. Geburtstag von Arthur Rich (Manuskript beim Verf.).

Arthur Rich im Gespräch mit Christoph Binswanger, Professor für Volkswirtschaftslehre an der HSG, und Hans Ruh, Professor für Ethik an der Theologischen Fakultät der Universität Zürich (an der Feier zu seinem 80. Geburtstag am 19. Januar 1990 im Theologischen Seminar der Universität Zürich)

schen Erkenntnisse diskutieren.[14] Doch nahmen seine Kräfte zusehends ab. Im Sommer 1991 gelang es den Ärzten überraschend, sein Nervenleiden, das schon zwei Jahre lang andauerte, etwas zu lindern. Ein Neuroschrittmacher wurde implantiert, der die Schmerzen im linken Arm ablenken sollte.[15] Aber im folgenden Frühjahr stellte sich bei Arthur Rich eine grosse Müdigkeit ein.[16] Der Arzt wies darauf hin, dass er mit allem rechnen müsse. Vorerst verheimlichte Rich dies gegenüber seiner Frau. Als aber eine Lungenembolie dazu kam, gab es nichts mehr zu verbergen. Jetzt konnte gemäss Aussage von Elisabeth Rich das Paar offen über das Sterben reden. Zusehends verschlechterte sich sein Gesundheitszustand. Am 25. Juli 1992 verschied Arthur Rich im Alter von 82 ½ Jahren.[17]

Eine grosse Trauergemeinde nahm am 31. Juli in der Kirche Zürich-Höngg Abschied von einem verlässlichen Freund und Weggefährten, wie Theophil Vogt, der Doyen evangelisch-kirchlicher Erwachsenenbildung, in seiner Abdankungspredigt betonte. Der Ethiker Arthur Rich habe sich

[14] Vgl. am Schluss dieses Buches die Standortbestimmung zur Marktwirtschaft, die Rich auf der Tagung vom 28./29. Februar 1992 in der Paulus-Akademie vornahm, S. 175 ff.

[15] An Hans Christoph Binswanger, St. Gallen, 20.9.1991 (NL 69.21).

[16] An Helmut Kaiser, Spiez, 18.5.1992 (NL 81.9).

[17] Elisabeth Rich, 19.11.1998, S. 6 f., 10.

dagegen gewehrt, dass man aus der Gottes- und Christusliebe ein Gesetz mache. Er habe aber, getrieben von solcher Liebe, «Leitlinien zum Ordnen unseres Lebens und Zusammenlebens [entwickelt]: Kriterien, die, über das Personale hinaus, auch in den [...] Sachbereichen unserer industriellen Welt Geltung beanspruchen». Dabei habe er das Herz reden und den Verstand walten lassen.[18]

Werner Kramer, Professor für Praktische Theologie, sprach im Namen der Zürcher Fakultät. Er griff auf «vier Erinnerungsbilder» zurück: Als akademischer Lehrer, den Kramer als Student erlebt hatte, habe Rich seine Gelehrsamkeit ausgebreitet, die Kommilitonen aber auch das Zusammendenken von Unterschiedlichem gelehrt: zum Beispiel «theologisches Wahrnehmen, wie Gott den Menschen sieht und liebt, und [...] empirisches Wahrnehmen der Realitäten, in die menschliches Leben eingespannt ist». Als Forscher und Denker habe er in der theologischen Sozialethik Neuland betreten. Dabei habe er sich nie in Utopien verstiegen, sondern «schrittweise den Weg zu besseren, gerechteren Ordnungen unseres Zusammenlebens» gewiesen. Als Gesprächspartner von Arbeitern und Akademikern, von Gewerkschaftern und Unternehmern, von Politikern und Menschen, die unter Politik leiden, habe er zugehört, nachgefragt, Argumente überprüft oder Inkonsequenzen aufgezeigt, bevor er seinen eigenen Standpunkt darlegte. Als Freund schliesslich habe er im Alter seine Hinfälligkeit beklagt, besorgt darüber, ob er seine «Wirtschaftsethik» noch werde vollenden können. Auf sein Lebenswerk angesprochen, habe er zurückhaltend reagiert mit dem Hinweis, lediglich das getan zu haben, was zu tun er sich verpflichtet gefühlt habe.[19]

In zahlreichen Nachrufen und Kondolenzschreiben wurde das Lebenswerk des Verstorbenen gewürdigt. Der Publizist Alfred A. Häsler fasste Richs Wirken in einem Satz zusammen: «Er wusste Bekenntnis und menschliche Wirklichkeit ideal zu verbinden und Gerechtigkeit in dieser Welt zu einer realisierbaren Aufgabe zu machen.»[20] Der Wirtschaftsethiker Hans Ruh hob vor allem die Menschlichkeit seines Kollegen hervor: «Mit Arthur Rich ist eine liebenswürdige, unbestechliche und stets Bescheidenheit ausstrahlende Gestalt von uns gegangen.»[21]

18 Theophil Vogt, in: Hommage, S. 49–52, hier: 50 f.
19 Werner Kramer, in: Hommage, S. 53–55.
20 An Elisabeth Rich, 26.4.1993 (NL 116.1).
21 Hans Ruh, Arthur Rich (1910–1992), in: ZEE, 1993, S. 3 f.

Versuch einer Bilanz: Was bleibt von Arthur Rich?

Dem gesellschaftlichen Wandel Rechnung tragen

«Arthur Rich gilt [...] unbestritten als der bedeutendste Wirtschaftsethiker im Bereich der deutschsprachigen evangelischen Ethik. Er hat es [...] verstanden, die beiden in sich spannungsvollen Bedingungen in seinem sozialethischen Ansatz zu vereinen, denen eine evangelische Sozialethik genügen muss: Sie muss ihren Standpunkt in der protestantischen Tradition nehmen und von dorther ihre spezifische Perspektive gewinnen auf die sozialethischen Fragen der Gegenwart; und sie muss [...] ‹kommunikabel› sein über den Bereich von Theologie und Kirche hinaus.»[1]

Im Kontrast zu dieser Würdigung durch Johannes Fischer, den derzeitigen Ordinarius für Theologische Ethik an der Universität Zürich, hat der Verfasser die Erfahrung gemacht, dass Arthur Rich ziemlich weit aus dem Blickfeld der Öffentlichkeit entschwunden ist. Aus Gesprächen mit verschiedenen Personen geht hervor: Der älteren Generation ist er noch ein Begriff. Die Jüngeren hingegen kennen ihn kaum mehr oder äusserten sich dahin, dass er in Vergessenheit geraten sei. So drängt sich die Frage auf: Was bleibt von Arthur Rich? Was bleibt von seinen Erkenntnissen, was vom Ertrag seines Forschens?

Zunächst ist zu bedenken, dass der Ethiker Rich für seine Zeit und in seine Zeit hinein gedacht und geschrieben hat. Wollte man den Anspruch erheben, dass er auch auf heutige Mentalitäten Einfluss nimmt, käme dies einer Überforderung gleich. Wissenschaft zeichnet sich dadurch aus, dass ihre Resultate vorläufigen Charakter haben. Zu ihrer Geschichtlichkeit gehört, dass sie sich kontinuierlich aufhebt: Auf die eine Erkenntnis folgt eine neue, auf die eine Methode eine andere, und darauf wiederum eine andere. Aber die alte Methode färbt sich in die neue ein.[2] Das gilt auch für Arthur Richs Lebenswerk, das zur Hauptsache in die Zeitspanne zwi-

---

1 Johannes Fischer, Humanität aus Glaube, Hoffnung, Liebe. Überlegungen zur Konzeption einer evangelischen Sozialethik im Anschluss an Arthur Rich, Antrittsvorlesung, Zürich 1999, S. 1.

2 Peter von Matt beim Schlussgespräch des Forschungskolloquiums zum 100. Geburtstag von Emil Staiger am 9.2.2008 in Zürich (Nachschrift durch den Verfasser). – Vgl. auch Erich Gutenberg, Zur Frage des Normativen in den Sozialwissenschaften, in: FS Weisser, Berlin 1963, S. 124.

schen dem Zweiten Weltkrieg und dem Niedergang des kommunistischen Systems fällt, in die Zeit des Kalten Kriegs also, die durch starke ideologische Gegensätze geprägt war. Die damaligen Probleme sind vielfach nicht mehr die heutigen. Zu ihrer Lösung braucht es neue Ansätze.

Was jedoch nicht an Aktualität verloren hat, ist Richs Erfahrung, dass sich der Christ von Gott getragen weiss. «In diesem Gottesglauben, also in der Verankerung der Person jenseits des eigenen Ich, sieht er die entscheidende Motivationskraft für eine Ethik, die den Anfechtungen der partikularen Interessen [...] standhalten will.»[3] Folgerichtig plädierte Rich für einen Ausgleich zwischen den Eigeninteressen und dem Allgemeinwohl.[4] Von da her wäre das heute oft verwendete Schlagwort «Eigen- bzw. Selbstverantwortung» durch «gesellschaftliche Mitverantwortung» zu ergänzen.[5] Die Devise: «Handle so, dass das Ergebnis deiner Handlung für dich nach Abzug des Aufwands möglichst hoch ist!», steht in einem Spannungsverhältnis zur Parole: «Handle so, dass das Ergebnis deiner Handlung für das Gegenüber einen möglichst hohen Nutzen bringt!»[6]

Überholter Systemgegensatz?

In Richs letzten Lebensjahren verlor sich das Interesse an einem Systemvergleich zwischen Plan- und Marktwirtschaft, wie ihn der Autor im zweiten Band seiner «Wirtschaftsethik» angestellt hatte. Im Nachhinein hat er sich die Frage gestellt, ob dieses Buch nicht zu spät erschienen sei.[7] Denn was er durch minuziöse Analyse mühsam erarbeitet hatte, war mit dem Fall der Berliner Mauer anscheinend obsolet geworden. Der Systemgegensatz hatte an Brisanz verloren.

In historischer Sicht sind Richs Darlegungen hingegen von bleibendem Wert. Sie stellen ein aufschlussreiches Dokument aus der Zeit des Kalten Kriegs dar. Und sie werfen ein Licht auf Richs lebenslanges Nachdenken über Marxismus und Liberalismus, wobei seine Priorität eindeutig dem Marxismus galt. Eine Leistung, die «ex tunc» und nicht «ex

3 Peter, Arthur Rich, S. 158.
4 Arthur Rich vor dem Evangelischen Arbeitskreis der CDU/CSU in Bonn, 22.3.1982, in: Entwurf für das Protokoll der konstituierenden Sitzung der Kommission «Wirtschaftsethik», S. 3 (NL 104.35).
5 Vgl. S. 157.
6 Vgl. Daniel Dietzfelbinger, Wirtschaftsethik, in: Evangelisches Soziallexikon, Stuttgart 2001, Sp. 1785–1790, hier: 1785.
7 Georges Enderle, Introduction, in: Arthur Rich, Business and Economic Ethics, Leuven 2006, S. XV–XXIII, hier: XV.

nunc», aus damaliger, nicht aus heutiger Perspektive zu würdigen ist, die aber durchaus Früchte tragen könnte.[8]

Reformbedürftige Marktwirtschaft

Nichts an Aktualität verloren hat hingegen Richs Erörterung der Problematik der Marktwirtschaft. Seine Unterscheidung zwischen besseren und schlechteren Ordnungsstrukturen dieses Systems sowie sein Hinweis auf den sozialen und ökologischen Reformbedarf des real existierenden Kapitalismus könnten zweifellos den heutigen volkswirtschaftlichen Diskurs beleben und vertiefen.

Interessant ist auch, dass Arthur Rich, der ein Leben lang an seinen Grundüberzeugungen festgehalten hat, allmählich zu einer positiveren Einstellung gegenüber der Marktwirtschaft gelangte. Als Mechanikerlehrling hatte er in den 1920er Jahren «Kapitalismus pur» erlebt. Zwei Jahrzehnte später wurde im deutschen «Wirtschaftswunderland» die soziale Marktwirtschaft eingeführt, womit die Industriegesellschaft einen humaneren Anstrich erhielt. Dies liess den Ethiker Rich nicht kalt. Entsprechend hat er sein Urteil modifiziert.[9]

In jüngster Zeit sind die negativen Folgen des marktwirtschaftlichen Prinzips wieder deutlicher zu Tage getreten.[10] Davon zeugt die sogenannte Finanzkrise, ein Begriff, der von der Gesellschaft für deutsche Sprache zum «Wort des Jahres 2008» erhoben worden ist.[11] «Die ‹unsichtbare Hand› des Marktes, die zunehmend irrational-göttliche Züge angenommen hatte, hat sich [...] in Luft aufgelöst.»[12] War 1989/90 das autoritäre System der Planwirtschaft an sein historisches Ende gekommen, «gescheitert an zu viel Staat und zu wenig Freiheiten für seine Bürgerinnen und Bürger», so stiess zwanzig Jahre später die kapitalistische Variante der Marktwirtschaft an ihre Grenzen, «gescheitert an zu wenig Staat und zu vielen Freiheiten für die weltweit spekulierende Finanzindustrie».[13]

8 Geistesgeschichtlich war Arthur Rich im europäischen Kulturraum beheimatet. Deshalb interessierte er sich stärker für die Ost-West-Problematik als für den Nord-Süd-Gegensatz, wenngleich er von diesem nicht unberührt blieb.

9 Franziska Rich, 27.6.2008, S. 6 f.

10 Vgl. S. 168, Anm. 6.

11 Stichwort «Krise», in: NZZ, Nr. 14, 19.1.2009, S. 17.

12 Urs Fitze, Neue Bescheidenheit herrscht am Zauberberg, in: Schaffhauser Nachrichten, 31.1.2009. – Über Sinn und Unsinn der «unsichtbaren Hand» gemäss Adam Smith vgl. am Schluss dieses Buches: Richs Aufsatz «Marktwirtschaft – Möglichkeiten und Grenzen», S. 177 f., 180, 184.

13 Hans-Jürg Fehr, Das Scheitern der Marktreligion, in: schaffhauser az, 30.10.2008.

An diesem Wendepunkt genügt es nicht, wenn lediglich ein «Gesinnungswandel» eingefordert wird, wie dies der Präsident der Schweizerischen Bankiervereinigung im Herbst 2008 tat. Er stellte sich auf den Standpunkt, «die Krise könne nicht über eine härtere Regulation, sondern nur über eine Rückkehr der Moral überwunden werden».[14] So wichtig die persönliche Umkehr ist, sie reicht zur Überwindung der Depression nicht aus. Nötig ist die Koppelung von verändertem Individualverhalten mit verbesserten institutionellen Rahmenbedingungen.

Den jüngsten Einbruch hat Arthur Rich nicht mehr erlebt. Es ist nicht auszuschliessen, dass sein Urteil heute prononcierter ausfiele, dass er seinen Ruf nach einer humanen, sozialverpflichteten und umweltbewussten Marktwirtschaft verstärken würde. Jedenfalls kann kein Zweifel darüber bestehen, dass nach dem Scheitern der Planwirtschaft und dem Versagen des freien Markts die dringliche Frage von Arthur Rich nach der am besten geeigneten Ordnungsstruktur der Marktwirtschaft ein erstrangiges Thema bleibt.

Was also bleibt?

«Nun aber bleibt Glaube, Hoffnung, Liebe», sagt der Apostel Paulus.[15] Die Erkenntnis, dass (Markt-)Wirtschaft sich nicht nur an materiellen, sondern auch an ideellen Werten orientieren muss und infolgedessen nicht nur der Ökonomie, sondern auch der Moralphilosophie verpflichtet ist,[16] macht deutlich, dass Richs Verankerung der Sozialethik in christlicher Glaubenswahrheit von bleibender Bedeutung ist.

Ebenso grundlegend ist bei Rich die Verknüpfung von ethischer Verantwortung mit wirtschaftlicher Rationalität, die Vermittlung des Menschengerechten mit dem Sachgemässen. Dies geschieht aus der zweifachen Erkenntnis heraus, dass Glaubensinhalte sich zwar nicht unvermittelt in ökonomisches Handeln umsetzen lassen, umgekehrt aber das Ökonomische der Dimension des Ethischen nicht entbehren kann. In Übereinstimmung mit dem «ursprünglichen Bündnis zwischen christlicher Moral und ökonomischer Vernunft»[17] ist in Richs «Wirtschaftsethik auf zwei Bei-

---

[14] Pierre Mirabaud, laut Martin Vetterli, Bankenkollaps «undenkbar», in: Tages-Anzeiger, 19.9.1908, S. 27.

[15] 1Kor 13,13.

[16] «Noch die Väter der klassisch-liberalen Ökonomie wie Adam Smith und John Stuart Mill waren Moralphilosophen.» Rich, Wirtschaftsethik, Bd. 2, S. 170, Anm. 82.

[17] Wolfgang Huber, Christliche Moral und ökonomische Vernunft – ein Widerspruch? Referat am 10.1.2005 in Düsseldorf, S. 4.

nen»[18] das Ökonomische wieder ins Ethische und das Ethische wieder ins Ökonomische integriert.

Wegleitend bei Rich ist auch die wechselseitige Implikation von Sozialwissenschaft und Sozialethik, d. h. der systematische Einbezug von sozialwissenschaftlichen Erkenntnissen in die theologisch-ethische Besinnung und umgekehrt.

Von bleibendem Wert ist zudem das Wissen darüber, dass nicht nur die persönliche Lebensgestaltung, sondern auch die Gesellschaftsgestaltung vorrangige Aufgabe der Christen und Kirchen ist. Rich bemüht sich um Sensibilisierung der Christenheit für eine aktive Weltgestaltung, weil Gott gemäss biblischem Zeugnis Herr über alle Lebensbereiche ist. Folgerichtig versucht Rich die individualistische Engführung der traditionellen christlichen Ethik zu überwinden. Auch die Institutionen (Staat, Wirtschaft und Gesellschaft) sind in den Forderungsbereich des Evangeliums einzubeziehen. Nicht nur an den einzelnen Menschen, sondern auch an die «Umstände» ergeht der Ruf zur Umkehr.[19]

Wichtig ist ferner die Einsicht, dass die aus den Kriterien gewonnenen Maximen als Orientierungshilfen für wirtschaftliches Handeln nur provisorischen Charakter haben. Sie bedürfen der periodischen Überprüfung und Anpassung. Auf diese Weise wird dem Wandel der sozialen und wirtschaftlichen Verhältnisse Rechnung getragen, analog zur Vorläufigkeit aller wissenschaftlichen Erkenntnis.

Fundamental ist schliesslich Richs Unterscheidung zwischen dem Unbedingten und dem Bedingtem, zwischen der «Kritik des Relativen vor dem Anspruch des Absoluten» und dem «Recht des Relativen»[20] angesichts der Vorläufigkeit unserer Welt. Diese Unterscheidung erlaubt es, barmherzig gegenüber der unvollkommenen Wirtschaft und der «verbesserlichen»[21] Gesellschaft zu sein und gleichwohl für ihre Perfektionierung einzustehen.

In all diesen Bereichen ist es Arthur Rich gelungen, Unaufgebbares in seine Wirtschaftsethik einzubauen und damit einen wesentlichen Beitrag zur Grundlegung nicht nur der Ethik, sondern auch der Ökonomie zu leisten.[22] Mit Recht hat Max Peter, ein alter Kollege aus der Lehrerschaft der

---

18 Georges Enderle bei der Präsentation der englischen Übersetzung von Richs Wirtschaftsethik («Business and Economic Ethics») am 3.7.2006 in Zürich (Nachschrift durch den Verfasser).

19 Hans-Balz Peter, in: Hommage, S. 56.

20 Rich, Wirtschaftsethik, Bd. 1, S. 18.

21 «Verbesserlich», d. h. «der Verbesserung bedürftig»; in Anspielung auf das Diktum von Pfarrer Heino Falcke an der Synode des Bundes der Evangelischen Kirchen in der DDR vom 30. Juni bis 4. Juli 1972 in Dresden; vgl. Wolfgang Thumser, Kirche im Sozialismus, Tübingen 1996, S. 385.

22 Vgl. Edel, Wirtschaftsethik im Dialog, S. 367.

Kantonsschule Schaffhausen, Arthur Rich einen «Wirtschaftswegweiser» genannt.[23] Ähnlich kann auch die Kirche heute zu einer Wegweiserin werden, wenn sie sich, wie Arthur Rich, – selbstkritisch und bescheiden, aber mit theologischer, politischer und ökonomischer Kompetenz – einmischt und zu gesellschaftlichen Fragen Stellung bezieht.[24] Sollte sie deswegen in die Schranken gewiesen werden – beispielsweise mit dem Argument, sie habe sich auf Verkündigung und Seelsorge zu beschränken und sich nicht in Politik und Wirtschaft einzumischen[25] –, so ist es ihre Pflicht, eine solche Zumutung bestimmt, aber gelassen zurückzuweisen. Die Kirche ist zwar ein «Ort der Stille», nicht aber ein «Haus des [Ver]schweigens».[26]

---

23 Max Peter, Schaffhausen, an Arthur Rich, 7.7.1990 (NL 108, Zuschriften zu: Wirtschaftsethik, Bd. 2).

24 Vgl. S. 82 ff.

25 «Ich bin allergisch auf politische Ratschläge aus kirchlichen Kreisen. Dafür hätten wir die Reformation nicht nötig gehabt.» Roland Decouvert in: reformierte presse, 7.11.2008, S. 7.

26 Silvia Pfeiffer, Vorwort des Kirchenrats, in: Walter Wolf, Namenlose Not, S. 8. – «Die Kirche hat für die ethische Durchdringung aller Lebensbereiche aus christlicher Sicht zu sorgen. Demgemäss gehört es zu ihrer Aufgabe, sich in der Öffentlichkeit zu aktuellen Ereignissen oder langfristigen Entwicklungen zu äussern.» Gesprächskreis Kirche-Wirtschaft (Hg.), Die Aufgabe der christlichen Kirche, Thesen 1977, Nr. 5 und 6, 2, erweiterte Aufl., Zürich 1983, S. 2.

Hommage à Arthur Rich (1910–1992). Sonderheft ZeitSchrift/Reformatio 1993

«Marktwirtschaft – Möglichkeiten und Grenzen»[1]

Arthur Rich

Die Frage, was die Marktwirtschaft leisten kann und was nicht, möchte ich in drei Schritten zu beantworten versuchen. Zunächst gilt es die unzweifelhaften Errungenschaften der Marktwirtschaft ins Licht zu rücken. Darauf haben wir uns mit deren Grenzen zu befassen. Schliesslich ist kritisch zu fragen, welche Modifikationen der real existierenden Marktwirtschaft unter wirtschaftsethischen Gesichtspunkten angezeigt sind.

Die Vorzüge der Marktwirtschaft

Das neunzehnte und zwanzigste Jahrhundert ist nicht nur, doch in einem hohen Mass geprägt durch das weltweite Widerspiel zwischen der kapitalistischen Markt- und der sozialistischen Zentralverwaltungs- oder Planwirtschaft, kurzum des kommunistischen Systems. Nach dem kläglichen, heute für jedermann greifbaren Zusammenbruch dieses Systems kann jedenfalls die ökonomische Überlegenheit der Marktwirtschaft über ihren Widerpart nicht mehr angezweifelt werden. Die desolaten östlichen Ökonomien sind denn auch in einem, wenngleich mühsamen, marktwirtschaftlichen Umbruchprozess begriffen, dessen Gelingen freilich noch längst nicht sicher ist. Worin besteht die Superiorität der Marktwirtschaft über sein antagonistisches Gegenüber? Die Hauptgründe sind meines Erachtens die Folgenden:

Zunächst: Die Marktwirtschaft ist ein freiheitliches Wirtschaftssystem. Anders als in der kommunistischen Zwangsordnung, wo die allgewaltigen Partei- und Staatsspitzen das Wirtschaftsgeschehen planen

[1] Am 28./29. Februar 1992 fand in der Paul-Akademie Zürich eine Tagung statt zum Thema: «Wie wird die Marktwirtschaft sozial- und umweltverträglich?» An diesem Anlass hielt Arthur Rich – fünf Monate vor seinem Tod – das einleitende Referat, das hier, leicht gekürzt, im Wortlaut dokumentiert wird. Die Standortbestimmung des Wirtschaftsethikers ist auch ein eindrückliches Zeugnis dafür, welches Mass an Einsichten und Erkenntnissen ein klarer, reger Geist einem durch Krankheit und Schmerzen geschwächten Körper abzuringen vermag. Das Referat erschien bereits in: ZeitSchrift/Reformatio 1992, S. 260–272; ferner in: Hommage à Arthur Rich (1910–1992), Sonderheft ZeitSchrift/Reformatio 1993, S. 6–18. – [Einfügungen in diesem Nachdruck mittels eckiger Klammer.]

und diktatorisch lenken, was sich indessen als ein Fiasko erwiesen hat, sind die Basisangehörigen, nämlich die Staatsbürger, und zwar als Produzenten wie als Konsumenten, die tragenden Wirtschaftssubjekte in der Marktökonomie. Sie sollen in wirtschaftlicher Mündigkeit frei darüber entscheiden können, was, wo und wie sie produzieren bzw. was, wo und wann sie das Produzierte kaufen sollen. Somit erweist sich die Marktwirtschaft zugleich als die ökonomische Entsprechung zur politischen Demokratie mit ihren Freiheitsrechten.

Weiter: Mit dem Prinzip der wirtschaftlichen Freiheit oder Mündigkeit verbindet sich das der wirtschaftlichen Selbstverantwortlichkeit. Der Produzent wie der Konsument haben als Wirtschaftssubjekte die volle Verantwortung für ihre ökonomischen Entscheidungen und mithin für deren Folgen zu tragen. Erfolg und Misserfolg liegen in eigener Hand. Jeder ist seine Glückes Schmied. Das wird zur Lebensmaxime.

Fernerhin: Marktwirtschaft ist eigeninteressiert, denn Selbstverantwortlichkeit und Eigeninteresse bedingen sich wechselseitig. Wer für seine wirtschaftlichen Entscheidungen als Produzent oder als Konsument selbst verantwortlich ist, wird seine Produktionsmittel zum einen und seine Konsumkraft zum andern so einsetzen, dass daraus für ihn ein möglichst hoher Nutzen entsteht. Nutzenmaximierung der Wirtschaftssubjekte gilt derart als marktwirtschaftliches Gebot. Und das schliesst in sich, dass der Produzent seine Mittel in erster Linie für die Produktion von Gütern verwendet, die für ihn einen hohen Gewinn erbringen, und der Konsument sein Geld für den Kauf von Dingen gebraucht, die für ihn eine Nutzenpriorität besitzen. Massgebend dafür ist das Wechselspiel von Angebot und Nachfrage auf dem Markt. Je begehrter und damit je knapper ein Gut, desto höher die Nachfrage, und desto höher die Nachfrage, umso höher der Preis. Der Produzent wird also prioritär die Güter produzieren, die wegen ihrer Knappheit hohe Preise, ergo auch hohe Gewinnchancen versprechen. Er wird demnach, gleichsam automatisch, die auf dem Markt bestehenden Güterknappheiten mildern oder gar beseitigen und damit den Bedarf der Konsumenten am besten befriedigen. Mit andern Worten: Die Produktivkräfte werden auf die Erzeugung von Gütern gelenkt, die am Gefragtesten sind, was sowohl die ökonomische Effizienz wie den notwendigen Versorgungsgrad an Investitions- wie an alltäglichen Bedarfsgütern am optimalsten gewährleistet. Marktwirtschaftlich verfasste Gesellschaften kennen darum in der Regel auch keinen Gütermangel.

Schliesslich: Die Marktwirtschaft wirkt interessenausgleichend und kommt letztlich allen Wirtschaftssubjekten zugut. Diese Behauptung mag auf den ersten Blick erstaunen, ja befremden. Basiert die Marktwirtschaft nicht doch auf dem puren Eigeninteresse und damit auf egoistischen Motiven? Wie aber sollte eine egoistische, vom Gewinnmaximierungsprinzip beherrschte Wirtschaft dem Allgemeininteresse und mithin dem Allgemeinwohl dienlich sein können? Ist das nicht ein Widerspruch in sich selbst? Muss eine gewinnmaximierende Wirtschaftsweise nicht im Gegenteil zu einer reinen Profitwirtschaft führen, die das Unternehmertum als kapitalorientiertes Wirtschaftssubjekt einseitig begünstigt?

Daran ist sicher richtig, dass die Unternehmen in der Marktwirtschaft, freilich nicht nur, aber doch vorrangig, auf Gewinnerzielung, also auf Kapitalvermehrung aus sind. Gewinnarme oder gar gewinnlose Unternehmen, die andauernd in den roten Zahlen stehen, können in der Marktwirtschaft nicht überleben und werden aus dem Markt ausscheiden. Gewinne lassen sich indessen nur erzielen, wenn die Unternehmen Güter produzieren, die, wie bereits vermerkt, auf dem Markte knapp, damit gefragt sind und insofern den Käuferbedürfnissen entsprechen. Verlässliche Indikatoren für die Knappheit von Gütern sind deren Preise. Der Produzent wird demnach seine Produktionspläne auf die Erzeugung von knappen Gütern ausrichten, weil sie eben hohe Preise haben und hohe Preise einen entsprechenden Gewinn abwerfen. Allein er steht in der marktlichen Wettbewerbswirtschaft mit seinen Produktionsplänen und Ambitionen nicht allein im Raum. Vielmehr hat er mit Konkurrenten zu rechnen, die dasselbe Ziel verfolgen. Je mehr Konkurrenten sich aber auf die Produktion eines profitablen Gutes stürzen, desto grösser wird das Angebot, was unweigerlich Preisdruck nach sie zieht und die Gewinnmöglichkeiten mindert. Der Marktwirtschaft eignen folglich Mechanismen, die auf eine Minimierung, wenn nicht gar auf die Beseitigung der Unternehmergewinne hintendieren. Ergo sind dem Gewinnmaximierungsstreben der Produzenten oder Anbieter Grenzen gesetzt, die vom Marktgeschehen selbst ausgehen. Willentlich betreiben sie zwar ihren eigenen Nutzen, und nur das. Doch der Mechanismus des Wettbewerbs bewirkt, dass sie damit auch den Nutzen derer befördern müssen, die an einer optimalen Güterversorgung von hoher Qualität und günstigen Konsumpreisen ein vorrangiges Interesse haben.

Dieser, den Interessenzwiespalt zwischen den konträren Wirtschaftssubjekten ausgleichenden Mechanismus hat Adam Smith, klassischer Begründer der marktwirtschaftlichen Theorie, zu der berühmten These bewogen: «Wenn daher jeder einzelne soviel wie nur möglich darnach trachtet, sein Kapital zur Unterstützung der einheimischen (will sagen der eigenen) Erwerbstätigkeit einzusetzen und dadurch diese so lenkt, dass ihr Ertrag den höchsten Wertzuwachs erwarten lässt, dann bemüht sich auch jeder einzelne ganz zwangsläufig, dass das Volkseinkommen im Jahr so gross wie möglich werden wird. ... Und er wird in diesem wie auch in vielen andern Fällen von einer unsichtbaren Hand geleitet, um einen Zweck (nämlich das Allgemeinwohl) zu fördern, den er in keiner Weise beabsichtigt hat.» Kurzum: Die Marktwirtschaft sorgt kraft der ihr wesenseigenen Gesetze selbst dafür, dass die Eigeninteressen der verschiedenen Wirtschaftssubjekte und das Gesamtinteresse der Gesellschaft, wenn nicht zusammenfallen, so doch einander nahe kommen.

Summa summarum lässt sich somit sagen, dass die freie Marktwirtschaft, obwohl vom Eigeninteresse der einzelnen Wirtschaftssubjekte geleitet, diese zugleich in Schranken hält und sich schliesslich gesamtwohlfördernd auswirkt, also den amoralischen Egoisten wider seinen Willen dazu drängt, so zu handeln, wie es die auf das Allgemeinwohl bedachte Moral erfordert. Effizienz und Ethos reichen sich so die Hand. Und darin gerade liegt der grosse Vorzug der marktlichen Ökonomie.

Die oft gehörte Behauptung, die Marktwirtschaft komme darum mit einem Minimum an Ethik, ja ohne solche aus, beruht gleichwohl auf einem Irrtum. Die freie, sich selbst überlassene Marktwirtschaft im Sinn des Laissez–faire ist nicht schon in und aus sich selbst moralisch; sie ist das nur unter ganz bestimmten Bedingungen. Damit kommen bereits ihre Grenzen in den Blick.

Grenzen der Marktwirtschaft

Es hat sich bisher ergeben, dass dem Modell der reinen oder freien Marktwirtschaft Mechanismen eigen sind, die erstens die Produktion von Bedarfs-, Investitions- und Dienstleistungsgütern nach ihrer Knappheit begünstigen (optimale Güterversorgung), zweitens die sogenannten Produktionsfaktoren (Kapital und Arbeit) so einsetzen, dass daraus ein höchstmöglicher Nutzen entsteht (optimale Effizienz der Wirtschaft) und drittens die konträren Eigeninteressen der Produzenten ausgleichen, derart dass sie dem Allgemeinwohl dienlich sind (optimale Wohlfahrt aller). Diese Modellvorstellung von Marktwirtschaft hat fraglos einen erheblichen, eben ihren Vorzug ausmachenden Realitätsgehalt. Damit sie dies alles tatsächlich auch in der Realität zu leisten vermöchte, müssten indessen bestimmte Voraussetzungen gegeben sein, die Adam Smith stillschweigend angenommen hat. Sie sind noch näher zu erörtern.

Erste Voraussetzung: Die Natur der Wirtschaft ist so geordnet, dass die konträren Interessenträger, die nur ihren eigenen Nutzen suchen, gegen ihren Willen, das Interesse aller, mithin das Allgemeinwohl wahrnehmen müssen. Smith spricht in diesem Zusammenhang, wie schon gesagt, von einer «unsichtbaren Hand», die das bewirkt. Dahinter verbirgt sich die Gottesvorstellung der Aufklärung, wonach der Schöpfer die gesamte Welt, damit auch die Wirtschaftswelt, so eingerichtet habe, dass sie, überlässt man sie nur den Gesetzlichkeiten ihrer eigenen Natur, zum

Besten aller funktionieren müsse. In diesem Sinne gilt die Marktwirtschaft für deren Begründer als «natürliche» Wirtschaftsordnung.

Zweite Voraussetzung: Wie die natürliche Wirtschaftsordnung so ist auch der Mensch, kraft seiner Naturbeschaffenheit, auf den Ausgleich der Interessen aus. Zwar hat Adam Smith als Ökonom das Selbstinteresse des Menschen in den Vordergrund gestellt und scheinbar den Egoismus gerechtfertigt Doch beruht das auf einer Täuschung Als Moralphilosoph, der er ebenfalls war, sagt er nämlich ausdrücklich, dass dem Menschen, möge man ihn für noch so egoistisch halten, von Natur ein ethisches Gefühl eigen sei, das ihn das Elend anderer empfinden lasse. Dieses Gefühl nennt Smith «Sympathie»[2]. Es löst solidarische Impulse aus, die die egoistischen Strebungen des Menschen in Schranken hält. In diesem Sinne setzt das marktwirtschaftliche Konzept moralisch empfindende Menschen voraus, die mit den Ausgleichstendenzen der natürlichen Wirtschaftsordnung in Einklang stehen.

Dritte Voraussetzung: Marktwirtschaft ist Wettbewerbswirtschaft. Ihre ausgleichende Funktion kann sie nur in dem Mass erfüllen als die Konkurrenz vollkommen ist. Vollkommene Konkurrenz besagt: Es stehen vielen Nachfragern nach einem Gut viele Anbieter, also viele unternehmerische Produzenten gegenüber. Dies bedeutet, dass auf der Produktionsseite die Wirtschaftsmacht unter viele geteilt ist und folglich die Produzenten wirtschaftlich annähernd gleiche Stärke haben. Wettbewerbsvorteile lassen sich mithin nur durch bessere Leistung, nicht durch stärkere Marktmacht erzielen. Es gibt weder marktbeherrschende Monopole noch Kartelle. Das jedoch bedingt Chancengleichheit unter den Produzierenden.

Vierte Voraussetzung: Vollkommene Konkurrenz setzt Chancengleichheit sowohl unter den Produzierenden als unter den Konsumierenden voraus. Die Kaufkraft der Konsumenten richtet sich ja nach der Höhe ihres Einkommens. Je höher das Einkommen, desto mehr kann sich der Käufer auf den Märkten leisten. Weil jedoch nach den Gesetzen der Marktwirtschaft die Güter, gleichgültig ob Lebensmittel, Gebrauchswaren, Dienstleistungen usf., dorthin fliessen, wo mehr bezahlt werden kann, nicht wo der grössere Bedarf nach ihnen besteht, kann sie nur soweit interessenausgleichend wirken als es keine zu grossen Unterschiede in der Verteilung des Volkseinkommens unter den verschiedenen Bevölkerungsschichten gibt, mithin auch in dieser Hinsicht Chancenähnlichkeit besteht.

Fünfte Voraussetzung: Die Naturgüter unterstehen nicht der Knappheitsregel. Die klassische Marktwirtschaft kennt nur zwei knappe Produktionsfaktoren: Kapital und Arbeit. Weil knapp, haben sie einen Preis

---

2 Gemeint ist «Empathie».

(Zinse bzw. Lohnkosten). Das verlangt sparsamen Umgang mit ihnen. Die Naturgüter hingegen, Boden, Bodenschätze, Wasser, Luft, Ozonschicht etc., die bei der Güterproduktion ebenfalls in Anspruch genommen werden, gelten, weil angeblich unbegrenzt vorhanden, als sogenannte freie Güter, die, abgesehen von allfälligen Extraktions- und Bereitstellungskosten, für die Nutzung keinen Preis haben und auch für die Zukunft unlimitiert zur Verfügung stehen. Es gibt für das Wirtschaftswachstum keine natürlichen, nämlich ökologisch bedingten Grenzen.

[Präzisierungen zu den fünf Voraussetzungen:] Diese fünf wichtigsten Voraussetzungen – es wären noch weitere anzuführen – existieren indessen nur in der von ihren Prinzipien her erdachten theoretischen Modellvorstellung der Marktwirtschaft. Ihre Realität sieht schon anders aus. Dort kommen sie, wenn überhaupt, lediglich gebrochen und abgeschwächt zur Geltung. Das bedarf noch der Verdeutlichung.

Zum ersten: Die «unsichtbare Hand» von Adam Smith erweist sich als ein Mythos. Zwar gibt es systemeigene Mechanismen in der Marktwirtschaft, die für eine lebenskräftige, die Güterknappheit im allgemeinen Interesse beseitigende Ökonomie unabdinglich und insofern sachgemäss sind. Doch haben diese Mechanismen nicht den Charakter von Naturgesetzen, die unabhängig vom menschlichen Willen wirken. Jedes Wirtschaftssystem ist vom Menschen geschaffen, somit indirekt auch die ihm wesenseigenen Mechanismen. Es kommt ihnen keine natürliche Geltung zu, sie gelten nur insoweit, als die im Wirtschaftsprozess involvierten Menschen sie gelten lassen. Oder anders herum: Die Marktmechanismen sind im Unterschied zu den Naturgesetzen manipulierbar.

Zum zweiten: Die wirtschaftenden Menschen fügen sich nicht schon von Natur, nicht von selbst, in die interessenausgleichenden Mechanismen des marktlichen Wettbewerbes. Laufen diese der Wahrnehmung des Eigennutzes zuwider, dann wird vielmehr versucht, sie zu überspielen. Darum hat schon Adam Smith gewusst, wenn er ingrimmig feststellt: «Geschäftsleute desselben Gewerbes kommen selten zusammen, ohne dass das Gespräch in eine Verschwörung gegen die Öffentlichkeit endet oder irgend ein Plan ausgeheckt wird, wie man, entgegen den Wettbewerbsgesetzen, die Preise erhöhen kann.» Und das besagt manipulierte Beschränkung, wenn nicht gar Aufhebung des Wettbewerbs zugunsten der rein egoistischen Nutzenmaximierung.

Zum dritten: Weil die Marktmechanismen durch die wirtschaftenden Menschen manipulierbar sind und auch manipuliert werden, hat es vollkommenen, d. h. uneingeschränkten Wettbewerb in der real existierenden Marktwirtschaft kaum je gegeben. In Tat und Wahrheit hat man es mit einer unvollkommenen Konkurrenz zu tun. Unvollkommene Konkurrenz ist dahin zu charakterisieren, dass Marktmächte auftreten, seien es Monopole, Kartelle oder ähnliche Gebilde, die unliebsame Konkurrenten ausschalten, sie jedenfalls arg behindern, also bestimmenden Einfluss auf die Preisgestaltung nehmen können. Der Leistungswettbewerb verfällt so einer puren Verdrängungskonkurrenz, einer Art Wirtschaftsdarwinismus. In dem Ausmass wie das geschieht, Marktmacht neben Marktleistung tritt, verabsolutiert sich das Eigeninteresse der Marktmächtigen, und die Koppelung von Eigen- und Allgemeinwohl in der Marktwirtschaft, wie sie Adam Smith vor Augen schwebte, wird illusorisch. Das alles geht einher mit der Dominanz der Kapitalakkumulation gegenüber den andern, vorab den Sozial- und Umweltinteressen. Denn wo mehr Kapital, dort in der Regel auch die grössere Marktmacht. Derart besteht in der real existierenden Marktwirtschaft mit ihrer unvollständigen Konkurrenz ein Hang zu dem, was man «Kapitalismus» bezeichnen kann.

[Wie verhält sich «Kapitalismus» zu «Marktwirtschaft»?] Als «kapitalistisch» wird hier also eine Ökonomie verstanden, in der die Wahrnehmung der Kapitalinteressen eindeutig Vorrang hat. Für die Marxisten, aber auch für die Grosszahl der Liberalen, sind Kapitalismus und Marktwirtschaft eines und dasselbe. Doch beruht das auf einem Kurzschluss. Kapitalismus ist nur eine bestimmte Ordnungsform der Marktökonomie, er ist nicht die Marktwirtschaft selbst.

Freilich, gewinnbringende Kapitalnutzung gehört wesensmässig zur Marktwirtschaft überhaupt. Sie ist unabdinglich. Doch gilt das von jeder, auch von der sozialistischen Ökonomie. Ohne Kapital gibt es keine wertschöpfende, das Volkseinkommen erzeugende Produktion, sowenig wie ohne Arbeit.[3] Die Beachtung der Kapitalinteressen ist darum eine ökonomische Sachnotwendigkeit und für jede Gestalt von Marktwirtschaft geboten.

Nicht sachnotwendig ist hingegen die Dominanz dieses Interesses zu Lasten der übrigen. Sie hemmt im Gegenteil die interessenausgleichenden Mechanismen des marktlichen Systems. Statt Gleichgewichte in der Wirtschaft entstehen Ungleichgewichte.

In der kapitalistischen Gestalt der Marktwirtschaft, wie man sie herkömmlicherweise kennt und wie sie weithin noch besteht, begegnen denn auch zahlreiche markante und konfliktträchtige Ungleichgewichte. Im Vordergrund steht das makroökonomische Ungleichgewicht zwischen Angebot und Nachfrage, das immer wieder zu regionalen oder globalen Wirtschaftskrisen mit ihren Massenarbeitslosigkeiten führt. Darüber

3 [Dass ohne Arbeit keine Wertschöpfung stattfindet, geht dort vergessen, wo man durch Spekulation reich werden möchte.]

hinaus gibt es aber noch weitere Disparitäten von nicht minder schweren Konsequenzen. Fassen wir zunächst diejenigen ins Auge, die es mit der Minderung, wenn nicht Eliminierung der Chancengleichheit der am Wirtschaftsprozess Beteiligten als Voraussetzung einer interessenausgleichenden Marktökonomie zu tun haben.

Zum vierten: Eine solche fundamentale Disparität zeigt sich im Verhältnis der Interessenträgerschichten von Kapital und Arbeit zueinander. Sie begegnet unter vielerlei Aspekten.

Ein vorrangiger Aspekt ist die krasse Ungleichheit in der Ansammlung und Verteilung des Produktiv- bzw. Erwerbskapitals. Dabei ist nicht nur an die zunehmende Konzentration der Kapitalmittel in der Hand der Industrie- und Dienstleistungsgiganten zu denken, die die Wettbewerbschancen der kleineren Unternehmen minimieren kann und auch oft genug minimiert. Noch mehr wiegt die Tatsache, dass die überwiegende Grosszahl der Arbeitenden überhaupt keinerlei Anteil an dem besagten Kapital haben. Das hat ökonomische und mehr noch menschliche Auswirkungen.

Die *menschlichen* Auswirkungen manifestieren sich vor allem in der Reduktion der Lohnerwerbenden auf den Status einer blossen Arbeitskraft. Abgesehen von den Managern und hohen Kaderleuten, die im Auftrag der Kapitaleigner die unternehmerischen Funktionen auszuüben haben, verfügen sie über keinerlei Mitbestimmungsmöglichkeiten in Betrieb und Unternehmen, wo es doch um ihre elementare Lebenslage, überhaupt um ihre Existenz geht. In diesen Räumen sind sie keine Mitsubjekte des wirtschaftlichen Geschehens, sondern nur Objekt, eben bezahlte Arbeitskraft, und insoweit unfrei in der freien Marktwirtschaft.

Die *ökonomischen* Auswirkungen des Ungleichgewichts zwischen Kapital und Arbeit werden greifbar in der Verteilungsfrage. Weil ohne Anteil am Kapitalbesitz partizipieren die Lohnverdienenden auch nicht am Kapital- und Wertzuwachs der Unternehmen, obwohl sie an dessen Zustandekommen entscheidend beitragen. Dieser geht einseitig an die Eigentümerunternehmer [und das Management] respektive an die Kapitalgesellschaften. Das emotional gefärbte Schlagwort, dass in der Marktwirtschaft die Mächtigen immer mächtiger, die Reichen immer reicher würden, ist nicht ohne Wirklichkeitsgehalt.

Ein weiteres Verteilungsmanko resultiert aus dem Ungleichgewicht auf den Arbeitsmärkten. Unter den Bedingungen der modernen Industriegesellschaft mit ihren kapitalistischen Konzentrationserscheinungen und der durch sie gegebenen unvollkommenen Konkurrenz stehen vielen Nachfragern von Arbeitsplätzen wenige Anbieter gegenüber. Dese haben mithin eine stärkere Position und sind so in der Lage, die marktlichen Unwägbarkeiten, zumal in wirtschaftlichen Rezessionsphasen, zu ihrem

Vorteil auszunutzen, was zu Lohndruck, ja zur Ausbeutung von menschlicher Arbeitskraft führen kann. Erst seit starke Gewerkschaften auftraten und eine Gegenmacht auf den Arbeitsmärkten zu bilden und Tariflohnvereinbarungen wie Gesamtarbeitsverträge auszuhandeln vermochten, war es möglich, die hier bestehenden Ungleichgewichte einigermassen ins Lot zu bringen. Gleichwohl ist die Verteilungsfrage in der heutigen Marktwirtschaft noch immer eine schwärende Wunde.

Vor allem zeigt sich dies daran, was man heute unter dem Begriff der «neuen Armut» zu bezeichnen pflegt. Es handelt sich um Armut inmitten der marktwirtschaftlichen Wohlstandsgesellschaft. Sie ist zwar nicht nur, aber doch auch ökonomischer Natur. Soweit sie darin wurzelt, hängt sie mit dem Ungleichgewicht auf dem Gütermarkt zusammen. Annähernd gleiche Chancen auf den Gütermärkten (eingeschlossen der Wohnungsmarkt) gibt es, wie erinnerlich, hier nur, wenn die Höhe der Einkommen bzw. der Kaufkraft unter der Käuferschaft nicht allzu unterschiedlich ist. Wer sich am Rande oder gar unter dem Existenzminimum bewegt, tut sich oft schwer daran, selbst das Lebensnotwendige zu erstehen. Dahin gehören nicht nur solche, die durch eigene Schuld in eine derart missliche Lage geraten, sondern mehr noch Menschen, die einfach Opfer der marktwirtschaftlichen Ungleichgewichte geworden sind, wie Dauerarbeitslose, [alleinerziehende Mütter] etc.

Zum fünften: Noch auf ein letztes Ungleichgewicht muss hier verwiesen werden: das Ungleichgewicht zwischen den Kapital- wie Sozialinteressen einerseits und den Belangen der Umwelt anderseits. In der kapitalistischen Gestalt der Marktwirtschaft besteht ein Hang, wenn nicht ein Zwang zu einem hemmungslosen Wirtschaftswachstum. Schon aus dem Grunde, weil sich so die leidige Verteilungsfrage entschärfen lässt. Denn: je grösser das Wirtschaftswachstum, desto höher das Volkseinkommen. Und umso höher das Volkseinkommen, umso mehr gibt es zu verteilen sowohl für die Arbeits- wie die Kapitalseite. Auf die Länge folgt daraus eine unerhörte Belastung der Umwelt samt ihrer Naturgüter, was das ökologische Gleichgewicht als unabdingliche Grundlage unserer gesamten Lebensexistenz völlig aus den Angeln heben kann.

Zusammenfassend muss man sagen, dass sich die herkömmliche Marktwirtschaft wegen der von ihr erzeugten und nicht bewältigten Ungleichgewichte einer selbstkritischen Überprüfung ihrer Möglichkeiten und Grenzen zu unterziehen hat. Markteuphorie, wie sie heute weitherum im Schwange ist, ist fehl am Platz. Vielmehr besteht auch für unsere Marktökonomie ein dringlicher Reformbedarf, sollen die wirtschaftlichen Ungleichgewichte, wie es ihrer eigentlichen Intention entspricht, zum Wohl aller abgebaut werden können. Damit kommen wir dritten und letzten Teil.

Reform der herkömmlichen Marktwirtschaft

Diese neue Thematik lässt sich hier nur skizzenhaft-summarisch angehen. Vorerst sind einige grundsätzliche Überlegungen geboten.

Es hat sich bisher gezeigt, dass die faktische Marktwirtschaft nicht das zu leisten vermochte, was sie ihrem Prinzip nach verspricht. Viele sprechen darum von «Marktversagen». Doch sollte man mit diesem Urteil vorsichtig sein.

Auch die gemessen an ihren Erwartungen defizitäre, also mangelhafte, ja fragwürdige Marktwirtschaft weist per Saldo noch immer Vorzüge auf, die durch kein anderes, uns bekanntes Wirtschaftssystem aufgewogen werden. Sie ist dem fundamentalen Zweck der Wirtschaft, die Güterknappheit zu mindern und Voraussetzungen zu schaffen, die eine hinreichende Versorgung aller mit dem Lebensnotwendigen gewährleisten, in einem Grade nachgekommen, der nicht seinesgleichen hat. Wenn es trotzdem in Marktwirtschaften noch immer beklemmende Armut gibt, dann keineswegs, weil es, wie in den Ländern mit marxistischem Plan- und Eigentumssystem, an der nötigen Menge von Bedarfsgütern, also an wirtschaftlicher Leistungskraft fehlen würde, sondern weil es an der menschengerechten Verteilung gebricht. Die ökonomische Effizienz der Marktwirtschaft, auch wenn diese nicht so spielt, wie sie ihrem Prinzip nach spielen sollte und es wohl auch, jedenfalls in besserer Annäherung als heute, spielen könnte, ist unzweifelhaft überlegen, und das bei ungleich geringerer Umweltzerstörung wie in den zentralen Planwirtschaften, obgleich die Umweltbelastung auch in der bestehenden Marktökonomie ein untragbares Ausmass angenommen hat.

Diese Feststellung hat selbstredend nicht den Sinn, die vorangegangene Kritik an der faktischen Marktwirtschaft abzuschwächen oder gar zurückzunehmen. Es geht nur darum, die Kritik auf ihren eigentlichen Punkt zu bringen.

Der besagte Punkt trifft nicht die Marktwirtschaft als solche. Er trifft lediglich ihre noch heute vorherrschende, als «kapitalistisch» charakterisierbare Ordnungsgestalt mit ihren bedenklichen Ungleichgewichten. Es ist ein fataler Irrtum der Marxisten, auch vieler Grüner sowie mancher Befreiungstheologen, die Marktwirtschaft schlechthin als «kapitalistisch» zu taxieren, um sie ethisch wie ökonomisch zu diskriminieren. Mit der Marktwirtschaft verurteilen sie so effizientes Wirtschaften überhaupt. Ineffizientes Wirtschaften kann jedoch nie lebens-, geschweige menschendienlich sein, wie jüngste Erfahrungen erschreckend zeigen.

Die Ungleichgewichte in der bestehenden Marktwirtschaft haben ihren Grund darin, dass es die «unsichtbare Hand», die nach Adam Smith die von ihm nie bestrittenen Interessengegensätze ins Gleichgewicht bringt, von Natur nicht gibt, noch Menschen, die sich dieser ordnenden Hand natürlicherweise fügen würden. Diese ordnende Kraft, ohne die der interessenausgleichende Mechanismus der Marktökonomie niemals funktionieren kann, muss von den wirtschaftenden Menschen selbst etabliert und akzeptiert werden. Und das besagt mit einem Wort: Die Marktwirtschaft bedarf einer ethisch qualifizierten Rahmenordnung, eines Regulativs, das ihre ökonomische Effizienz zu gewährleisten vermag, sie aber zugleich so modifiziert, dass sie den ins Blickfeld getretenen Ungleichgewichten entgegenwirken und sich derart nicht nur als sachgemäss, sondern auch als menschengerecht erweisen kann.

Eine derartige Rahmenordnung stellt das Konzept der sogenannten «Sozialen Marktwirtschaft» dar. Ihr geistiger Vater, Alfred Müller Armack, hat es bewusst als Alternative zur marxistischen Zentralverwaltungswirtschaft wie zur kapitalistisch geprägten Marktökonomie, wohlverstanden nur zu ihr, nicht zur Marktwirtschaft überhaupt, verstanden. Vielmehr hält er unverkürzt an dieser fest, doch modifiziert er sie in einer Weise, die sich als deren Entkapitalisierung durch Einbindung in ein die sozialen und auch ökologischen Belange aufnehmendes Regulativ bezeichnen lässt.

Nach Müller Armack hätte das vom Staat zu handhabende Regulativ dafür zu sorgen, dass die im Prinzip der Marktwirtschaft liegenden Ausgleichsmechanismen wirklich zum Tragen kommen. Also Stützung, nicht Eingrenzung, der Marktwirtschaft. Entsprechend hat das Regulativ oder Rahmenordnung marktkonform zu sein, ohne dass daraus ein Dogma wird. Vorrang gilt der Annäherung der Marktrealität an die vollkommene Konkurrenz. Durch wettbewerbsdienliche Massnahmen habe der Staat die Bildung monopolistischer wie kartellistischer Marktmacht möglichst auszuschliessen, die Erhaltung der klein- und mittelbetrieblichen Strukturen zu fördern, kraft Schaffung persönlicher, auf Mitbestimmung beruhender Betriebs- und Unternehmensverfassungen die Lohnerwerbenden auf den Status mitentscheidender Subjekte in der Arbeitswelt zu heben, durch eine gezielte, nötigenfalls von der Marktkonformität abweichende Konjunkturpolitik den makroökonomischen Ungleichgewichten entgegenzuwirken und vermöge eines ausgebauten Sozialnetzes auch den Minderbemittelten ein zureichendes Auskommen zu sichern. Später sind noch Massnahmen zur Entschärfung der ökologischen Krise hinzugekommen. Dieses Konzept der Sozialen Marktwirtschaft ist für die Bundesrepublik wegleitend und, wenngleich mit wachsenden Abstrichen (Deregulierung) verwirklicht worden. Sie noch in dem Sinn als «kapitalistisch» zu taxieren, wie das die Marxisten und viele Alternative tun, geht, sachlich gesehen, nicht mehr an.

Ich meine, die Soziale Marktwirtschaft sei ein entscheidender Reformschritt in die auch ethisch gebotene Richtung. Sie ist vom Anspruch des Menschengerechten geleitet und doch ökonomisch effizient. Gleichwohl lässt sie Fragen offen. Vor allem sind es deren zwei: die Verteilungsfrage und die ökologische Problematik.[4]

Die *Verteilungsfrage:* Hierin gibt es in der Sozialen Marktwirtschaft, trotz der sozialen Sicherheitsnetze, noch immer ein Defizit, sowohl vom Menschen[gerechten] wie vom Sachgemässen her gesehen. Sie vermochte das konfrontative Verhältnis von Kapitalinteresse der Unternehmen und Sozialinteresse der Belegschaften nicht wesentlich einzudämmen. Das Spiel von Macht und Gegenmacht, vorab bei Tarifkämpfen, geht weiter. Und das ist für die Marktwirtschaft gefährlich. Wo Macht im Spiel ist, liegt Machtmissbrauch immer nahe. Nicht nur die Unternehmerseite kann Macht missbrauchen. Das gilt auch von Gewerkschaftsseite. Eine überrissene Forcierung der Lohn- und Sozialinteressen auf Kosten der für die Unternehmen lebenswichtigen Kapitalentwicklung beeinträchtigt das Funktionieren der Marktwirtschaft nicht minder wie das Umgekehrte. Auch sie schafft Ungleichgewichte. Was not tut, wäre eine Eigentumsform der grossen Unternehmen, die es in sich hätte, die konträren Interessen aneinander zu binden, derart dass ihr unabdingliches Aufeinanderangewiesensein unmittelbar fühlbar würde. Einen Weg dazu böte massive Kapital-, verbunden mit Gewinn- und Verlustbeteiligung, der Belegschaften. […] Dadurch entstünde ein Interesse aller Beteiligten an der möglichst effizienten Kapitalnutzung, Produktions- und Kapitalentwicklung. Die Lohn- bzw. Sozialinteressen der Mitarbeiter harmonierten so mit den Gewinn- und Kapitalinteressen der Unternehmung. Alles in allem ergäbe das mehr marktkonforme Verteilungsgerechtigkeit und würde zudem der spekulativen Übernahme von Unternehmungen durch kapitalistische Raiders wehren.

Auch was die *ökologische Problematik* anbetrifft, besteht in der Sozialen Marktwirtschaft ein zusätzlicher Reformbedarf. Tiefgreifendes Umdenken ist da unumgänglich. Und dies in verschiedenen Hinsichten:

Zunächst sei darauf verwiesen, dass die Marktpreise nur gegenwärtige Knappheiten zuverlässig anzeigen. Auf künftige Knappheiten reagieren sie unzureichend. Nun sind aber viele Naturgüter, wie Energieträger und Rohstoffe, im Augenblick in noch ergiebigem Mass vorhanden, die Preise also verhältnismassig tief. Um die Verbraucher zu deren sparsameren Nutzung anzuhalten, müssten auch die künftigen Knappheiten bei der Preisbildung miteinbezogen werden. Das würde die Beschaffungskosten von Naturgütern verteuern, so zu ihrem haushälterischen Gebrauch nöti-

4 [Die folgenden Ausführungen haben den Charakter von Maximen.]

gen und käme zugleich vielen rohstoffexportierenden Entwicklungsländern zugute.

Weiter wäre zu sagen, dass auch in der Sozialen Marktwirtschaft unter ökonomischer Effizienz vorrangig die wirtschaftliche Rentabilität der Einzelunternehmen verstanden wird. Diese Optik hat es in sich, die bei der Produktion wie bei der Entsorgung der Abfälle anfallenden Kosten, der einzelwirtschaftlichen Effizienz wegen, der Öffentlichkeit aufzubürden. Das schlägt sich nieder in stark gesteigerten staatlichen Haushaltdefiziten, mithin in der Schwächung der gesamtgesellschaftlichen Effizienz der Volkswirtschaft, ein ökonomisches Unding ohnegleichen. Weit mehr als bisher gilt es darum die wirtschaftliche Rentabilität gesamtgesellschaftlich zu werten und die Umweltkosten rigoros auf ihre vorzüglichsten Verursacher, Produzenten wie Konsumenten, zu überwälzen.

Schliesslich: Die Umwelt mit ihren Naturgütern ist ein Produktionsfaktor, der immer knapper werden und dem folglich ein wachsendes Gewicht zukommen wird. Es versteht sich von selbst, dass die Faktoren Kapital und Arbeit für die erbrachten Leistungen entschädigt werden müssen. Paradoxerweise gilt das nicht von der Naturnutzung. Der Grund liegt darin, dass die Natur keine Marktmacht ausspielen kann. Ihre Regenerationsansprüche werden darum noch immer stiefmütterlich behandelt. Und das muss sich radikal ändern. Ohne ganz massive Investitionen zum Schutz und zur Erhaltung der Umwelt, und das zu Lasten von Kapital und Arbeit, wird es nicht gehen.

Ökologiegerechte Marktwirtschaft schliesst darum zweifelsohne eine fühlbare Bremsung des quantitativen Wirtschaftswachstums der Industrieländer, damit auch der materiellen Begehren ihrer Bevölkerung, in sich ein. Die Zeiten einer Ökonomie des «Immer mehr» sind vorbei. Denn eine solche Ökonomie ist aus Umweltgründen schlechterdings nicht globalisierbar. Sie würde die ohnehin schon brandgefährlichen Ungleichgewichte in der Weltwirtschaft noch weiterhin verschärfen. *Sozial und ökologisch verantwortbare Marktwirtschaft*[5] kann nur, und das bestenfalls, eine «Ökonomie des Genug», des Genug für möglichst alle sein. Insofern wird sie zu einer Herausforderung für unsere Welt wie für jeden Einzelnen von uns. Sie erfordert, soll sie sich selbst nicht Lügen strafen, von der Gesellschaft zu schaffende Strukturen, die nicht nur die nationalen, die auch die weltweiten Disparitäten zwischen den Wohlhabenden und den Zukurzgekommenen wie die Ungleichgewichte zwischen unsern Wohlstandsansprüchen und den elementaren Bedürfnissen einer überlebensfähigen Natur wirksam zurückzubinden vermögen. Und sie erfordert darüber hinaus Menschen, die sich im Interesse eines effizienten Wirtschaftens,

---

5 [Im Original nicht hervorgehoben.]

statt bequemlich auszuflippen, sich selbstverantwortlich dem anspruchsvollen Leistungswettbewerb aussetzen und doch zugleich Solidarität mit denen üben, die weniger leistungsfähig oder erfolglos sind. Fehlt eine solche ethische Ausrichtung über menschen- und naturgerechte Regulative wie über verantwortliche Personen, dann kann die Marktwirtschaft das in ihr steckende interessenausgleichende und lebensdienliche Potential nicht entfalten und die sozial wie ökologisch unverträglichen Disparitäten werden bestehen bleiben.

Anhang

Abkürzungsverzeichnis

BV	Bundesverfassung
CDU	Christlich-demokratische Union
DDR	Deutsche Demokratische Republik
EKD	Evangelische Kirche in Deutschland
EPD	Evangelischer Pressedienst
ETH	EidgenössischeTechnische Hochschule
FamA	Familienarchiv Rich
HEKS	Hilfswerk der Evangelischen Kirchen der Schweiz
ISE	Institut für Sozialethik (des SEK)
ITE	Institut für Theologie und Ethik (des SEK)
KBRS	Kirchenblatt für die reformierte Schweiz
NB	Schweizerische Nationalbibliothek
NL	Nachlass
NZZ	Neue Zürcher Zeitung
ÖRK	Ökumenischer Rat der Kirchen
RGG	Religion in Geschichte und Gegenwart
SEK	Schweizerischer Evangelischer Kirchenbund
SF	Schweizer Fernsehen
SH	Schaffhausen
SP(S)	Sozialdemokratische Partei (der Schweiz)
StA SH	Staatsarchiv Schaffhausen
WOZ	Wochenzeitung
ZEE	Zeitschrift für Evangelische Ethik
ZH	Zürich
ZKG	Zeitschrift für Kirchengeschichte

Quellen- und Literaturverzeichnis

Mündliche Quellen

Interviews mit Elisabeth Rich, Zürich,14.1.1997, 12.8.1998, 27.8.1998, 10.9.1998, 25.9.1998, 8.10.1998, 9.11.1998 (Elisabeth Rich, in: FamA Rich)
Interview mit Franziska Rich, Zürich, 27.6.2008 (Franziska Rich, in: FamA Rich)
Interview mit Georg Rich, Aarau, 16.6.2008 (Georg Rich, in: FamA Rich)
Interview mit Matthias Rich, Bassersdorf, 14.7.2008 (Matthias Rich, in: FamA Rich)
Interview mit Ursula Brück-Rich, Essen, 9.8.2008 (Ursula Rich, in: FamA Rich)
Mündliche Mitteilungen von verschiedenen Personen (beim Verf.)

Archive (ungedruckte Quellen)

Archiv der Familie Rich, Zürich (FamA Rich)
Archiv der Zentralbibliothek Zürich, Handschriftenabteilung: Nachlass Arthur Rich 1910–1992 (NL und Nummer)
Staatsarchiv Schaffhausen (StA SH): Protokolle des Erziehungsrats; Flüchtlingsakten
Gemeindearchiv Hemmental: Akten der Kirchgemeinde und der Schule
(Die Bestände im Institut für Sozialethik der Universität Zürich konnten, wegen Zeitmangels, nicht mehr eingesehen werden)

Periodika (in Auswahl)

Basler Nachrichten
Der Aufbau, Zürich
Der Kirchenfreund, Zürich
Die Mitarbeit, Heidelberg
Die Tat, Zürich
Evangelischer Pressedienst (EPD), Zürich (bis Ende 1986); Reformiertes Forum, Basel (1987–Juli 1996); reformierte presse, unterschiedliche Erscheinungsorte (seit August 1996)
Ex Libris, Zürich
Gesellschaft und Entwicklung, Thun
Kirchenblatt für die reformierte Schweiz, Basel (KBRS)
Leben und Glauben, Laupen
Mitteilungen der Sozialen Studienkommission des Schweizerischen Reformierten Pfarrvereins, Thun
National-Zeitung, Basel
Neue Wege, Zürich
Neue Zürcher Nachrichten
Neue Zürcher Zeitung (NZZ)
Nie wieder Krieg, Zürich (NWK)
Pfarrblatt für die Katholiken im Kanton Zürich, Winterthur
Reformatio/Zeitschrift, Bern/Zürich
St. Galler Tagblatt

schaffhauser az
(Schaffhauser) Kirchenbote (bis Juni 1949); Kirchenbote Schaffhausen-Glarus (Juli 1949–Dez. 1965); Kirchenbote Basel, Glarus, Schaffhausen, Zentralschweiz, Tessin (Jan. 1966–Juni1968); Kirchenbote Basel, Glarus, Schaffhausen, Zentralschweiz, Solothurn (seit Juli/Aug. 1968), alle: Schaffhausen
Schaffhauser Nachrichten
Sozialarbeit/Travail social, Bern
Tages-Anzeiger, Zürich
Theologische Zeitschrift, Basel
uni, Zürich
Volksrecht, Zürich
Zeitschrift für Evangelische Ethik, Gütersloh (ZEE)
Zeitschrift für Kirchengeschichte, Stuttgart (ZKG)
zürcher student, Zürich
Zwingliana, Zürich

Bibliographien

Tapernoux, Christoph: Publikationen von Arthur Rich, in: Rich, Arthur: Aufrisse. Vorarbeiten zum sozialethischen Denken, Zürich 1970, S. 237–247
Karg, Siegfried: Bibliographie Arthur Rich, in: Strohm, Theodor (Hg.): Christliche Wirtschaftsethik vor neuen Aufgaben. Festgabe für Arthur Rich, Zürich 1980, S. 509–532
Karg, Siegfried: Rich, Arthur: Werke und Sekundärliteratur, in: Biographisch-Bibliographisches Kirchenlexikon, Bd. 8, Herzberg 1994, Sp. 197–203

Werke von Arthur Rich (chronologisch)

Es werden nur diejenigen Titel genannt, aus denen zitiert wird oder die erwähnt werden. In den Fussnoten wird bei häufig zitierter Literatur der hier in Klammern angegebene Kurztitel verwendet.

Die Juden und der Judenhass, in: Schaffhauser Kirchenbote, 1942, S. 66–71, 74 f., 83–86. – [Leicht verändert:] Die Juden und der Judenhass, in: Judennot und Christenglaube, hg. vom Schweizerischen Evangelischen Hilfswerk für die Bekennende Kirche in Deutschland, Zürich-Zollikon 1943, S. 11–28. – Das Judenproblem, hg. von der Religiös-sozialen Vereinigung der Schweiz. Sonderdruck von «Neue Wege», Zürich [1943]
Nur keine Vernebelung, in: Neue Wege, Zürich, Nr. 5, 1947, S. 237–240
Zwinglis Weg zur Reformation, in: Zwingliana, Bd. VIII/1948, Zürich, S. 511–535
Nikolai Berdiajew, in: Der Kirchenfreund, Zürich 1948, Nr. 6, S. 165–171
Der moderne Kommunismus und des Christen Stellung zu ihm, in: Der Kirchenfreund, Zürich 1948, Nr. 10, S. 247–253, Nr. 11, 277–284
Die Kirche zwischen Ost und West. Predigt, gehalten am Berner Kirchensonntag in Unterseen [am 6. Februar 1949], in: Der Aufbau, Zürich, Nr. 10, 1949, S. 82–86 (Rich, Ost und West)
Die Anfänge der Theologie Huldrych Zwinglis, Zürich 1949 (Anfänge)

Die Gestalt des künftigen Schaffhauser Lehrerseminars. Referat, gehalten an der kantonalen Elementarlehrerkonferenz vom 3.12.1949, Beilage zum Protokoll, Schaffhausen 1949

Die kryptoreligiösen Motive in den Frühschriften von Karl Marx, in: Theologische Zeitschrift, Basel 1951, S. 192–209

Pascals Bild vom Menschen. Eine Studie über die Dialektik von Natur und Gnade in den «Pensées», Zürich 1953

Die Bedeutung der Eschatologie für den christlichen Glauben, Zürich 1954 (Eschatologie)

Marxistische und christliche Zukunftshoffnung, Zürich 1955

Die theologische Situation und Aufgabe des Religionslehrers an der höheren Mittelschule, in: Weg und Ziel, Bern, Nr. 1, 1955, S. 14–19

Christliche Existenz in der industriellen Welt, 1. Aufl., Zürich/Stuttgart 1957 (Christliche Existenz, 1. Aufl.); [2. umgearbeitete und erweiterte Aufl., Zürich/Stuttgart 1964, siehe unter: Buchreihen, Veröffentlichungen des Instituts für Sozialethik an der Universität Zürich, Bd. 1]

Die Verantwortung des Volkes Gottes für die Menschen der industriellen Welt, in: Der Aufbau, 1959, Nr. 36, S. 281–283; Nr. 37, 289–291

Religiös-sozial, in: RGG, 3. Aufl., Bd. V,2, Tübingen 1961, Sp. 957 f.

Glaube in politischer Entscheidung. Beiträge zur Ethik des Politischen, Zürich/Stuttgart 1962, u. a. mit folgenden Beiträgen: S. 29–55: Die Krisis der Volkskirche und das Weltverhältnis des Glaubens (Krisis der Volkskirche); S. 113–131: Die institutionelle Ordnung der Gesellschaft als theologisches Problem (Institutionelle Ordnung); S. 133–156: Die Verantwortung des Christen für Staat und Politik (Verantwortung für Staat und Politik); S. 157–175: Kirche und Demokratie

Institution und Ethos in der Wirtschaft. Ein sozialethischer Beitrag zum Problem der Eigengesetzlichkeit, in: Karrenberg, Friedrich/Albert, Hans (Hg.): Sozialwissenschaft und Gesellschaftsgestaltung. Festschrift für Gerhard Weisser, Berlin 1963, S. 217–228

Theologische Einführung, in: Ragaz, Christine et al.: Leonhard Ragaz in seinen Briefen, I. Band: 1887–1914, Zürich 1966, S. IX–XLIV

Den Arbeitnehmer auf die Mitbestimmung vorbereiten, in: Der Arbeiterbrief, Nr. 62, April 1966, Offenbach a. M., S. 5 f.

Die Weltlichkeit des Glaubens. Diakonie im Horizont der Säkularisierung, Zürich/Stuttgart 1966

Sozialethik heute, in: Mitteilungen der Sozialen Studienkommission des Schweizerischen Reformierten Pfarrvereins, Nr. 154, Thun 1966, S. 1–5

Die Konferenz Kirche und Gesellschaft (S. 9–19), Revolution als theologisches Problem (S. 20–27), Christlicher Glaube und soziale Verantwortung in der revolutionären Welt (S. 28–56), in: Lavanchy, A[lexandre]/Rich, A[rthur] et. al. (Hg.): Kirche und Gesellschaft. Berichte und Vorträge nach der Konferenz [des Ökumenischen Rats der Kirchen, 1966 in Genf], Zürich 1967 (Kirche und Gesellschaft)

Zweierlei Kritik. «Die grosse Weigerung ist keine Alternative», in: Volksrecht, Zürich, 12.10.1968, S. 1 f.

Revolution als theologisches Problem, in: Feil, Ernst/Weth,Rudolf: Diskussion zur «Theologie der Revolution», München/Mainz 1969, S. 133–158 [Französische Übersetzung:] La révolution comme problème théologique, in: Discussion sur «La théologie de la révolution», Paris 1972, S. 101–124

Die Jungen wollen Verantwortung übernehmen, in: Häsler, Alfred A.: Der Aufstand der Söhne, Zürich 1969, S. 285–290

Die heutige Eigentumsproblematik in christlicher Sicht, in: Studienkommission des Schweizerischen Evangelischen Kirchenbunds (Hg.), Neues Recht für unseren Boden, Zürich 1969, S. 18–45

Zwingli als sozialpolitischer Denker, in: Zwingliana, Bd. XIII/1969, Zürich, S. 67–89 (Zwingli)

Huldrych Zwingli – ein Pionier der Gesellschaftsethik. Zum Zwingli-Jubiläum 1969, in: KBRS, Basel 1969, S. 2 f.

Theologie der Revolution – Sinn oder Unsinn?, in: Bündner Kirchenbote, Chur, Nr. 7, 1970, S. 1 f.

Aufrisse [siehe unter: Buchreihen, Veröffentlichungen des Instituts für Sozialethik an der Universität Zürich, Bd. 4]

Das «Humanum» als Leitbegriff der Sozialethik, in: Rendtorff, Trutz/Rich, Arthur (Hg.): Humane Gesellschaft. Beiträge zu ihrer sozialen Gestaltung. FS für Heinz-Dietrich Wendland, Zürich 1970, S. 13–45

Exposé zur Frage der Mitwirkung der Arbeitnehmerseite bei der Entscheidungsbildung in der Industrie; erstattet zuhanden der Firma Brown Boveri & Cie, Baden (Schweiz), 3.11.1971 (Typoskr.), in: Nachlass, 10.17

Industrieuntertan oder Industriebürger? Zwei Vorträge zur Frage der Mitbestimmung in der Industrie, Paulus-Akademie Zürich, 27.5.1972 (Typoskr.) in: Nationalbilbiothek, Sign. NGbq 4488

Das Mitbestimmungspostulat in sozialethischer Sicht, in: Aufbau, 1972, S. 37–39, 45–47

Mitbestimmung in der Industrie. Probleme – Modelle – Kritische Beurteilung. Eine sozialethische Orientierung, Zürich 1973. – Lizenzausgabe Ex Libris: Zürich 1974

Stellungnahme zur Mitbestimmungsinitiative der Gewerkschaften, in: Gesellschaft und Entwicklung, Nr. 1, Thun 1973, S. 12–18 [zusammen mit Hans Ruh]

Die Kirche vor der Mitbestimmungsfrage. Überlegungen zur eidgenössischen Volksabstimmung vom 21.3.1976 [Entwurf],1975 (Typoskr.) in: Nachlass, 11.25

Sozialethik im Industriezeitalter, Teile I–III, Vorlesungs-Nachschriften 1974/75 (Typoskr.) in: Nachlass, 47.3, 49.1–3

Kriterien des Menschengerechten [siehe unter: Buchreihen, ISE-Studien, Nr. 17/18, 1976]

Radikalität und Rechtsstaatlichkeit. Drei Beiträge zur politischen Ethik, Zürich 1978

Entwicklung im Stadtquartier und in der Bergregion. Wer plant für wen? [unter Mitwirkung Von Arthur Rich, siehe unter: Buchreihen, ISE-Studien, Nr. 28/29, 1979]

Sozialethische Kriterien und Maximen humaner Gesellschaftsgestaltung, in: Strohm, Theodor (Hg.): Christliche Wirtschaftsethik vor neuen Aufgaben. Festgabe für Arthur Rich, Zürich 1980, S. 17–37 [siehe unter: Buchreihen, Veröffentlichungen des Instituts für Sozialethik an der Universität Zürich, Bd. 7] (Sozialethische Kriterien und Maximen)

Die Reformation als politisches Ereignis, in: Kirchenbote, Schaffhausen, Nr. 1, 1980

Wirtschaftsethik, in: Evangelisches Soziallexikon, 7. Aufl., Stuttgart 1980, Sp. 1446–1449

Theologisch-sozialethische Einführung, in: Ragaz, Christine et al.: Leonhard Ragaz in seinen Briefen, 2. Band: 1914–1932, Zürich 1982, S. 7–54

Arthur Rich [über sich], in: Schaffner, Hans: Das Wichtigste in meinem Leben, Bern 1983, S. 186–193

Göttliche und menschliche Gerechtigkeit. Reformation als religiöses und sozialpolitisches Anliegen, in: Entschluss, Wien, Nov. 1984, S. 14–18

Theologische Einführung, in: Specker, Louis (Hg.): Politik aus der Nachfolge. Der Briefwechsel zwischen Howard Eugster-Züst und Christoph Blumhardt 1886–1919, Zürich 1984

Wirtschaftsethik [Bd. 1:] Grundlagen in theologischer Perspektive, 1. Aufl., Gütersloh 1984; [vier Aufl.] (Wirtschaftsethik, Bd. 1)

Denken, das weh tut, in: Kramer, Werner/Sonderegger, Hugo (Hg.): Emil Brunner in der Erinnerung seiner Schüler, Zürich 1989, S. 78–82

Wirtschaftsethik, Bd. 2: Marktwirtschaft, Planwirtschaft, Weltwirtschaft aus sozialethischer Sicht, 1. Aufl., Gütersloh 1990 [zwei Aufl.] (Wirtschaftsethik, Bd. 2)

Ein Dorfpfarrer erinnert sich, in: Fäh, Berthold M.: Hemmentaler Heimatbuch, 1090–1990, Thayngen 1990, S. 156–158

Mein Weg in der Sozialethik. Rückblick und Ausblick, in: Gesellschaft – Kirche – Ethik, S. 65–79. [siehe unter: Buchreihen, ISE-Studien, Nr. 45, 1993]

Marktwirtschaft – Möglichkeiten und Grenzen (S. 6–18), Mein Weg in der religiös-sozialen Bewegung (S. 19–32), Religiös-sozial – gestern und heute (S. 32–45). in: Strub, Hans (Hg.): Hommage à Arthur Rich (1910–1992), Sonderheft Reformatio/Zeitschrift, Bern/Zürich 1993 (Rich, in: Hommage)

Etica economica [Bd. 1 und 2]. Appendice: Arthur Rich (1910–1992): Maestro del dialogo fra etica e economia, di Siegfried Karg [gekürzte Fassung von: Arthur Rich: Ein Leben für die Wirtschaftsethik, in: Hommage à Arthur Rich, S. 57–79], Brescia 1993

Éthique économique [Bd. 1 und 2]. [Avec] Présentation de l'édition française par Roland J. Campiche et Denis Müller, Genève 1994

Business and Economic Ethics [Bd. 1 und 2]. The Ethics of Economic Systems. With an Indroduction by Georges Enderle, Leuven/Paris/Dudley, MA 2006

(Weitere Übersetzungen der Wirtschaftsethik, Bd. 1 und 2, ins Tschechische und ins Russische)

Buchreihen

Veröffentlichungen des Instituts für Sozialethik an der Universität Zürich, Zürich/ (Stuttgart)

- Bd. 1: Rich, Arthur Christliche Existenz in der industriellen Welt. Eine Einführung in die sozialethischen Grundfragen der industriellen Arbeitswelt, 2. umgearbeitete und erweiterte Aufl., 1964 (Christliche Existenz) [Italienische Übersetzung:] Presenza Christiana nel Mondo industriale, Mailand 1971
- Bd. 2: Walther, Christian: Theologie und Gesellschaft. Ortsbestimmung der evangelischen Sozialethik, 1967 (Walther, Theologie und Gesellschaft)
- Bd. 3: Vogt, Theophil: Herausforderung zum Gespräch. Die Kirche als Partner im gesellschaftlichen Dialog, 1970
- Bd. 4: Rich, Arthur: Aufrisse. Vorarbeiten zum sozialethischen Denken, 1970 (Aufrisse)
- Bd. 5: Jäger, Hans Ulrich: Ethik und Eschatologie bei Leonhard Ragaz, 1971
- Bd. 6: Stückelberger, Christoph: Aufbruch zu einem menschengerechten Wachstum. Sozialethische Ansätze zu einem neuen Lebensstil, 1979, 2. Aufl. 1980
- Bd. 7: Strohm, Theodor: Christliche Wirtschaftsethik vor neuen Aufgaben. Festgabe für Arthur Rich zum siebzigsten Geburtstag, 1980 (Festgabe Rich)
- Bd. 8: Barth, Robert: Protestantismus, soziale Frage und Sozialismus im Kanton Zürich, 1830–1914, 1981
- Bd. 9: Kaiser, Helmut: Die Berggebietsförderung des Bundes – Ethische Interpretation und Handlungsorientierung, 1987 (Kaiser, Berggebietsförderung)
- Bd. 10: Stückelberger, Christoph: Vermittlung und Parteinahme. Der Versöhnungsauftrag der Kirchen in gesellschaftlichen Konflikten, 1988
- Bd. 11: Bovay, Claude et. al.: Energie im Alltag. Soziologische und ethische Aspekte des Energieverbrauchs, 1889
- Bd. 12: Baumann-Hölzle, Ruth: Human-Gentechnologie und moderne Gesellschaft, 1990
- Bd. 13: Germann, Hans-Ulrich: Der soziale Auftrag der Kirchgemeinde. Eine sozialethisch-kirchensoziologische Untersuchung in einer reformierten Kirchgemeinde im Kanton Bern, 1991
- Bd. 14: Holz-Schmid, Daniel: Positionswechsel: Ein Paradigma theologischer Wirtschaftsethik. Von der Schuldnermoral zur Ethik der Verschuldung. Eine theologisch-wirtschaftsethische Untersuchung zur Verschuldung ärmerer Drittweltländer, 1993

Studien und Berichte aus dem Institut für Sozialethik (ISE) des Schweizerischen Evangelischen Kirchenbunds, Bern/Lausanne (ISE-Studien)

- Nr. 17/18,1976: Kommission für Raumplanungs- und Bodenrechtsfragen des SEK, Teilnahme an der Planung unseres Bodens [mit einem Beitrag von Arthur Rich: Kriterien des Menschengerechten, S. 18–20]
- Nr. 28/29, 1979: Kommission für Raumplanungs- und Bodenrechtsfragen des SEK, Entwicklung im Stadtquartier und in der Bergregion. Wer plant für wen? [unter Mitwirkung von Arthur Rich]
- Nr. 31/32, 1981: Peter, Hans-Balz/Ruh, Hans/Höhn, Rudolf: Schweizer Bankwesen und Sozialethik [Bd. 1 und 2]

- Nr. 33, 1983: Kommission für Fragen der Sicherheit und Abrüstung des SEK, Frieden schaffen, Frieden schützen
- Nr. 38,1987: Ökumenische Arbeitsgruppe für Raumplanungs- und Bodenrechtsfragen, Welches Bodenrecht ist für Mensch und Boden recht?
- Nr. 45, 1993: Peter, Hans-Balz et. al.: Gesellschaft – Kirche – Ethik. Referate der 20. Beirats-Tagung [des ISE, 11.11.1991 mit einem Beitrag von Arthur Rich: Mein Weg in der Sozialethik. Rückblick und Ausblick, S. 65–79]
- Nr. 54, 1998: Peter, Hans-Balz et. al.: Gesellschaftlicher Zusammenhalt – in Frage gestellt. Beiträge zur sozialethischen Orientierung. Referate der Jubiläumstagung zum 25jährigen Bestehen des ISE, 20.11.1996. [Französische Ausgabe:] Ethique & Lien social. Journée IES 25 ans, 20 novembre 1996. [Kurzfassung:] Ethik und Solidarität. 25-Jahr-Jubliäum des ISE. Annex, Beilage zu: reformierte presse, Zürich Nr. 47/1996

Sekundärliteratur

In den Fussnoten wird bei häufig zitierter Literatur der hier in Klammern angegebene Kurztitel verwendet.

Aerne, Peter: Religiöse Sozialisten, Jungreformierte und Feldprediger. Konfrontationen im Schweizer Protestantismus 1920–1950, Zürich 2006 (Aerne, Religiöse Sozialisten)

Amelung, Eberhard: Arthur Richs «Wirtschaftsethik» in: Herms Eilert/Habicht Susanne: Theologische Aspekte der Wirtschaftsethik IV, Loccumer Protokolle, Loccum 1988

Baumann-Hölzle, Ruth: [siehe unter: Buchreihen, Veröffentlichungen des Instituts für Sozialethik an der Universität Zürich, Bd. 12]

Barth, Karl: Die Kirche zwischen Ost und West. Vortrag, gehalten in der Stadtkirche in Thun und im Münster in Bern am 6. Februar 1949, Zollikon-Zürich 1949 (Barth, Ost und West)

Barth Robert: [siehe unter: Buchreihen, Veröffentlichungen des Instituts für Sozialethik an der Universität Zürich, Bd. 8]

Beckmann, Joachim/Weisser, Gerhard (Hg.): Christliche Gemeinde und Gesellschaftswandel. Festgabe für Friedrich Karrenberg, Stuttgart/Berlin 1964

Bovay, Claude et. al.: [siehe unter: Buchreihen, Veröffentlichungen des Instituts für Sozialethik an der Universität Zürich, Bd. 11]

Brecht, Martin: Zwingli als Schüler Luthers. Zu seiner theologischen Entwicklung 1518–1522, in: ZKG, Stuttgart 1985, S. 301–319

Busch, Eberhard: Unter dem Bogen des einen Bundes. Karl Barth und die Juden 1933–1945, Neukirchen-Vluyn 1996 (Busch, Unter dem Bogen)

Campi, Emidio: Zwingli, Ulrich, in: RGG, 4. Aufl., Bd. 8, Tübingen 2005, Sp. 1945–1955

Campiche, Roland J.: [siehe unter: Werke von Arthur Rich: Éthique économique]

Dietzfelbinger, Daniel: Wirtschaftsethik, in: Evangelisches Soziallexikon, Neuausgabe, Stuttgart 2001, Sp. 1785–1790

Edel, Susanne: Arthur Rich: Integrative Wirtschaftsethik mit Vorbehalt, in: Handbuch der Wirtschaftsethik, Bd. 1, Gütersloh 1999, S. 871–876

– Rich, Arthur, in: Neue deutsche Biographie, Bd. 21, Berlin 2009, S. 504
– Wirtschaftsethik im Dialog. Der Beitrag Arthur Richs zur Verständigung zwischen Theologie und Ökonomik, Stuttgart 1998 (Edel, Wirtschaftsethik im Dialog)
Enderle, Georges: Handlungsorientierte Wirtschaftsethik. Grundlagen und Anwendungen, Bern/Stuttgart/Wien 1993
– [siehe unter: Werke von Arthur Rich: Business and Econimic Ethic]
Erb, Hans: Geschichte der Studentenschaft an der Universität Zürich 1833–1936, Zürich 1937
Ficker Stähelin, Daniel: Karl Barth und Markus Feldmann im Berner Kirchenstreit 1949–1951, Zürich 2006
Fischer Johannes: Humanität aus Glaube, Hoffnung, Liebe. Überlegungen zur Konzeption einer evangelischen Sozialethik im Anschluss an Arthur Rich, Antrittsvorlesung an der Universität Zürich, 3.5.1999, www.unizh.ch/sozialethik/forum/Fi_glaube_d.html
– Theologische Ethik. Grundwissen und Orientierung, Stuttgart/Berlin/Köln 2003
– Theologische Ethik oder ethische Theologie? Zu Fritz Buris Kritik an der theologischen Ethik, in: Internationale Fritz Buri-Gesellschaft für Denken und Glauben im Welthorizont, Bulletin 10/2007, Basel, S. 7–19
– [siehe unter: Koller, Erwin]
Foitzik, Alexander: Menschengerecht und sachgemäss. Ein Literaturbericht zur theologischen Wirtschaftsethik, in: Herder-Korrespondenz, Freiburg i. Br. 1995, S. 150–155
Frey, Christopher: Theologische Ethik, Neukirchen-Vluyn 1990
– Theologische Kriterien für die Gestaltung und Entwicklung der Wirtschaft, in: Sozialwissenschaftliches Institut der Evangelischen Kirche in Deutschland (Hg.): Zwischen Wachstum und Lebensqualität. Wirtschaftsethische Fragen angesichts der Krisen wirtschaftlichen Wachstums, München 1980, S. 116–155
Furger, Franz: Christliche Sozialethik in pluraler Gesellschaft, Münster 1997
Gäbler, Ulrich: Huldrych Zwingli. Eine Einführung in sein Leben und Werk, 3. Aufl., Zürich 2004
– Huldrych Zwinglis «reformatorische Wende», in: ZKG, Stuttgart 1978, S. 120–135
Germann, Hans-Ulrich: [siehe unter: Buchreihen, Veröffentlichungen des Instituts für Sozialethik an der Universität Zürich, Bd. 13]
Grenholm, Carl-Henric: Protestant Work Ethics. A Study of Work Ethical Theories in Contemporary Protestant Theology, Uppsala 1993
Gröbly, Thomas: [siehe unter: Ruh, Hans]
Höhn, Rudolf: [siehe unter: Buchreihen, ISE-Studien, Nr. 31/32, 1981]
Holz-Schmid, Daniel: [siehe unter: Buchreihen, Veröffentlichungen des Instituts für Sozialethik an der Universität Zürich, Bd. 14]
Honecker, Martin: Theologie der Revolution, in: ders.: Konzept einer sozialethischen Theorie. Grundfragen evangelischer Sozialethik, Tübingen 1971, S. 168–190

– Einführung in die Theologische Ethik. Grundlagen und Grundbegriffe, Berlin/New York 1990
– Grundriss der Sozialethik, Berlin/New York 1995
Honecker, Martin/Karrenberg, Friedrich: Sozialethik, in: Evangelisches Soziallexikon, 7. Aufl., Stuttgart 1980, Sp. 1165–1173
Huber, Wolfgang: Christliche Moral und ökonomische Vernunft – ein Widerspruch? Referat vor der Deutschen Industrie- und Handelskammer am 10.1.2005 in Düsseldorf, in: Evangelischer Pressedienst, Frankfurt a.M., www.epd.de/dokumentation/print/dokumentation_index_32924.html
Jäger, Hans Ulrich: [siehe unter: Buchreihen, Veröffentlichungen des Instituts für Sozialethik an der Universität Zürich, Bd. 5]
Jähnichen, Traugott: Sozialethik, in: Evangelisches Soziallexikon, Neuausgabe, Stuttgart 2001, Sp. 1440–1448
Jehle, Frank: Emil Brunner. Theologe im 20. Jahrhundert, Zürich 2006 (Jehle, Emil Brunner)
Kaiser, Helmut: [siehe unter: Buchreihen, Veröffentlichungen des Instituts für Sozialethik an der Universität Zürich, Bd. 9]
– Die ethische Integration ökonomischer Rationalität: Grundelemente und Konkretion einer «modernen» Wirtschaftsethik, Bern/Stuttgart/Wien 1992
Karg, Siegfried: Arthur Rich (*1910). Wegweisend für den Dialog zwischen Ethik und Wirtschaft, in: Leimgruber, Stephan/Schoch, Max (Hg.): Gegen die Gottvergessenheit. Schweizer Theologen im 19. und 20. Jahrhundert, Basel/Freiburg/Wien 1990, S. 369–387
– Arthur Richs Sozialethik im Spiegel seiner Publikationen, in: Strohm, Theodor (Hg.): Christliche Wirtschaftsethik vor neuen Aufgaben. Festgabe für Arthur Rich, Zürich 1980, S. 471–507
– Rich, Arthur in: Biographisch-Bibliographisches Kirchenlexikon, Bd. 8, Herzberg 1994, Sp. 194–197
– Sozialethische Entwürfe und wirtschaftsethische Konkretionen, in: Gesellschaft und Entwicklung, Thun, Nr. 4, 1975, S. 98–107
– [siehe unter: Bibliographien; Strub, Hans; Werke von Arthur Rich: Etica economica]
Karrenberg, Friedrich: [siehe unter: Honecker, Martin]
Katterle, Siegfried: Die Kooperation von Sozialwissenschaft und Sozialethik auf der Grundlage einer kritischen Philosophie, in: Strohm, Theodor: Christliche Wirtschaftsethik vor neuen Aufgaben. Festgabe für Arthur Rich, Zürich 1980, S. 125–143 (Kooperation)
– Sozialwissenschaft und Sozialethik. Logische und theoretische Probleme praktischer Sozialwissenschaften, besonders christlicher Soziallehren, Göttingen 1972 (Sozialwissenschaft)
Kocher, Hermann: Rationierte Menschlichkeit. Schweizerischer Protestantismus im Spannungsfeld von Flüchtlingsnot und öffentlicher Flüchtlingspolitik der Schweiz 1933–1948, Zürich 1996
Körtner, Ulrich H. J.: Evangelische Sozialethik, 2. Aufl., Göttingen 2008
Koller, Erwin/Fischer, Johannes (Hg.): Der wirtschaftliche Erfolg und der gnädige Gott. Christliche Arbeitsmoral, Sozialstaat und Globalisierung. Texte zum

Symposium «Zwischen Grossmünster und Paradeplatz» vom 19. Januar 2007 in Zürich, Zürich 2007
Kramer, Rolf: Die christliche Verantwortung in der sozialen Marktwirtschaft, Stuttgart 1973
Kramer, Werner/Sonderegger, Hugo (Hg.): Emil Brunner in der Erinnerung seiner Schüler, Zürich 1989
– [siehe unter: Strub, Hans]
Krupinski, Guido: Führungsethik für die Wirtschaftspraxis. Grundlagen – Konzepte – Umsetzung, Wiesbaden 1993
Lange, Dietz: Ethik in evangelischer Perspektive. Grundfragen christlicher Lebenspraxis, Göttingen 1992
Lienemann, Wolfgang/Mathwig, Frank (Hg.): Schweizer Ethiker im 20. Jahrhundert. Der Beitrag theologischer Denker, Zürich 2005
Lüling, H. Christian (Hg.): Arthur-Rich-Symposium. Das Lebenswerk Arthur Richs. Versuch einer Bilanz für die heutige Zeit (Typoskript), Karlsruhe 2000
Mathwig, Frank: [siehe unter: Lienemann, Wolfgang]
Meckenstock, Günter: Wirtschaftsethik, Berlin/New York 1997
Meili, Ernst: [siehe unter: Strub, Hans]
Meyer, Olaf: «Politische» und «Gesellschaftliche Diakonie» in der neueren theologischen Diskussion, Göttingen 1974
Müller, Denis: Les lieux de l'action. Éthique et religion dans une société pluraliste, Genève 1992
– [siehe unter: Werke von Arthur Rich: Éthique économique]
Neuser, Wilhelm H.: Die reformatorische Wende bei Zwingli, Neukirchen-Vluyn 1977
Oermann, Nils Ole: Anständig Geld verdienen?, Protestantische Wirtschaftsethik unter den Bedingungen globaler Märkte, Gütersloh 2007
Peter, Hans-Balz: Auf der Suche nach Kriterien für die Wirtschaftsethik, ISE Diskussionsbeiträge, Nr. 34, 2. Aufl., Bern 1997
– Arthur Rich (1910–1992), in: Lienemann, Wolfgang/Mathwig, Frank (Hg.): Schweizer Ethiker im 20. Jahrhundert. Der Beitrag theologischer Denker, Zürich 2005, S. 149–177 (Peter, Arthur Rich)
– [siehe unter: Buchreihen, ISE-Studien, Nr. 31/32, Nr. 45 und Nr. 54; Strub, Hans]
Ragaz, Christine et al. (Hg.): Leonhard Ragaz in seinen Briefen, 1. Bd.: 1887–1914, 1966; 2. Bd.: 1914–1932, 1982; 3. Bd.: 1933–1945, 1992, Zürich (Ragaz-Briefe)
Röhr, Thomas: Personalpolitik aus Sach- und Menschengerechtem. Unternehmensethik in theologischer Perspektive, Gütersloh 1998
Rostig, Dittmar: Bergpredigt und Politik. Zur Struktur und Funktion des Reiches Gottes bei Leonhard Ragaz. Frankfurt a.M./Bern/New York/Paris 1991
Ruh, Hans/Gröbly, Thomas: Die Zukunft ist ethisch – oder gar nicht. Wege zu einer gelingenden Wirtschaft, Frauenfeld 2006
– [siehe unter: Buchreihen, ISE-Studien, Nr. 31/32; Werke von Arthur Rich: Stellungnahme zur Mitbestimmungsinitiative der Gewerkschaften]

Schneider, Thomas Martin: Der Mensch als «Gefäss Gottes» – Huldrych Zwinglis Gebetslied in der Pest und die Frage nach seiner reformatorischen Wende, in: Zwingliana, Bd. XXXV/2008, Zürich, S. 5–21

Schweitzer, Wolfgang: Biblische Theologie und Ethik in der Gegenwart. Ein Überblick über den Stand der Forschungen und die ökumenische Gesprächslage, in: ders./Richardson, Alan (Hg.): Die Autorität der Bibel heute, Zürich 1952, S. 157–173

Sonderegger, Hugo: [siehe unter: Kramer, Werner]

Spiegel, Yorick: Wirtschaftsethik und Wirtschaftspraxis – ein wachsender Widerspruch?, Stuttgart/Berlin/Köln 1992

Stadler, Peter: Die Universität Zürich, 1933–1983. Festschrift zur 150-Jahr-Feier der Universität Zürich, Zürich 1983

Strohm, Theodor: [siehe unter: Buchreihen, Veröffentlichungen des Instituts für Sozialethik an der Universität Zürich, Bd. 7]

Strub, Hans (Hg.): Hommage à Arthur Rich (1910–1992). Mit Beiträgen von Siegfried Karg, Werner Kramer, Ernst Meili, Hans-Balz Peter, Arthur Rich und Theophil Vogt. Sonderheft Reformatio/Zeitschrift, Bern/Zürich 1993 (Autor-Name, in: Hommage)

Stückelberger, Christoph: [siehe unter: Buchreihen, Veröffentlichungen des Instituts für Sozialethik an der Universität Zürich, Bd. 6 und Bd. 10]

Tapernoux, Christoph: [siehe unter: Bibliographien]

Tonks, Harold: Faith, Hope and Decision-Making. The Kingdom of God and Social Policy-Making. The Work of Arthur Rich of Zürich, Frankfurt a.M./Bern/New York/Nancy 1984

Ulrich, Peter: Integrative Wirtschaftsethik. Grundlagen einer lebensdienlichen Ökonomie, Bern/Stuttgart/Wien 1997, 4. Aufl. 2008

– Transformation der ökonomischen Vernunft. Fortschrittsperspektiven der modernen Industriegesellschaft, 2. Aufl., Bern/Stuttgart 1987

– (Hg.): Auf der Suche nach einer modernen Wirtschaftsethik. Lernschritte zu einer reflexiven Ökonomie, Bern/Stuttgart 1990

Utz, Arthur Fridolin et. al. (Hg.): Sozialethik. IV. Teil: Wirtschaftsethik, Bonn 1994

Vogt, Theophil: [siehe unter: Buchreihen, Veröffentlichungen des Instituts für Sozialethik an der Universität Zürich, Bd. 3; Strub, Hans]

Walther, Christian [siehe unter: Buchreihen, Veröffentlichungen des Instituts für Sozialethik an der Universität Zürich, Bd. 2]

Weber, Hartmut: Theologie – Gesellschaft – Wirtschaft. Die Sozial- und Wirtschaftsethik in der evangelischen Theologie der Gegenwart, Göttingen 1970

Weisser, Gerhard: Glaubensgewissheit und heutige Wertens- und Erkenntniskritik, in: Strohm, Theodor: Christliche Wirtschaftsethik vor neuen Aufgaben. Festgabe für Arthur Rich, Zürich 1980, S. 111–124

Wenke, Karl Ernst: Menschengerechte Ordnung. Erörterungen zu Arthur Richs sozialethischem Ansatz, in: ders. (Hg.): Probleme sittlichen Urteilens. Ansätze und Grundzüge evangelischer Sozialethik in der Gegenwart, Bochum 1986, S. 183–221

Wolf, Walter: Arthur Rich, in: Historischer Verein des Kantons Schaffhausen (Hg.), Schaffhauser Biographien VI, Schaffhauser Beiträge zur Geschichte, Bd. 81, Schaffhausen 2007, S. 169–282
– Eine namenlose Not bittet um Einlass. Schaffhauser reformierte Kirche im Spannungsfeld 1933–1945, Schaffhausen 1997 (Wolf, Namenlose Not)
– Faschismus in der Schweiz. Die Geschichte der Frontenbewegungen in der deutschen Schweiz, 1930–1945, Zürich 1969
– Religion und Kirchen. Wandel der geistigen Lebensgrundlagen, in: Historischer Verein des Kantons Schaffhausen (Hg.), Schaffhauser Kantonsgeschichte des 19. und 20. Jahrhunderts, Bd. 3, Schaffhausen 2002, S. 1837–1933
– Schaffhauser Kirche und Judentum, in: hegau, Jahrbuch 58/2001, Singen/Hohentwiel, S. 71–88
– Walther Bringolf. Eine Biografie, Schaffhausen 1995
Wünsch, Georg: Evangelische Wirtschaftsethik, Tübingen 1927

Bildnachweis

Familienarchiv Arthur Rich S. 16, 19, 24, 26, 44, 79, 109, 123, 156, 162,
Fotosammlung Konrad Sturzenegger, Uster S. 54,
© Siegfried Karg S. 60, 112, 164
© Konzernarchiv Georg Fischer AG S. 68
Aus: Hans-Balz Peter, Auf der Suche nach Kriterien für die Wirtschaftsethik. ISE Diskussionsbeiträge 34, 1997 S. 145
Sonderheft ZeitSchrift/Reformatio 1993, Titelblatt S. 173
Universitätsarchiv St. Gallen, HSGH 22/37/14 S. 152
© Uri Urech, Basel S. 100

Personenregister

In der Regel beschränken sich bei Zeitgenossen von Arthur Rich die Angaben auf jenen Zeitraum, der in Bezug zu Leben und Werk Arthur Richs steht.